基金会准入与社会治理

——基于中日的比较研究

李战刚 ● 著

PERMISSION MECHANISM OF NONPROFIT ORGANIZATION
AND SOCIAL GOVERNANCE:

A Comparative Study of
China and Japan

社会科学文献出版社
SOCIAL SCIENCES ACADEMIC PRESS (CHINA)

献给我的母亲陈素兰、恩师郑杭生先生

基金会领域一个重要的基础性成果

李路路

（中国人民大学社会学系教授）

　　李战刚是我系 2014 年毕业的博士研究生。我和他第一次认识是 2011 年 12 月 10 日在中国人民大学召开的北京郑杭生社会发展基金会第一届一次理事会上。在会上，我当选为副会长，他当选为秘书长，这样，我们成为基金会的同事。在李战刚读博的第一学年里，他选听了我一个学期的"社会分层的理论模式"课程，这样，我和他还是师生关系。因为我们有这些交集，欣闻他的专著《基金会准入与社会治理——基于中日的比较研究》即将出版，我很高兴为他的著作写序。

　　李战刚博士的导师是我国著名社会学家郑杭生教授。他入学后直接协助和参与建立了北京郑杭生社会发展基金会，从基金会成立之日起一直担任基金会的秘书长。现在，李博士尽管已经毕业回到上海，但还兼任基金会的副秘书长，目前从事着"公益慈善社会学"的研究、著述和讲学。

　　李战刚博士在本书中，结合公益慈善的实践，对公益慈善、基金会等社会组织从社会学视角进行了探索，并取得了一定的成果。众所周知，20 世纪 80 年代以来，以基金会等为代表的 NPO、NGO 在全球范围内获得了空前的发展，形成了所谓的"结社革命"，各国学者也对它的理论与实践给予了前所未有的关注，研究成果蔚为大观，从不同学科的角度对基金会的研究已经成为显学。在这些研究成果中，对不同文化、国度之间的基金会比较研究尚不多见。在这样的背景下，对处于不同传统、文化背景和现实政治制度下的基金会进行比较研究，显得非常必要。选择日本基金会准入规制作为与中国的比较研究对象，其价值自不待言。而作者呈献给读者的正是一项关于基金会准入规制的跨文化比较研究。

　　作者的视角和研究对象很有特色。看起来非常具体——准入规制，但特色就在于切入角度小，但背后隐含的问题大，以小见大。基金会属于社会组织范畴，所谓基金会准入规制是指某一特定国家的政府准许民间非营利组织及个人参与社会公益慈善的程度，包括基金会主体资格的实体条件和取得主体资格的程序条件。对基金会进行政府规制的内容包括准入（退出）规制和过程规制（行为规制）两大部分。过程规制部分包括筹款、营利禁止、日常监督、税法规制，这部分和准入规制相比，更有社会学的意义。作者把社会学"观测"的镜头聚焦到了这一点上，正如李博士自己所说："基金会准入规制属于基金会管理制度系统中若干制度中的一个，对它的描述性研究，并不能展现两国基金会管理制度的全貌，但它极为重要，能够管中窥豹，因为它集中反映了中日两国基金会的整体和最核心的状况，通过对基金会准入规制的比较研究，能够发现两国基金会之间最本质的联系和差异，预测带有共性的发展趋势。"

值得特别说明的是，李战刚博士在基金会准入制度研究方面，并不是一个单纯的旁观者和观察者，而是一个具有实践经验的身体力行者。他结合自己在日本留学并曾设立过任意法人的经历，以及在国内多年从事（包括组织设立）基金会工作的经历，围绕中日基金会的准入规制理论研究，分别提供了一个参与式观察和田野采访的真实案例，因此，他的这本书是基金会领域中的一个基础性研究成果。

这类题材的著作在国内并不多见，期待李战刚博士这部著作能够早日问世，也期待他有更多的研究成果问世。

深蕴师生情谊的积极探索

刘少杰

李战刚博士所著《基金会准入与社会治理——基于中日的比较研究》，是一部深蕴师生情谊的学术著作。李战刚是著名社会学家郑杭生先生的学生，也是我多年的朋友。20 世纪 80 年代中期，我与战刚在吉林大学哲学系相识，30 年来我们持续地保持着联系和友谊，看着他从一个国家到另一个国家，从一个学科转到另一个学科，从一个职业换到另一个职业，而今他终于在社会学领域里做出了一项积极探索，喜悦之情油然而生。

战刚在攻读博士学位期间，与其他同学相比，一个突出特点是他能把所学所思、丰富的社会阅历和工作经验结合起来，带着真实的实际问题和丰富的现实联想来读书。用他自己的话说，他在 48 岁时还重返校园攻读博士学位，是因为"在基金会实践中，痛感国内在公益慈善、基金会领域缺乏相应的理论建设，所以特别重视有关公益慈善的理论与实践的结合"。这部专著正是战刚把关于基金会准入方面的理论探索与在基金会的实践经验相结合而结出的硕果。

战刚师从郑杭生先生攻读博士学位，是经我介绍的。2006 年，在华东理工大学开中国社会学年会。大会的当天晚饭后，战刚邀请我、田毅鹏和郑先生在上海衡山路的"晴耕雨读"茶室品茶。当时郑先生正在筹建基金会，但因为政策等方面原因而遇到一些麻烦。战刚当时在中华爱心基金会任职，积累了不少筹建和运作基金会的经验，他当即表示愿意帮助郑先生实现这个愿望。

战刚陪同郑先生三赴香港，于 2007 年 9 月在香港注册成立了"中华郑杭生社会发展基金会"。因为这件事，战刚与郑先生结下了不解之缘。4 年后的 2011 年，战刚辞去了中华爱心基金会的工作，正式考到了郑先生门下，开始了他的攻读博士学位历程，同时协助郑先生创建了"北京郑杭生社会发展基金会"，并出任理事和秘书长。战刚帮助郑先生实现了在国内成立基金会的夙愿。

近几年，我国公益慈善基金会组织获得了较大的发展空间，发展也比较快，但是基金会的准入规制还存在很多问题，值得进一步探讨。作者采用基金会准入规制的中日比较视角，展开对基金会准入与社会治理方面的论述，对于借鉴国外先进经验，发现我国基金会发展和管理的问题，推进我国基金会事业的进一步发展具有重要的实践意义。

作者对已有的关于基金会准入问题有比较深入的研究。一方面，作者对中日基金会准入规制做了比较充分的考察；另一方面，相对于以往介绍性的研究成果，作者对现象背后的原因和更抽象的共性问题进行了深入分析。作者不仅考查了大量相关文献，指出了中日基金会准入规制的异同，而且把两国基金会准入规制同两国的文化传统、历史条件和制度现实联系起来加以论述。还有，以往的研究更多的是法学、经济学、政治学方面的成果，作者则从社会学方面实现了深入。

明显有新意的是，作者将学术界对基金会的跨文化比较研究由宏观层面深入到了中观层面，甚至进入微观层面，即基金会准入规制的比较研究层面。特别是作者运用郑先生创立的社会运行学派的"社会互构论"，从国家和社会、社会和个人的关系，基金会与国家和社会的互构关系等角度，开展了深入探索，并形成了"双重关系结构"是中日基金会共有范式的观点。

李战刚博士能取得以上的研究成果与他的基金会实践息息相关。他投身我国的公益慈善领域已经有12年，曾在中华爱心基金会任主任、副秘书长，又是北京郑杭生社会发展基金会的主要发起人之一，并一直担任理事、秘书长，在基金会的筹建、运作和管理方面有特别突出的能力。这些都为他开展基金会的学术研究打下了坚实的实践基础。

目　录

第一章 绪论

第一节 研究背景

改革开放之后，特别是 20 世纪 90 年代以来，当代中国在现代化转变的轨道上一直保持着持续高速运行。中国社会和中国人的生活都处于激荡的变动不居之中，这种变动、变化的现实本身似乎已经远远超出了人的想象力，甚至比人的想象力更加丰富多彩。

《中国人民大学中国社会发展研究报告 2005：走向更加和谐的社会》一书是这样概括这一转型的内容的："20 世纪 80 年代以来，中国社会经历了巨大的社会变迁。这一变迁以两个方面为标志：第一，由高度集中的中央计划经济体制向社会主义市场经济体制转轨；第二，由初级工业化向建设小康社会和全面的现代化转轨。这两个转变过程紧密相连，相互促进，构成现时中国社会变革的先导和主流。"（郑杭生、李路路，2005）第一个转轨是经济体制的转轨；第二个转轨是现代化转轨，即社会现代化。经济体制转轨的实质内容是中央计划经济体制的终结和市场经济体制的建立；现代化转轨的实质内容是社会结构的现代性转变，表现为中国社会的单一性、封闭性、集中性和行政性特征的终结以及中国社会复合性、开放性、分散性和市场性的现代性特征的建立。

"现代化建设和体制改革给中国社会带来的不仅是经济的快速发展和市场经济体制的逐步加强建立，而且是涉及整个社会特别是社会结构的巨大变革。随着现代化的进展和市场经济的建立，社会资源的分配方式和获取方式、社会组织结构与方式、职业结构、利益结构、社会权力结构、社会沟通模式、社会交往与社会行为方式、社会流动模式、居住和生活方式、社会认同方式、社会价值观与社会评价等各个层面都出现了巨大变化。可

以说，当代中国的社会变迁是一场划时代的结构性变革。"（郑杭生、李路路，2005）

在上述所涉及的一系列层面的巨变中，最核心的是社会资源配置方式和国家（政府）、市场（企业）、社会三大部门的利益格局的巨变。伴随着计划经济体制的终结及以市场为主的资源分配机制的确立，经济市场化过程与利益格局的关系出现变局：这种以市场为主的资源分配机制"不可能不导致财富分配格局的变化，不同群体之间收入差距的加大；新的机会结构的形成，导致一些新的社会群体和阶层迅速崛起，而一些社会群体的原有地位则发生了相反的改变"（郑杭生、李路路，2005）。利益多元化取向日益明显，"随着'自由流动资源'和'自由流动空间'的形成，大量的社会资源和行动空间在国有制体制之外被创造出来"，"不同层次、不同部门、不同单位乃至不同的人群，其利益目标越来越独立，利益边界越来越明晰"，"实质上形成了新的利益结构"（郑杭生、李路路，2005）。

近30年来，随着以经济体制转轨和现代化转轨为特征的社会变迁的出现，国家也发生着巨变。在一系列的变化中，最根本的是国家的权威和统筹、调节能力的变化。"市场化的发展意味着国家直接控制的资源和过去相比大为减少，大量的资源为各种各样的市场主体所控制"，"更为重要的是，市场关系的性质是交易性而不是命令式或强制性的，交易双方是平等的"，所以在现实中，行政命令常常"作为市场制度的补偿而发挥作用"，于是呈现的总趋势是"国家或政府的权力，特别是动员和调动资源的权力，由高度集权的中央政府向下分散和转移"（郑杭生、李路路，2005）。在这种现实的趋势中，国家的性格正在重塑："国家变得更加人性化和更有理解力，同时，国家也在由传统上'骄傲之王'（霍布斯）的单一形象，转变为'谦虚的国家'和'有所作为的国家'（希拉克）的多面形象。"（郑杭生、杨敏，2010）

市场和国家（政府）在发生巨变并极大地推动着社会现代化进程的同时，中国也呈现另一番空前复杂的图景："社会分配的不公正和收入差距过大，财富向社会中少数新贵阶层集中，一个人口众多的社会弱势群体在形成，'社会正义'被画上了巨大的问号；教育、就业、流动、迁徙等社会机会的不平等，加剧了收入分配的不公正；城乡发展上陷入了更大的区隔，'三农'问题积弊日深，庞大的农业人口构成了社会弱势群体的主要来源；

区域差距仍在继续扩大，不仅如此，这种发展差距不断转化为心理距离、认同距离和文化及观念距离；社会现代化也对人本身、人口生产形成了干扰，因而人口结构的变化、初级群体的裂变、以传统方式积累起来的社会资本的流失，使社会整合在微观深层次上出现了问题：在科学技术高速挺进的同时，社会生活中的新型风险——人为风险如高新技术风险、金融风险、生态环境危机、新型传染病等——也与之并驾齐驱；自然资源面临匮乏、环境恶化趋势难以遏制、生态不平衡加剧，不断酿制出人文圈与生态圈之间的更大冲突，而我们仍一如既往，以昂贵的社会代价和经济成本来换取没有进步意义的所谓发展；上述过程又构成了社会安全的困境，因为资源的占有已经成为社会内部的阶层间、群体间、族群间、地区间，以及国家间关系的最为敏感的问题之一。而且，所有这类现象都不断对现有的社会规范秩序体系、社会信任和信用体系，对现行的经济、政治、文化制度，以及社会生活方式和组织模式提出质疑和挑战，这也是对现代以来的社会工程体系——理念、构想、设计、实施、运作——的质疑和挑战。"（郑杭生、杨敏，2010）

社会转型给"社会"的崛起创造了契机，"社会"正在通过自我的制度创新日益成为社会活动的"主体"，改善着我国目前社会治理的现状。

在这一过程中，国家发挥的首要作用是从追求 GDP 转化为科学发展，转化为社会建设和社会管理，转化为社会治理。在这一转化中，相对独立于国家（政府）和市场（企业）的第三部门——包括基金会在内的社会组织起着特殊的作用。然而，我国的现实是，NGO（非政府组织）、NPO（非营利组织），无论是数量还是质量，远不能满足现实需求。2003 年的"非典"和 2008 年汶川地震使我国公共服务体系的缺陷暴露无遗，而此后发生的医疗、教育、就业、养老、住房等与民生相关的领域的问题更凸显经济、社会协同发展的必要性和紧迫性。从社会组织的角度来看，整个社会的利益表达、协商、调节机制因为缺乏社会组织主体而没有及时建设起来，致使政府从控制管理型向公共服务型的职能转换没有相应的社会组织来有效承接；从政府的角度看，公共服务型政府的建设，从制度到现实的运作，也都受到还没有充分发展起来的社会组织的制约。为了促进政府向公共服务型转换，促进社会组织健康生长，需要对社会组织的地位和作用，特别是其与政府的关系，以及管理体制等进行深入研究，从而在这个基础上构建能够使公共利益最大化的社会治理结构，实现新型现代化意义上的市场、政府和社会的协调良性的三足鼎立。

从 20 世纪 80 年代末开始，国际社会掀起了一场结社革命，NPO、NGO 获得巨大的发展空间，它们的功能受到空前的关注。这些功能在全世界范围内表现为四点。第一，公共服务的提供者。政府一般性的公共服务并不能满足某些社会群体的需要，于是 NPO、NGO 成为这些服务的提供者。第二，就业市场的开拓者。20 世纪末以来，继政府和企业之后，NPO、NGO 成为提供就业机会最多的部门。第三，社会资本积累的促进者。NPO、NGO 的存在有助于增进人们之间的相互理解和信任以及对规范的遵守，从而构筑稳定的社会网络，增加社会资本总量。第四，公共利益的表达者。由于结成 NPO、NGO 的目的是代表特定群体的公民行使结社权，因此会代表这一群体进行利益表达。拥有以上功能的 NPO、NGO 已经成为国际社会必须依赖的力量。前联合国秘书长安南在 1999 年达沃斯世界经济论坛上准确地表达了这一认识："联合国以往只是与各国政府打交道，但现在我们认识到，没有与政府、国家组织、企业团体和公民社会之间的伙伴关系，就没有和平与繁荣。当今世界，我们彼此相互依存。"

中国并未游离于世界发展潮流之外。伴随着中国社会巨大的变迁，以转变政府职能、健全社会管理制度为目标的探索一直在进行。20 世纪 80 年代以来，我国政府提出要大力发展中介组织，以与政府的职能转变相衔接。1981 年诞生了第一家基金会——中国儿童少年基金会。1995 年，"非政府组织"这一概念，通过在北京召开的第四次世界妇女大会第一次进入中国人的日常生活，从此社会组织日益受到关注。进入 21 世纪，我国在这一领域的探索脚步明显加快。2004 年 9 月，中共十六届四中全会要求在社会领域形成组织化的参与主体和公共服务主体。2006 年 10 月，十六届六中全会在通过的《中共中央关于建构社会主义和谐社会若干重大问题的决定》中明确要求创新社会管理体制，健全社会组织。2013 年 11 月，中共十八届三中全会通过的《中共中央关于全面深化改革若干重大问题的决定》明确指出，对行业协会商会类、科技类、公益慈善类、城乡社区服务类四类社会组织实行民政部门直接登记制度。

在以上大背景下，如何准确全面认识 NPO、NGO？如何在社会管理、社会治理领域借鉴外国经验，在发展自己社会组织的同时，实现跨越国境的公共性构建活动？对以上问题的研究和讨论无疑意义重大。

中国和日本是一衣带水的邻邦，在地理位置上同处于一个地区——东亚；在文化上，又都处于汉字 - 儒家文化圈，文化历史传统非常接近。而且，两国都经历了现代化过程，在传统与现代、本土化与全球化关系的处理上都积累了丰富的经验和教训。因具有相同汉字 - 儒家文化基因和同属大陆法系等，两国在制度理念、制度特征以及制度设计等方面都有一定的共同点和可比性。不仅如此，日本的市场经济和法律制度比中国要完善得多，NPO、NGO 比较发达，所以对中日两国基金会的研究，对我国的基金会理论和实践将具有启发和借鉴意义。

日本和中国一样，都是传统上的国家主导型社会。在两国漫长的历史中，虽说都存在根基于农耕文明的民间互助传统和慈善行为，但作为现代社会公益慈善组织的 NPO、NGO 并不是内生的，NPO、NGO 对两国来说都是一种"舶来品"。有学者考证，日本的主流媒体是在 20 世纪 90 年代才开始关注 NPO 的，当时的主要视角也只是着眼于评介欧美的 NPO。[①]

中日两国的 NPO、NGO 建设启动的时间大体相同，相比之下，日本的发展速度略快于中国。1995 年阪神、淡路大震灾（简称"阪神大地震"）[②]及其后来出色的赈灾救援活动成为日本社会 NPO 及志愿者凸显其作用的起点。在 1995 年阪神大地震之前，政府指导型救灾体系被日本国民广泛认可。但在阪神大救灾中，这种救灾体系失灵。与此相反，民间力量的有效工作和出色表现适时弥补了这种模式的缺陷，创造了民间救灾的新模式，并直接、有力地推动了 NPO 立法。1998 年 3 月，日本颁布了《特定非营利活动促进法》。至 2002 年末，NPO 在全日本已有 1 万法人获得认证，活动范围包括健康、福利、医疗、社会教育、育儿、环境等。20 世纪 90 年代后期，中国开始掀起非营利组织研究及实践的热潮，出现了"自然之友"（1994 年3 月正式注册成立）、"地球村"（1996 年成立）等非营利组织。虽然它们多有"官方背景"，但标志着当代中国构建民间力量参与公益事业模式的发

---

① 参见中村阳一等，1999，《日本的 NPO 2000》，日本评论社，第 64 ~ 65 页。例如：《日本经济新闻》1990 年 8 月 14 日发表题为《欧美艺术保护的源流——完善的 NPO 网络》的文章；《朝日新闻》1992 年 11 月 4 日发表题为《学习美国的民间非营利组织（NPO），探索新的社会运动方法》的文章等。

② 阪神大地震或神户大地震，是指 1995 年 1 月 17 日发生于日本关西地区的 7.3 级地震灾害，因受灾范围以兵库县的神户市、淡路岛，以及神户至大阪间的都市为主得名。

韧。2004 年 3 月国务院出台的《基金会管理条例》，更为这种构建提供了制度条件。

从 1981 年开始，中国基金会经历了 30 多个年头。随着经济的高速发展，中国 GDP 位居世界第二位，成为世界第二大经济体，基金会的数量也呈不断上升趋势。截至 2011 年 2 月 18 日，中国已有 2094 家基金会，其中公募基金会有 1069 家，非公募基金会有 1025 家（康晓光等，2011）。虽说其发展的数量、速度和规模均与中国经济发展水平不匹配，但还是能看到它的重大进步。发展中的基金会还经历了功能的变化和角色的转变。其工作领域从以直接救济为主，转向面向救助者以及救助地区的长期持续自救自助和发展；工作策略从服务转向服务与倡导并行，扩大公益救助受益面且持续保障受益效果；从公众一无所知到成为公众和媒体的关注焦点或问责对象；从政府的管理对象到合作对象，从社会管理的客体到社会治理的主体，与政府和市场等一同承担社会治理的使命。基金会的这些变化不仅与中国政府职能的转变相适应，而且为社会治理结构的建构提供了新的环境和条件。在这样的背景下，我们需要对丰富多样的基金会及其特征进行深入研究和界定，并在比较近邻日本基金会管理体制，特别是准入规制的基础上，立足中国本土特色，借鉴日本优秀的制度成果，完善我国的基金会管理体制，特别是准入规制，使基金会在我国的和谐社会建构中发挥特殊作用。

20 世纪 90 年代以来，以全球化和现代化高速发展为背景，东亚各国掀起一股"公共性"研究热潮。有学者统计，在日本，1975～2002 年，以公共性研究为主题的学术论文总数达到 1100 篇，27 年间平均每年约 40 篇，而从 1999 年突然增加到 115 篇，以后每年都有百篇以上，而且涉及的领域极其广泛，包括行政、环境、学校、教育、城市、自治体、民营化、公害、公共事业等（田毅鹏，2005b）。这些研究表明，日本社会进入了以"欲望和感情解放"为主题的个人主义时代，利己主义风行、价值体系崩塌、地域发展不平衡，同时，社会老龄化、市场经济发展、消费社会形成。在这样的背景下，在 20 世纪 90 年代以前的现代化进程中形成的以"官"为主要承载的"旧公共性"遭到破坏，出现了在"官"以外的公共性诉求，这种诉求被称为"新公共性"。其既包括"市民的公共性"，即基层社区自治，NPO、NGO 建设以及网络社会背景下"公共议论"的最新发展；也包括

"跨越国境的公共性"，即在全球化背景下超出民族、国家空间范围的"空间公共性"的构建和认同。其核心是解决现代化、城市化进程中高密度居住、人际关系疏离状态下的社会何以可能的问题。

与此同时，在中国，以社会转型和构建和谐社会为背景，"单位社会"逐渐走向消解，原来由国家、单位承载的公共性逐渐让渡给真正意义上的"社会"，与中国政府新近提出的"社会建设"的概念紧密联系在一起，成为焦点问题。

由于"新公共性"作为一个学术话题在中日等东亚国家兴起不久，东亚区域内的政治、文化和社会等方面的合作交流机制尚未建立起来；另外，一些重大的国际性公共危机事件，使人们意识到跨境公共性构建的重要意义。2003年东亚范围内"非典"爆发之时，学界出现了呼唤东亚新地区主义的声音，认为："东亚地区主义本质上属于新地区主义。新地区主义的'新'就在于它的社会负责性，即对解决社会问题、促进社会发展的承诺。我们有必要从社会的角度建构东亚新地区主义，把东亚建成社会共同体。东亚地区合作不能仅仅是经济合作与狭义的安全合作，必须包括广泛的社会合作。东亚整合的根本目的是再造区域性公益结构。"（庞中英，2003）

比较同处东亚社会的中日两国基金会，看二者在管理体制方面体现出的互构共生关系，具有极强的理论和现实意义。对中日基金会进行比较研究，既包括对这一领域的一般认识（相似性和差异性），也包括两种文化语境、历史、现实情境下同一社会组织形式所反映的国家（政府）、基金会（社会）和个人（市民）的复杂的互构共生关系，以及面向"东亚互构共生体系"（郑杭生，2005）未来的运行趋势。在当前世界急剧转型和在东亚"新公共性"相同诉求的背景下，需要通过中日基金会的比较研究来从中获得启示和借鉴，为完善我国社会管理、社会建设和社会治理提供依据。

第二节 研究缘起

笔者对基金会研究的兴趣由来已久。自2005年以来，笔者一直从事有关志愿者、义工、基金会的实际工作。在基金会的实践中，笔者对基金会的工作多有感悟和体会，但由于缺少这一领域必要的社会学系统知识，无法把实践中的感悟上升为专业性的理论思考。在中国人民大学社会学系的3

年博士学习正好弥补了该领域学理方面的不足，使笔者有条件在导师的指导下结合基金会工作实际对本研究进行深入的理论探讨。

大约从 2005 年 5 月开始，笔者就参与了中华爱心基金会在国内的落地工作，具体负责筹建长三角社区工作委员会，并担任主任。2006 年 5~7 月，笔者在上海以 1000 多名大学生爱心志愿者为基干，以《新民晚报》为主要传媒依托，以满足上海地区农民工子弟的心愿为内容，策划执行了"千予千愿"（意为：1000 份爱心给予满足 1000 份农民工子弟的心愿）系列活动，影响广泛，满足了 1132 个农民工子弟的心愿。2007 年 4 月该活动被上海市政府评为"2006 年度上海市精神文明十佳好人好事"。自此，笔者作为"千予千愿"项目负责人和志愿者，把"千予千愿"项目延伸到四川德格、汶川、绵阳，宁夏西吉，江西井冈山，福建仙游，青海玉树等地。其间，笔者对义工、志愿者管理以及境外基金会的国内落地、项目运营及管理、筹款等都有参与和观察。

2007 年，笔者全程参与和推动某公益基金会在香港的注册登记。香港特区政府对公益性基金会注册登记的备案制和高效服务给笔者留下了深刻印象。大约从 2011 年 4 月获知被中国人民大学录取为社会学博士研究生后，笔者便开始接受郑杭生先生委托亲自办理北京郑杭生社会发展基金会在北京市民政局的注册登记。从启动到所有注册登记手续办理完毕，历时近一年，笔者亲历了所有环节。这一难得的经历使笔者在实践中最直观地体验和了解了我国基金会准入规制的方方面面。

笔者从 1996 年 4 月到 2001 年 4 月在日本富山大学留学。1996 年，在笔者刚到日本的时候，正逢阪神大地震发生一周年零三个月，阪神震区还处在灾后重建之中。虽然富山大学位于日本的北陆地区，距离大阪和神户有 380 多千米，但从日本人和参加过赈灾救援的留学生口中听到过很多关于志愿者和日本市民自发组织参与救助的故事。在媒体上天天能看到关于 NPO 立法的争论和报道，1998 年 3 月颁布通过的《特定非营利活动促进法》也几乎成为学生学业外的"必修课"。在 2000 年，笔者和几位中国留学生友人共同创办了中日双语大型文学季刊《蓝》，还成立了任意社团法人"蓝文学社"。在《蓝》的编委会成员中有一位日本学者山田正行，他当时是秋田大学教授，还常年兼职从事社会公益事业，致力于对日德在二战中的法西斯暴行（如奥斯维辛集中营、南京大屠杀等）的研究，反思日本侵华历史，积极推动中日友好。他所领导的任意团体在日本非常活跃，后来在福岛成立了日本奥斯维辛和平纪念馆，他长期担任这个 NPO 的理事长。在日留学和以上有关 NPO 的经历为本书的写作埋下了伏笔，也提供了可能。本书中对日本 NPO 理事长的采访就是得到了山田正行教授的大力配合。

第三节　研究目的与思路

描述、介绍和比较中日基金会的准入规制并不是本书的目的。本书的目的在于揭示和解释中日基金会及其准入规制中所展现的更加共性的、更加抽象的问题和方面。笔者尝试用社会互构论的理论视角对基金会准入规制的这些方面展开研究，包括社会互构论视野下的社会与国家的互构；基金会在社会与国家互构中的角色；基金会准入规制的双重关系结构，即个人与社会的关系、社会与国家的关系。在对国家（政府）与基金会的互构的论证中，本书指出中日因现代化时段上的差异而出现互构范式的差异，在当代中国，呈现从"依附范式"到"互构范式趋势"的转型特征。这项比较研究的根本目的在于"为我所用"，在比较中获得有益的启发，借鉴日本在基金会准入规制方面的成功经验，发现我国在这一领域存在的问题，并为我国基金会建设的健康发展建言献策。当然，由于中日国情、政治制度、历史文化、国民性格等方面的迥异，日本在基金会建设方面的长处不一定适合我国，但比较研究同处东亚社会共同体的中日两国基金会及其准入规制，从可比之处可获得新知和自知，从不可比之处可收获启发和借鉴，这对于我国基金会的建设同样具有理论和现实意义。

从宏观方面说，本书的研究对象是中日两国基金会的管理制度。然而，管理制度是一个内容庞大的系统，包括法律地位、资金运作、税收制度、日常监督四个方面，其中法律地位属于"准入规制"部分，资金运作、税收优惠、日常监督属于"过程规制"部分。而这又几乎涉及两个国家基金会管理制度的全部内容。如此庞杂的内容要在这本 20 余万字的书中进行深入研究是不可能的。所以本书只是选取了中日两国基金会的管理制度系统中的一个中微观部分——准入规制为研究对象，进行跨文化的比较研究。

抽象地说，准入规制是指某一行为主体对约束对象进入某一领域所制定的路径或通道、限制、条件。具体而言，基金会准入规制是指某一特定国家的政府准许民间非营利组织及个人参与社会公益慈善的程度，即政府对民间非营利组织及个人参与社会公益慈善的制度安排，这种安排即国家对基金会主体资格的确立、审核和确认的法律制度，包括基金会主体资格的实体条件和取得主体资格的程序条件。其表现是国家通过立法，规定基金会成立的条件、标准及程序，并通过审批和登记程序执行。由于包括基金会在内的非营利组织作为"第三部门"已经与市场组织、政府组织构成了现代国家治理的"第三方力量"，非营利组织已经成为各国社会生活中的一个重要组成部分，因此对非营利组织进行相应的政府规制已成为各国政府必须面对的问题。"准入规制"是国家对基金会进行管理的逻辑起点，在管理制度系统中，基金会只有首先确定了非营利组织的法律地位，才能正式进入公益性法人的过程规制阶段，才会有接受捐赠、筹资、散财等合法的资金运作行为，才会根据不同的法人形式获得不同的税收优惠，也才会进入政府的日常监管系统，等等。因而以小见大、见微知著，对"准入规制"的中微观性深入研究可以对基金会管理体制的研究起到一个提纲挈领的作用。

从社会学的视野看，对基金会准入规制的研究，意义在于揭示在基金会及其准入规制内部所反映出来的"双重关系结构"，即个人与社会、社会与国家的关系结构。对于这种关系，如果仅仅从法律学的"国家中心的视角"看，显然更主要表达的是社会与国家的关系：国家是关系的主体，基金会是关系的客体。但是，如果从社会学的"社会互构"视角看，社会与国家则构成了一个相互形塑、共生建构的关系。基金会准入规制中的社会与国家关系根源于基金会概念中所包含的社会与国家的关系。基金会作为社会群体的共同体时，它是作为社会存在的。基金会作为利用获得捐赠的财产以从事公益活动为目的的非营利法人，它反映了国家对它的制度性约束，所以反映了社会与国家的关系。

基金会准入规制，又反映了个人与社会的关系。这个关系反映着社会学、社会互构论最基本的关系。一方面，所谓的民间非营利组织是由民间的个人组成的，在这个意义上，基金会准入规制在本质上是对个人参与社会公益慈善的制度安排；另一方面，基金会作为社会利益群体的存在又成为"社会"，成为社会生活的共同体，同时它又表达着超越个人的社会公益慈善的群体性行动及其制度化特征，在这个意义上，基金会的准入规制又是对"社会"的一种制约。基金会准入规制的个人与社会的关系根源于基金会概念中所包含的个人与社会的关系。在社会互构论看来，个人和社会分别表现了人类生活共同体相互关联的二重含义：个人是社会的终极单元，社会则是个人的存在方式。从共同体的构成而言，社会是众多的个人；从众多个人之间的关系上看，个人就是社会。

第四节　研究内容与框架

本书是一项关于基金会准入规制的跨文化比较研究。研究围绕的问题是：在从旧式现代性向新式现代性转型的过程中，不同传统、文化与政治制度背景下的基金会准入规制呈现什么状态？它们之间主要有哪些相同特征和不同之处？决定和影响这些相同点和不同点的主要根源是什么，即所比较国家的基金会准入规制为什么呈现这样的特征而不是别的？如何用社会学的理论来解读以上法律规制的种种特征？这种跨文化、跨国比较研究的结果和得出的结论表达了一种什么样的重大关切和趋势？

基金会准入规制属于基金会管理制度系统中若干制度中的一个，对它的描述性研究，并不能展现中日两国基金会管理制度的全貌（当然，比较本身也不是本书的目的），但它极为重要，因为它集中反映了中日两国基金会的整体和最核心的状况，通过对基金会准入规制的比较研究，能够发现两国基金会之间最本质的联系和差异，预测带有共性的发展趋势。

本书的研究遵循如下研究框架。首先，在已有的关于基金会及其准入规制的研究文献基础上，归纳和总结，并简要评述了不同学科（经济学、政治学、社会学）路向的基金会理论。其次，用比较研究和法律社会学的研究方法，介绍和描述了基金会及其准入规制的基本概念、分类或类型、历史和现状，以及中日基金会准入规制模式、法律地位、法律制度框架、准入规制的变迁、法律地位的形式和程序（设立或获得方式）。再次，从社会学的视角展开，分析中日基金会准入规制的共同特征和差异之处，并分析影响以上共同特征和差异之处的最显著要素。我们发现影响其共同特征的最显著要素是传统，即中日政治－法律文化传统和民族文化思想传统；而影响其差异之处最显著的要素是现实，即中日国家－政治制度和崛起的民间力量。本书的核心部分是用社会学的视角，特别是用社会互构论对中日基金会准入规制进行深入的共性分析；探索处于从旧式现代性向新式现代性转型背景下的当代社会结构性变动与基金会有什么关联，为什么基金会能够成为国家与社会利益群体（社会）互构的一个样板，基金会是如何实现与国家互构的，同时基金会中个人和社会的关系又是如何的。最后一部分是本书的落脚点，即在比较中获得应用性的启示和借鉴。日本基金会准入规制的基本经验在于法律完善、定位准确、分类清晰、服务导向、准入简易、协动互构。在比较中收获启发和借鉴，这对于我国的基金会建设同样具有很强的理论和现实意义，这部分思考体现在对中国基金会发展障碍的思考及对策建议上。

关于本书第四章"日本基金会的准入规制"和第五章"中国基金会的准入规制"的安排顺序，在这里需要特别给予说明。按照行文、叙述的主体来说，应该将中国基金会准入规制放到日本基金会的前面。之所以本书将日本部分安排在前，中国部分安排在后，只是从时间的意义上，即日本和中国进入现代性的时间顺序上考虑的，否则会在描述和比较两国基金会的时候出现时间和逻辑上的困难。

第五节　研究意义

20 世纪 80 年代以来，在世界范围内出现了"结社革命"，基金会在全球范围内获得了空前的发展，各国学者也对它的理论与实践给予了前所未有的关注，从不同学科角度对基金会的研究已经成为显学。在这些研究成果中，对不同文化、国度之间的基金会的比较研究尚不多见。在这样的背景下，对处于不同传统、文化背景和政治制度下的基金会进行比较研究，丰富和完善基金会理论，显得非常必要。

本书对于丰富"社会互构论"的经验研究具有一定意义。哈贝马斯、吉登斯等现代社会理论家都主张对社会组织进行研究和分析，以从结构化和模式化的相互联系角度阐释社会世界，获得具有普遍性意义的社会知识。社会互构论作为具有原创性的本土社会学理论，在解释了我们所处时代的核心关系——个人和社会关系的同时，还解释了社会与国家的关系，尤其是解释了处于从旧式现代性向新式现代型转型的中国社会与国家的关系。本书试图用这一理论论证基金会与国家（政府）的关系，以及在基金会内部如何形塑个人与社会、社会与国家的双重关系结构。

　　本书还是一种具有应用性的社会学研究。我国正处在急剧的社会转型期，在公共权力和服务领域，政府的职能正在由公共管理向公共服务转移。为了促进公共服务型政府的建设，就需要清楚基金会的地位与功能，在这个基础上构建可以使公共利益最大化的公共服务模式和社会治理结构。中日基金会及其准入规制的比较研究，不仅有助于了解中日基金会准入规制的现状与进展，还有助于利用我国在这一领域的后发优势，借鉴日本的成功经验，为政府决策贡献理论支持，推进我国基金会准入规制的完善。

第六节　创新之处与不足

　　我国学术界对中日基金会及其准入规制的比较研究还处于起步阶段，由于存在语言、文献和实践经验等方面的制约，对于准入规制的集中性比较研究成果更是难得一见。根据现有的中日文献，有关的研究成果主要呈这样几个特点：第一，基本都是综合性研究，如对中国和外国的基金会管理制度进行笼统的比较性研究，并且常常是将多个"外国"（如美国、德国、新加坡、日本等）放在一起进行比较，将基金会管理体制的方方面面放在一起进行研究，而对于中日基金会准入规制的专门性研究较少；第二，基本是介绍性的比较性成果，很少能见到对于比较现象背后的原因和更抽象的共性的研究成果；第三，对基金会及其准入规制方面的法学、经济学研究成果比较多，但对这一领域的社会学研究成果尚不多见。本书在以上三个特点上均有突破。

　　本书在中日基金会比较研究中最大的理论突破是从学术界对基金会的跨文化比较研究由宏观层面深入或推进到了中观层面，甚至微观层面，即进入了基金会准入规制的比较研究层面。

　　本书尝试用社会运行学派的社会运行论，特别是社会互构论作为理论指导，集中对这一理论视野下的社会与国家的互构关系，特别是这一理论有待开发的基金会与社会的互构关系、基金会与国家的互构关系、基金会内部的"双重关系结构"等展开深入探讨，通过这种理论与经验结合的实证性研究来丰富社会互构论的理论体系，为社会运行学派提出的建设"东亚互构共生体系"提供应用性支持。

制度、规制、体制等这些范畴总是与法律法规相联系，主要表现为社会与国家的关系，因此在关于中日基金会准入规制的比较研究中，所涉及的大量内容是属于法学领域的。本书所追求的目标是使本项研究在法学和社会学之间获得平衡和统一，但这种目标并不是本书能如愿达到的。笔者期望在日后的研究中不断接近这一目标。

还有，正如所有的跨文化比较研究都可能面对的问题一样，中日两国处于现代化的不同阶段，日本是发达国家，中国还是发展中国家，这种差距不仅仅是经济方面的，还有社会生活的方方面面，对于基金会准入规制方面的比较研究，必然要面临纵向的时段差和横向的文化差。所以本书的研究尽管考虑了比较研究中的这种因素，但无论如何也只是在追求一个相对值或相似值。

第七节　研究方法

本书的研究方法与社会互构论所使用的研究方法相一致，将理论思辨与参与观察、人文性与实证性、宏观层面与微观层面相结合。由于本书是一种跨文化比较研究，因此还使用了文献分析法、比较法等研究方法。

思辨研究方法运用的是从一般到个别的演绎推理方法，即从一个基本的前提出发，经过小前提的演变，最后达成一个以命题形式出现的基本结论。本书在总体研究框架的设计和对一些理论的运用上都采用了这一方法。本书从已有的关于基金会及其准入规制的概念、分类或类型出发，分别描述和分析了中日基金会准入规制模式、法律地位、法律制度框架、准入规制的变迁、法律地位的形式和程序（设立或获得方式），得出了这样的结论——影响中日基金会准入规制的共同特征和差异之处的最显著要素是传统（即中日政治－法律文化传统和民族文化思想传统），影响其差异之处的最显著要素是现实（即中日国家－政治制度和崛起的民间力量）；同时，运用社会互构论对社会与国家的互构及其机制进行了论证，得出基金会是国家与社会利益群体（社会）互构的一个样板的结论；通过用国家与基金会的互构理论对中日基金会准入规制进行深入分析，得出当代中国的基金会呈现从"依附范式"到"互构范式"趋势的转型特征等结论；最后根据以上结论，针对中国当代的基金会现状，提出了具体经验应用中的启示、借鉴和对策建议。

同时，本书在研究过程中，采用了大量的历史研究和比较研究的方法。而历史研究和比较研究所使用的主导性方法也是一种思辨研究，因为这些研究是通过研究大量的中日有关基金会及其准入规制的历史变迁之后得出的，而不是从日常观察出发的。

所谓参与观察法，就是研究者深入所研究对象的生活背景中，在实际参与研究对象日常社会生活的过程中所进行的观察，目的是对现象发生的过程提供直接的和详细的资料，以便对研究对象有更加深入的理解。由于工作之缘，笔者参与观察了某基金会设立的全程。笔者从局内人的角度出发，通过在基金会个案设立的情景和场景中，用参与观察法获得的经验材料阐释和理解中国基金会准入规制的特征、问题、趋势等，提出关于基金会与国家的互构模式。这部分内容和对一家日本 NPO（奥斯维辛和平博物馆）理事长的访谈放在了第七章。

本书坚持了人文主义与实证主义相统一的研究方法。社会学的人文主义研究取向是以韦伯等古典社会学家为代表的，他们认为社会现象有其独特的性质和规律，绝不能盲目效仿自然科学方法来研究社会科学，而应确立自己独特的研究方法，主张对社会行动进行诠释性的理解，进而对社会行动的过程及结果予以因果性的解释。本书坚持了这一社会学传统，把基金会看成从事社会行动的人类共同体，尝试在现实的社会行动中来解释基金会准入规制的特征和历史变迁，并力图对这一过程及结果给予因果性的解释，把中日基金会准入规制的异同放在两国长期的文化历史的宏大背景和现实的政治制度和社会行动中进行理解。

社会学的实证主义研究取向是以孔德、斯宾塞等社会学创始者为代表，并经古典社会学的代表人物涂尔干发展后日趋成熟的。他们认为社会现象和自然现象之间并无本质的区别，它们遵循着同样的方法论准则，都可以用普遍的因果律加以说明；他们主张把社会事实当作实在物来研究，社会科学应以自然科学为标准模式，建立统一的知识体系，认为科学的目的就在于对现象的因果性做出说明，并在此基础上对现象的未来发展趋势做出预测。本书在一定程度上吸收了实证主义的研究取向，并没有把基金会及其内在的社会与国家的关系看成是简单的主观建构的结果，它作为制度性的社会共同体和社会事实具有一定的普遍因果性（如对基金会在一定法系中的法律地位的分析）及相关性（如对影响中日基金会准入规制异同的重要因素的分析）。本书还尝试在对以上现象说明的基础上对基金会及其准入规制未来发展趋势做出预测。

本书还坚持了宏观层面、中观层面、微观层面相结合的研究方法。基金会作为人类行动共同体，其本身是个极为复杂的社会存在。它自身中包含着双重关系，即个人与社会的关系、社会与国家的关系。根据社会互构论的观点，在微观层面上，基金会是由个人组成的，其内部包含着各种不同性质和形式的个人间的关系，如小群体、小派别等个人丛。在中观层面上，基金会是一个社会组织，在其中包含着各种不同形式和性质的地区性、业务领域性社会利益群体。本书主要是在这个层面展开中日基金会间的比较研究的。在宏观层面，基金会等社会组织作为个人丛构成了国家和整个社会的重要基础和内容（郑杭生、杨敏，2010），它所包含的个人与社会、社会与国家的关系反映了双重关系结构。基金会中所包含的这一双重关系结构是本书研究的重点。

文献分析法主要指搜集、鉴别、整理文献，并通过对文献的研究，形成对事实科学认识的方法，它通过对与工作相关的现有文献进行系统性的分析来获取工作信息。本书的研究对象——基金会准入规制，就是遵循文献分析方法，一步一步得以确立的。最先的研究是集中锁定在一般的非公募基金会上，随着对文献资料的研究和老师的指导，笔者进一步把研究对象锁定在了中日基金会管理制度的比较上，最后确定在了管理制度中的一部分——准入规制的具体问题上面。在研究中，几乎每个问题都离不开文献分析法，在上面的基础上，又找出文献中涉及的各种有关研究对象的概念，再进一步梳理它们之间的关系，从而形成若干完整的主题。最典型的就是对中日基金会概念、准入规制概念、基金会准入规制概念、基金会理论的文献分析。

本书最直接、最显著的研究方法是社会学的比较方法。所谓比较研究方法，是指根据一定的标准，对两个或两个以上的事物或对象加以对比，以找出它们之间的相似性与差异性，探求普遍规律与特殊规律的一种分析方法。首先，本书所运用的社会互构论，本身就是这一理论的创始人在与西方社会学的对比对照中提出来的。"对西方社会学的系统审视和全面梳理，对西方社会学及其代表人物大量论著的分析、思考、扬弃，并在与西方社会学观点的对比对照中，提出和论证社会互构论的观点，形成了本书的一个显著的特点，即比较研究的特点。"（郑杭生、杨敏，2010）其次，本书的研究对象就是中日基金会准入规制，研究的目的就是在跨文化的比较中，发现中日基金会准入规制的相似点和差异点，探求二者的带有一定规律性的原因、问题和范式。

选择日本基金会准入规制作为与中国的比较研究对象，其价值自不待言。其可比性在于，中国和日本除了同处于汉字－儒家文化圈，地理和文化历史传统非常接近之外，两国都经历了现代化过程，并在对传统与现代、本土化与全球化关系的处理上都经历了复杂、曲折的过程。不可比之处在于，两国现代化所经历的时段不同，对历史文化传统所采取的态度不同，国家政治制度不同，基金会及其准入规制的形态和环境也差别极大，但对它们的研究同样会给中国带来有益的启示。

对中日基金会及其准入规制进行比较研究，首先需要讨论的是，对处于不同文化、历史、现实背景中的社会现象（基金会）进行比较如何可能？即，这种比较的困难之处在哪里？哪些地方可比？哪些地方不可比？对不可比之处的基本设问是，为什么不可比？对可比的设问是，在何种意义上是可比的？

用宏大的社会运行的视角考察基金会的历史变迁，会得出这样的基本判断：中日基金会及其准入规制是现代性的产物。然而在现代性中，不可回避的事实是，中日两国基金会的现代性背景是大不一样的。

17世纪以来，现代性在西方发轫，标志着人类社会生活、社会关系结构、社会组织模式由传统向现代变迁。从这时开始，人类自觉地以自己为"主体"，开始了形塑人类社会的进程，这一进程本身决定了现代性的两个基本点——价值性和人为性。这两个基本点分别构成了"走向现代"的两大基本目标及趋向：价值性构成了实现人的自由和人类解放的目标和趋向；人为性构成了建构人为规划的宏伟社会工程，即使价值性得以实现的社会行动策略和方案（郑杭生、杨敏，2010）。在以后的近200年的时间里，伴随着以掠夺资源为特征的殖民化运动和世界经济体系的形成，西方的现代性得到了迅速推进并在全球扩展，到一战前形成现代性的第一波浪潮。另外，在这种扩张中，现代性内在的矛盾和冲突，即社会和自然的对立、个人和社会的对立使现代性陷入危机，人赢得了对自然的控制权，人的自由却变得更加不可思议。20世纪前半叶的连续两次世界大战是现代性内在矛盾和冲突的极端表现，也是对以欧美为中心的旧式现代性的曲折性的集中反映。这种情况引发了社会学家对现代性的反思和批判。有学者把这种建立在自然和社会的双重代价基础之上的现代性称为"旧式现代性"（郑杭生、杨敏，2010）。

现代性的第一波浪潮在一战前后出现分流，朝着两个流向演变和推进：一个是全球化——现代性继续在旧式的两大基本目标和趋向指引下在欧洲大陆延伸，并在资本的本能冲动下脱出欧美地缘，进入了非欧美国家和地区，在"异邦"不断复制着西方现代性；另一个是本土化——旧式现代性因非欧美国家的卷入而遭遇了各种各样的本土社会现实。旧式现代性在殖民化过程中创造出了自己的对立物，标志是二战后第三世界的形成。第三世界以本土策略推进现代性，使本土社会以自己的方式走向现代，这构成了现代性的第二个流向。这个流向在20世纪50~70年代达到高峰。这两个流向相互汇聚、相互冲荡，汇成了20世纪激荡的近百年历史，这是现代性的第二波浪潮。

到了80年代末90年代初，时代发生巨变，苏联解体，柏林墙倒塌，冷战结束，两级世界格局终结，东西两半球合二为一，意识形态冲突退减，文明冲突凸显。与此同时，经济全球化伴随着新技术革命浪潮席卷全球，全球一体化时代真正到来。另外，在经济全球化的浪潮中，第三世界空前分化，一部分国家步入现代化门槛，大多数国家沦为边缘地区——非西方现代性严重受挫，风光不再。旧式现代性的全球性和本土性都遭遇新问题，学术界进入对旧式现代性的反思和新型现代性的探索时期。新型现代性的含义应当是对西方现代性的扬弃，应当促进现代性内在冲突的化解，具体而言，是指那种以人为本、人和自然双盛、人和自然双赢，并把自然代价和社会代价降到最低程度的现代化，这是现代性的第三波浪潮。

中国是在19世纪中叶，随着西方列强的入侵而被动地卷入现代化进程的。它从一开始就表现出了对西方传统的背离。在西方现代化和中国本土社会的激烈对撞中，中国做出了与西方不同的选择：中国大体上是在世界现代性第一波浪潮进入尾声的19世纪末开始现代性进程的，与脱半殖民化运动以及第三世界的现代性的第二个流向一起，在20世纪40~70年代将现代性的第二波浪潮推向高峰，成为20世纪激荡的近百年历史的重要部分。

在这一时期，中国现代性形成了自己的独特面貌，在实践中摆脱了西方模式和苏联模式的局限，在对西方和传统本土现代性的扬弃以及对中国转型现实的探索基础上，从 80 年代开始了探索新型现代性的第三波浪潮。

日本与中国同处东亚地区，以天皇制为特征的社会政治体制与中国的皇权制一样，具有东方专制主义特征，因而在西方现代性的挑战面前，中日都是以被动的姿态卷入这一进程的。从总的方向上说，同处东亚的中日两国在"价值性"层面，都被动抛弃传统的"自我中心"的世界秩序观，形成新的科学实证的世界秩序观；在"人为性"层面，都被动地对西方资本主义工业文明进行了客观的估价，承认西方工业文明的先进性。然而在"被卷入"现代性的起点上，两国因地理位置、政治、经济、历史、文化、教育、语言、国际环境等的不同，都曾采取了一连串相似的举措：先是都坚持"闭关锁国"，其后分别采取"中体西用"和"和魂洋才"模式，只学西方的科技而排斥其制度和思想，而后开始探索各自的现代化道路。但几十年后，两国呈现强烈的反差：日本成功地克服了殖民地化危机，发展成为独立工业国，成为西方新式工业化强国，并摇身一变成为殖民列强的一员；而中国在发展现代性的同时，却在 100 年间陷入了半殖民地化的泥潭中，并始终伴随着丧权辱国、被动挨打、错失时机。

结合中日两国走向现代性的具体史实，考察中日两国现代性的起点，可以将两国现代性发轫过程概括为前后相续的两个发展阶段：前一阶段主要是指中日两国在与西方文明的早期接触过程中所发生的思想文化观念的变革，其核心内容是传统世界秩序观的解体和现代世界秩序观的产生以及几乎同步兴起的从"形器"层面摄取西方先进文化的运动；后一阶段则是指在传统世界秩序观解体和新的世界文明秩序观形成的基础上兴起的包括"制度性变革"在内的现代化改革运动。上述两个阶段前后相续，构成了两国现代化发轫的全过程。很显然，在上述两个阶段中，第一阶段的变化构成了中日现代化真正意义上的原初起点；而第二阶段则属于现代化的具体推进阶段。比较观之，日本现代性发轫的起点是 18 世纪 70 年代的兰学运动中《解体新书》的出版；而中国摆脱传统世界秩序观束缚则发生于 19 世纪四五十年代的"世界史地研究"热潮，主要以《海国图志》《瀛寰志略》等世界史地研究著作的刊行为标志。据此，我们会发现，日本的现代性发轫于 18 世纪 70 年代，而中国现代性则是以 19 世纪四五十年代为起点的。

相比之下，两国间存在着一个 80 多年的巨大的"时间差"（田毅鹏，2005a）。

于是，我们看到这样的情形：当西方现代性的第一波浪潮大约进入中段时，日本便开始了"价值性"方面的现代性过程，从思想文化形态方面为"制度性"的现代性转换做好了准备。而中国是在第一波浪潮最后 50 年才开始现代性过程的，在"价值性"部分一直没有认同西方的现代性，决定了其后整个过程的基本特征。在对西方传统的背离，以及西方现代化和中国本土社会的激烈对撞中，中国做出了与西方、与日本不同的选择：在第二波浪潮（20 世纪初 ~ 20 世纪 70 年代）中，与日本加入殖民列强和冷战中加入西方资本主义阵营不同，中国展现了这样一种现代性：一方面现代性严重受挫，另一方面表现为脱半殖民化运动以及作为第三世界国家的本土现代性；从现代性的第三波浪潮（20 世纪 80 年代至今）开始，中国通过改革开放，主动融入新式现代化的进程，在这一过程中，中国和日本一样，都遭遇旧式现代性的全球性和本土性的新问题，进入对旧式现代性的反思和新型现代性的探索时期。

基于对以上宏大背景与历史事实的讨论，关于中日基金会的比较，可以得出这样的结论：第一，中日基金会作为社会现象，其比较必须放在宏观的现代性过程中。第二，中日两国基金会的可比性是限定在现代性的第三波浪潮的意义上，二者共同面对如何化解现代性的内在冲突，如何减缩自然代价和社会代价，实现人和自然双盛、人和自然双赢的问题，同时两国的民间力量都获得了巨大释放，使基金会在国家和社会的关系上获得重构，中日基金会在这一时期轨迹基本是一致的，尤其是 20 世纪 90 年代以后将作为比较的重点。第三，对于社会现象的分析具有复杂性和历史性，由于中日两国同处汉字 - 儒家文化圈，在比较基金会时，还要超越"现代性"，进入两国的文化"基因"中，如"公""私"理念中进行分析。第四，日本在第二波浪潮中，民间非营利组织力量第一次获得释放，如在二战结束后的众多新型组织的出现以及若干特别法的设立。而中华人民共和国成立后，大陆的基金会不复存在，在 20 世纪 80 年代才出现，在 30 多年的时间里，尽管中国处于现代性的第二波浪潮中，但并没有与日本可比的内容，所以这个阶段是不可比的。

第二章 理论与研究综述

第一节 理论基础

一 有关 NPO 的经济学理论

关于 NPO 的社会学理论归纳成果，最著名的当属迪马吉奥（DiMaggio）和安海尔（Anheier）的研究（DiMaggio and Anheier，1990）。安海尔发表于2005 年的一篇文章（Anheier，2005）最具代表性，他在纷纷纭纭的学界观点中从三个角度归纳整理出如下理论。第一，NPO 的存在如何可能（NPO的存在理由）？即试图说明没有（或难有）收益和激励的 NPO，作为社会组织是如何存在的问题。第二，NPO 是如何行动的（NPO 的组织论）？即试图考察与政府和企业具有不同组织原则的 NPO 是如何行动的，以及行动的特征是什么。第三，NPO 改变着什么（NPO 的社会影响力）？即试图说明 NPO是如何影响社会的，进而社会是如何发生变化的。

NPO 的存在如何可能（NPO 的存在理由）？下面首先从经济学理论来研究。

（一）政府失灵论及公共物品提供论

NPO 的存在如何可能，或 NPO 的存在理由是什么？支持这一问题的理论最著名的是"政府失灵论"和"市场失灵论"。首先代表政府失灵论的是多样性理论，和公共物品提供论。

美国经济学家伯顿·韦斯布罗德（Burton Weisbrod）把他在 1975 年提出的公共选择理论加以扩展，构建了公共物品提供论（Weisbrod，1988）。这一理论旨在考察关于 NPO 提供公共物品的经济学理由。在这个理论中，韦斯布罗德使用"要求的多样性"（demand heterogeneity）和

"平均的有权者（中间选民）"（median voter）这两个概念来讨论 NPO 的存在理由。他认为，在民主社会，政府官员必须通过满足中间选民（普通选民）的需求而达到再次当选的可能性最大化的目的；然而在现代社会，不仅在种族、文化、语言、宗教上存在着差异，在年龄、生活方式、爱好、职业和专业、收入等方面也存在多样性、差异性，由此决定了需求的多样性。由于政府服务或公共物品无法通过市场来满足，政府须责无旁贷地承担起提供公共物品的职责，但政府提供的公共物品只能满足中间选民的平均水平的需求，而不能回应和满足这种需求的多样性。这样一来，有些比平均水平高的需求不能从政府提供的公共物品中获得满足，于是，为了填充或弥补政府提供的公共物品的不足，即克服政府失灵，NPO 作为"间隙填充剂"（gap-fillers）出现了。这一理论解释了在政府公共物品提供不足的状况下，NPO 何以作为"间隙填充剂"而存在的现象和理由，指出了在自由主义社会的背景下，政府和民间组织如何被选择的力度。只有政府和行政服务，并不能应对人们的多样性需求，于是 NPO 的存在成为必要，这就是"政府失灵论"。这个理论是现在被广泛接受的 NPO 理论。

（二）市场失灵论或信赖论

一般来说，医疗机构和社会福利部门，在公共服务的提供方（专家）和利用方（急需服务的外行）之间存在着巨大的信息不对称情况，于是利用者就无法对服务的内容和质量做出适当的评价。不能对服务的内容和质量做出适当的评价，市场原则就不能很好地发挥作用，加之持续监督的困难，一旦服务的供给者为营利性企业，就会产生利用者的利益受到损害的可能性。这种理论被称作"市场失灵论"。汉斯曼和亨利指出，"消费者确实无法判断营利公司所提供服务的量和质，是指非营利组织比营利企业具有优越性。非营利组织被禁止进行利益分配之故，因而作为符号更加值得信赖"（Hansmann & Henry，1987）。换句话说，在信赖性上，非营利组织比营利组织更具有优越性。与服务及其结果完整的信息提供困难相比，还是有营利禁止约束的非营利组织更能够获得信任。而对于营利组织而言，提供公共物品本身需要投入大量的成本，而且提供公共物品的主体在投入大量的资源之后，个人并不能得到具体的丰厚回报，因此，即使是非常有社会责任感的企业也难以提供过多的公共服务，并存在利用者的利益受到损害的可能性。在这一点上，非营利组织显然比市场、企业更具优势。服务大众的目标与非营利组织相伴而生，是它自身固有的性质，它能在很大程度上克服市场在贫富差距、信息不对称等方面的失灵现象。

（三）企业家精神论或服务提供方论

企业家精神论是从服务提供方角度说明 NPO 的存在如何可能问题的理论。"企业家是拥有各种各样的资源，善于获得机会，创造新的价值和变革社会的担当者。"（熊彼得）在人类服务领域，最大的革新就是出现了由社会企业家（social entrepreneurs）运营的非营利组织。这就是"企业家精神论"。这一理论代表性的研究者有埃斯特尔·詹姆斯（Estelle James）、苏珊·劳斯科－阿克曼（Susan Rosc-Ackerman）、丹尼斯·扬库（Rennis Young）等。英国社会企业联盟（The Social Enterprise Coalition【UK】）为社会企业所给出的定义是："运用商业手段，实现社会目的。"这一理论展示了从与经济学诸理论完全相违的前提下考察非营利企业存在的可能性。埃斯特尔·詹姆斯指出，非营利组织为了非货币的价值（如信仰、信仰者和会员的数量）最大化而行动，而且社会企业家在组织的产生和发展的过程中承担着重要的使命。从这里，就能够解释为什么非营利组织在保健、医疗、福利、文化、教育等领域进行活动了。

（四）利害相关者论

以阿夫纳·奔－尼尔（Avner Ben-Ner）为代表的"利害相关者论"，指出了从服务供给者的侧面来考察的重要性，解释了依据组织经济学和制度经济学理论，服务供给者为什么会出现的问题。他在认可非营利组织在很多情况下是通过社会企业家和宗教领袖而组建的同时，指出非营利组织也有扮演演员角色的一面。非营利组织无论是对于提供方还是利用方，都是利害相关者（stakeholder①）。利害相关者论认为，所谓非营利组织，就是供给者和利用者（需求方）由于信息不对称，服务供给者为了控制服务的供给并使其最大化而形成的。最典型的例子就是，母亲对孩子的日常护理最关心的是日常护理的质量。

① stakeholder，在经营学里，被定义为"对企业活动发生直接或间接影响的人或组织"，是在经营学中与企业治理相关联的重要概念。

(五) 第三方政府论或志愿者失灵论

美国非营利组织研究专家萨拉蒙 (Salamon) 指出, 多样性理论等多数关于非营利组织的理论都是把政府与非营利部门的对立作为理论前提, 但是事实上未必是对立的 (萨拉蒙, 2008), 政府虽然是资金和政策的供给者, 但是在提供具体社会服务的时候, 政府还会更多地依赖非营利组织来实施政府功能, 这就是所谓的 "第三方政府论" (third-party government theory)。萨拉蒙通过引入 "交易成本" (transaction cost) 的概念, 对以上观点进行了论证: 由政府扮演政策制定者和公共服务供给者的双重角色显然会使政府力不从心, 会加大政府的成本, 而通过非营利组织来提供公共服务应该是更加明智的选择。但是, 非营利组织在提供公共服务的过程中, 容易出现资金不足、工作人员不专业、家长式作风等问题, 这时就需要政府通过制定政策、颁布法律、实施宏观调控等手段来帮助非营利组织解决问题。他还指出, "政府是非营利组织的代理, 却不是代替"。数据显示, "政府给予非营利部门很大的支援, 成为支撑非营利组织活动的主要保证人"。萨拉蒙、韦斯布罗德的公共物品提供论, 以及汉斯曼的信赖论, 提出了体现政府与非营利组织之间共生关系的第三方政府论。"这一模式的特征是, 为了实现政府的目的, 非政府团体, 至少是非联邦政府的团体被灵活使用, 而且, 这些团体能够在相当程度上自由裁定、使用公共资金和权威。"[1] 非营利组织不只是简单地被政府灵活使用, 反而通过与政府的协同互动可以发挥非政府组织的特长和独立性。[2] 萨拉蒙的 "第三方政府" 不是志愿者团体。因为志愿者团体有慈善事业的 4 个弱点: 第一, 慈善或资源不足; 第二, 慈善的特殊主义; 第三, 慈善的家长式作风; 第四, 慈善的业余主义。因此,

---

[1] 为了理解萨拉蒙的理论, 有必要了解美国中央政府和地方政府关系的特点。克莱默 (Kramer, 1981) 指出, 在美国, "财政 (financing) 和行政 (administration) 有分离倾向"。这一倾向导致政府通过购买 NPO 服务而灵活使用 NPO。此外, 还有一个明显的倾向, 即 "政府虽然提供财源, 但不提供直接的服务"。

[2] 在萨拉蒙的 "第三方政府" 的概念中, NPO 能够在相当程度上自由裁定、使用公共资金和权威, 这一点非常重要。

也可以把萨拉蒙的理论称作"志愿者失灵论"。根据萨拉蒙的理论，非营利组织通过与政府协同互动，作为"第三方政府"为美国社会提供公共服务。志愿机构部门与政府部门构成了这样的强弱关系：志愿机构部门要是强，政府部门就弱；政府部门要是强，志愿机构部门就弱。这一理论的核心就是，志愿机构部门和政府部门不是对立的，而是相互补充、协同互动的关系。

二　有关 NPO 的政治学理论

（一）结社自由论

该理论基础是法国思想家让－雅克·卢梭（Jean-Jacques Rousseau）的社会契约论（social contract）。该理论认为国家由人们让渡权利而产生，由此形成现代社会政治的基本结构和与之相关的制度安排，就是宪政秩序。所以，它肯定个人权利先于国家权力而存在，并强调个人的自治能力，即公民和自然人有可以不经事先许可就能建立组织的权利。在宪法秩序下，公民的结社自由作为一项基本权利就应当受到保护，而公民行使结社自由的结果就是建立各种非政府组织，并由此结成公民社会的组织网络。结社自由论为国家的存在提供了契约合法性的同时，也为非政府组织的存在提供了当然的合法性。由于结社自由论被看作非政府组织产生的无须证明的前提权利，所以这种理论构成了解释非政府组织存在的理论基础。

（二）社会起源论

这一理论的基础是马克思、恩格斯关于人类社会起源的理论。马克思主义经典作家认为，劳动在创造人的同时也创造了人类社会。历史上第一个活动就是满足生活需要的生产活动，整个社会的存在和发展就是建立在生产劳动创造的生产资料和生活资料基础之上的，正是在这种生产劳动中形成了人们之间的各种社会关系。社会的重要特征，就是社会关系的存在。社会关系是为了劳动和适应劳动而产生的。在实际的生产实践中，人们为了获得更多的生产资料和生活资料，按一定的方式结合在一起，先是简单的生产关系，如简单的协作、分工；后是复杂的生产关系，如不同生产部门中农民、工人、商人的关系，所有制关系，分配关系，剥削与被剥削关系等；进而派生出氏族关系、民族关系、阶级关系、国家关系等。在生产中结成以及后来派生出的各种关系也就是社会组织关系。恩格斯指出："国家是在氏族制度瓦解的基础上产生的，但它不是对氏族组织的简单继承，而是与氏族组织有着根本区别的特殊的社会组织。"（恩格斯，1998）非营利组织也是在各种社会关系、阶级关系、社会体制的复杂系统中被植入的、派生出的东西。在西方，非营利组织伴随着圈地运动和工业革命而产生。早期的非营利组织主要分为两类。第一类是政治权益类组织。这类组织与权利斗争相关联，是个人权利、自由、民主、自治等价值取向的体现。新兴资产阶级寻求独立自主的经济自由和个人自主空间，要求结盟，主张议会斗争，反对专制统治，如这一时期在英国诞生了世界上最早的政党——辉格党（Whig Party）和托利党（Tory Party）；同时，失去土地的农民和自由产业工人也为保护自身权益，频频掀起社会运动，并逐渐建立起各种自发组织。第二类是民间慈善公益类组织。文艺复兴与宗教改革以后，许多慈善机构脱离了教会的管理和控制，私人慈善逐渐发展起来。英国在1601年就颁布了《慈善法》和《济贫法》，鼓励开展慈善救济等社会公益活动的非营利组织的发展。美国在独立战争前就有成立非营利组织的传统，如哈佛大学创设于17世纪。可以认为，早期非营利组织的出现，是国家主导的社会秩序衰落，资产阶级和产业工人为寻求独立自主的经济自由和公民自治空间，向国家分权的派生产物。

（三）善治理论

俞可平在20世纪末就引入了西方学者提出的治理与善治理论。据他考证，英语中的治理（governance）一词源于拉丁文和古希腊语，原意是控制、引导和操纵。这个词一直与统治（government）一词交叉使用，主要用于与国家的公共事务相关的管理活动和政治活动中。自20世纪90年代以来，西方政治学家和经济学家赋予governance以新的含义。在给出的各种定义中，全球治理委员会的定义最具有代表性和权威性。该委员会在其发表的《我们的全球伙伴关系》（1995）研究报告中做出了如下界定：治理是各种公共的或私人的个人和机构管理其共同事务的诸多方式的总和；它是使相互冲突的或不同的利益得以调和并且采取联合行动的持续过程；它既包括有权迫使人们服从的正式制度和规则，也包括各种人们同意或认为符合其利益的非正式的制度安排。它有四个特征：治理不是一整套规则，也不是一种活动，而是一个过程；治理过程的基础不是控制，而是协调；治理既涉及公共部门，又包括私人部门；治理不是一种正式的制度，而是持续的互动（全球治理委员会，1995）。治理可以弥补国家和市场在调控和协调过程中的某些不足，但治理也不可能是万能的。在社会资源配置中，不仅存在国家的失效和市场的失效，也存在着治理失效的可能。那么，如何克服治理失效？有学者和国际组织提出了"元治理"（meta-governance）和"善治"（good governance）等概念。其中，"良好的治理"或"善治"的理论影响最大。俞可平首先把 good governance 直译为"善治"或"良好的治理"，"善治既是对中国传统的善政善治概念的借用，更是对当代西方 good governance 的借用，力图将中西含义结合起来"（何哲，2011）。在这样的前提下，俞可平对中国传统和西方的"善治"理论做出了如下发展："这一概念对传统的超越在于，它不局限于好政府，而着眼于整个社会的好治理，是公共利益的最大化，而不是政府利益或某个集团利益的最大化。对西方的超越在于，在中国语境中，善政仍然是实现善治的关键；对一般政治哲学的超越在于，它包含民主法治，但不局限于民主法治，民主法治只是善治的一个必要条件而非充分条件。"（何哲，2011）善治的本质特征，就在于它是政府与公民对公共生活的合作管理，是政治国家与市民社会的一种新颖关系，是两者的最佳状态。善治有 6 个基本要素：合法性（legitimacy）、透明性（transparency）、责任性（accountability）、法治（rule of law）、回应（responsiveness）、有效（effectiveness）（俞可平，2001）。非营利组织的兴起和发展为社会公众表达意愿、寻求帮助提供了良好的渠道，培养了人们自主管理的技能。非营利组织的发展为良好的公民社会的形成提供了物质实体，而公民社会的形成是善治实现的基础，没有一个健全和发达的公民社会，就不会有真正的善治。因此，要形成国家与公民对公共生活的良好的共同管理，离不开非营利组织的参与、健全和成熟。

三 有关 NPO 的社会学理论

（一）资源依赖理论

20 世纪五六十年代以前的组织理论被看成是早期的组织理论，这一时期几乎不考虑外部因素对组织运行的影响，主要是以研究组织的内部规则、组织成员的激励为主，这种观点被称为封闭系统模式。20 世纪 60 年代后，组织研究的重点是组织与环境的关系问题，这种观点被称为开放系统模式，其中资源依赖理论最具影响力。

1949 年，塞尔兹尼克对美国田纳西流域当局进行了著名研究（Selznick，1949）。田纳西流域当局是美国建成的最大公共机构，它把电和先进的农业技术带到了南方的农村地区。田纳西流域当局发现这一项目依赖于南方的地方精英，就把他们吸收到它的决策结构中。塞尔兹尼克把这一吸收潜在的干扰性因素进入一个组织的决策机构中的过程称为共同抉择。共同抉择涉及的组织之间权力的相对平衡为资源依赖理论提供了坚实的基础，同时也成为组织间关系分析的一个主要争论来源。

1958 年，汤普森和麦克埃文确立了组织之间合作关系的三种类型，即联盟（包括像合资企业这样的联盟）、商议（包括合同的谈判）和共同抉择（Thompson and McEwen，1958）。1967 年，汤普森提出一个综合性的组织的权力——依赖模式。汤普森指出，一个组织对另一个组织的依赖与这个组织对它所依赖的那个组织能够提供的资源或服务的需要成正比，而与可替代的其他组织提供相同的资源或服务的能力成反比。针对一个组织对其他组织潜在的屈从和替代者不稳定的可获得性所造成的困境，汤普森认为，依赖性组织的董事会通过参与所依赖组织的竞争和合作策略来保护自己组织的核心技术。资源依赖理论的基本假设是，没有任何一个组织是自给自足的，所有组织都必须为了生存而与其环境进行交换，获取资源的需求产生了组织对外部环境的依赖；资源的稀缺性和重要性则决定组织依赖性的本质和范围，依赖性是权力的对应面（斯格特，2002）。

到了 20 世纪 70 年代，组织分析的重点明确地转向组织间的分析层次。费佛尔和萨兰奇科是资源依赖理论的集大成者（Pfeffer and Salancik，1978）。首先，他们提出了 4 个重要假设：组织最重要的是关心生存；为了生存，组织需要资源，而组织自己通常不能生产这些资源；组织必须与它所依赖的环境中的因素互动，而这些因素通常包含其他组织；生存是建立在一个组织控制它与其他组织关系的能力基础之上的。因为组织从依赖它的环境中的因素来获得资源，所以这些因素能够对组织提出要求。而组织也会发现自己正试图满足这些环境因素所关切的事情。组织所需要的资源包括人员、资金、社会合法性、顾客以及技术和物资投入等。其次，他们认为，一个组织对另一个组织的依赖程度取决于 3 个决定性因素：资源对于组织生存的重要性；组织内部或外部特定群体获得或处理资源的程度；替代性资源来源的存在程度。如果一个组织非常需要一种专门知识，而这种知识在这个组织中又非常稀缺，并且不存在可替代的知识来源，那么这个组织将会高度依赖掌握这种知识的其他组织（马迎贤，2005）。在资源依赖的视角下，环境是可以被组织塑造的内生变量，当组织觉察到环境中资源依赖的某种状况后，会主动采取各种策略以减少对外部环境的依赖和制约。这些策略包括：如何适应或回避各种相冲突的外部需求；利用兼并、扩大规模和多元化方法来改变组织对环境的依赖状况；通过连锁董事、合资、成立行业协会等方式建立组织与环境沟通的桥梁和谈判渠道；通过参与公共政策制定、获得特许经营权，改变对合法性的定义等来创造环境。作为一个中观理论，资源依赖理论的绝大多数分析是在组织间层次上展开的。因为资源通常掌握在其他组织手中，因而组织与环境的互动就变成了组织之间的互动，资源也成为连接两个组织的要素。此外，这一理论所解释的不仅是一个组织依赖另一个组织的情况，也关注两个组织之间相互依赖的情形。

（二）社会互构论

社会互构论的代表是郑杭生先生。这种理论着力理解和阐释多元社会行动主体间的相互形塑、同构共生关系。对于基金会，这种理论能够有力说明其内含的个人与社会、社会与国家的双重互构关系。同时由于它强调的是实践中的关系，所以对现实，尤其对当代中国的基金会及其环境现象给予具体的经验性解释。

社会互构论在理论上不主张对个人与社会其中一方的优先性或排斥性做选择；在实践中不赞成具体的个人与社会关系及其展开的设问形式（如自由与秩序、权益与权力、私欲与公益、自主与规范、个性与准则、自主行动与公共制导等）的经典的二元对立，即主导与从属、支配与服从、强制与被强制的过程。社会与自然、个人与社会的关系不是一种简单的客观因果对应关系，也不是主观的建构结果，社会互构论主张这种关系是实践中的关系系统。

社会互构论通过主张实践中的"个人与社会的关系"这一关系系统确立了自己的框架性理念：社会互构关系、社会互构类型、社会互构过程、社会互构机制及条件。通过对以上内容的探索，促成多元社会主体的求同存异、因异而和、和而兼之、兼而谐之。这种理论对不断增进社会生活的和谐具有重要意义。此外，社会互构论还以"个人与社会的关系"为中心，面向世界和本土拓展更加开阔的研究视野，在摒弃了关于社会与自然、个人与社会、社会与国家、市场与国家、自治与政府、西方与东方、世界与中国、全球与本土的二元对立或相互排斥、压制、支配、制衡的眼光的基础上，通过不同社会现象及过程的相互依赖、相互制约，着力理解和阐释多元行动主体间的相互形塑、同构共生关系。[1]

在社会互构论视野中，社会与国家是人类共同生活过程的两种不同的共同体，同时又是相互关联的两个侧面。社会是各个财产所有者的权益的集合体，国家是对个人及其群体的权益做出政治性安排的权力系统。社会与国家的互构是社会互构的重要过程和重要方式。社会形塑国家，国家也形塑社会，通过这个过程，既构建了社会，也构建了国家。这种互构是通过两者在行动过程中建立起的互构机制来实现的。社会互构论重点从利益共同体与权力系统的互构及其法理机制、非制度性行动与制度性行动的互构及其解释机制的方面对社会转型加速期的社会与国家的互构关系给予了更为具体的分析。

四 对各种有关 NPO 理论的总结与简评

关于 NPO 的调查与研究成果，在 21 世纪初开始出现。其中有的是关于 NPO 的理论本身的研究。史蒂文·奥特把有关 NPO 的理论归纳为经济学理论、政治学理论、社会学理论、社区理论、组织理论、捐款理论（Ott，2001）。这是从关于 NPO 的社会科学诸学科是如何展开其理论研究的角度进行一般性归纳整理的。下面结合已有的研究成果，以列表的形式从经济学、政治学、社会学三个学科角度对各种有关 NPO 理论做出总结与简评（见表 2-1）。

---

① 参见第七章第一节"何谓'社会互构论'"部分。

表 2-1 关于 NPO 的各种理论一览

学科角度	理论名称	内容	关键词	优点	弱点
经济学	政府失灵论、多样性理论	基于对公共物品和疑似公共物品的多样性需求，出现了非营利组织提供服务	需求的多样性、中间选民、政府、准公共物品	能够解释为什么在公共财产不足的状况下非营利组织作为"间隙填充剂"而存在的现象；能够解释在自由主义的背景下，是选择政府还是选择民间组织	政府和民间非营利组织是以相互对立为前提的
	企业家精神论或服务提供方论	追求货币价值实现的企业家为了回应人们的多样性需求所创造出来的社会组织，就是非营利组织	社会企业家、非货币价值、产品捆绑销售、需求的多样性	能够解释重视意义和价值的非营利组织与医疗、教育等服务的关系（能够说明把价值和意义最大化的行为）	假定对基于宗教价值的活动和基于世俗价值的活动采取一视同仁的价值中立态度，能解释不基于意义和价值的非营利组织吗？
	市场失灵论或信赖论	因信息不对称，采用非分配原则的非营利组织更易获得信赖（由于信息不对称情况和监督困难，贪图暴利的组织极易出现）	非分配原则、信赖性、信息不对称	从提供方看，解释了为什么非营利组织作为组织被选择的问题；关注服务等的本来性质	其他的情况也可能说明，如因为政府的规制等；非分配原则没有强制性约束，可能是间接的利益分配（营利组织也会有伪装）
	利害相关者论	由于在供给者和利用方之间存在信息不对称情况，相关者便试图控制服务的供给	无竞争性财物、信息不对称、信赖	能够理论性地解释利害相关者、服务供给者、利用者三者关系	这一理论所使用的领域被限定在相关者拥有信息关系的问题上

学科角度	理论名称	内容	关键词	优点	弱点
经济学	第三方政府论或志愿者失灵论	由于非营利组织在着手活动的时候初期费用少，会对政府率先提供各种各样的某些公共性服务。但是以"志愿者失灵"为理由，在公共部门之间会出现连锁反应	慈善事业的不完善性、特殊主义、家长作风、业余主义、第三方政府论	超越志愿机构部门与政府部门之间的零和理论，能够解释公私合作关系的复杂性	把以价值中立、有善意的行政为前提的活动、基于价值的活动，以及并非基于价值的活动一视同仁地协同互动，在什么样的条件下才能得以展开？看不到这样的条件
政治学	结社自由论	由于公民的结社自由是一项基本权利，就应当受到保护，公民行使结社自由的结果就是建立各种非政府组织、非营利组织	社会契约论、结社自由	强调了宪法秩序与公民权利的统一，能简洁明了地解释非营利组织产生的政治权利	这一理论过于抽象，并且限定在宪政的秩序下
	社会起源论	非营利部门的规模和结构是在各种社会关系、阶级关系、社会体制的复杂系统中"被植入的东西"的反映	比较-历史的途径、路径依赖、国家-社会关系、历史与逻辑的统一	超越微观经济学模型，拓展了相互依存论	非营利组织的形态，因国家与文化的不同而大相径庭，不能很好地回答逐渐发生改观的事实，如中国差序格局体现出的基本社会结构和家长制社会组织形式
	善治理论	非营利组织的发展为良好的公民社会的形成提供了物质实体，而公民社会的形成是善治实现的基础	治理、善治、良好的治理	超越传统，它不局限于好政府，是公共利益的最大化；超越西方，在中国语境中，善政仍然是实现善治的关键；超越一般政治哲学，民主法治只是善治的一个必要条件	把善治抽象化，认为在具体的历史的社会制度之上还有一个善治存在。逻辑有混乱之处，一方面说公民社会的形成是善治

续表

学科角度	理论名称	内容	关键词	优点	弱点
政治学	善治理论	非营利组织的发展为良好的公民社会的形成提供了物质实体，而公民社会的形成是善治实现的基础	治理、善治、良好的治理	超越传统，它不局限于好政府，是公共利益的最大化；超越西方，在中国语境中，善政仍然是实现善治的关键；超越一般政治哲学，民主法治只是善治的一个必要条件	实现的基础，另一方面又说民主法治不是善政的充分条件。而市民社会只有在民主法治下才可能发展起来
社会学	资源依赖理论	没有任何一个组织是自给自足的，所有组织都必须为了生存而与其环境进行交换。获取资源的需求产生了组织对外部环境的依赖	资源依赖	应用范围广，从微观到宏观；分析单位跨越大，从个别管理者、组织内单元到企业、联盟和合资企业以及组织间网络	这一理论内容并不丰富，似乎永久地固定在权力和依赖是密切相关的见解上。只是处于一个辅助理论的地位
	社会互构论	社会与国家的互构是社会互构的重要过程和重要方式。社会形塑国家，国家也形塑社会，通过这个过程，既构建了社会，也构建了国家	社会互构、社会与国家关系、个人与社会关系、形塑	能够有力说明中国本土基金会内含的个人与社会、社会与国家的双重互构关系	在当代中国的基金会中，还没有普遍体现社会与国家的互构关系，但这一理论表达了这种趋势。在说明其他国家的基金会现象时需要谨慎

资料来源：参考《非营利组织（NPO）理论的社会学检讨》（安立清史，2006，《人类科学共生社会学》）一文制作。

如上所述，围绕"NPO何以存在"的问题进行的理论考察，主要是以经济学理论的应用作为路径的。它们大致上可划分为三类理论，即政府失灵论、市场失灵论、志愿者失灵论。韦斯布罗德的公共物品提供论，是政府失灵论的代表。政府是以市民平均的质和量的需求为基准提供公共服务的。把这种情况说成是失灵是否合适？是否有一个确切的界限？如对于残疾人多种多样的需求、多种多样的种族和属性所引起的需求等，政府不能给予应对。在日益老龄化社会和全球化带来的多样性社会中，这一界限或许变得越来越明朗。把这个界限当作根据之一来论证非营利组织的存在根据，这是政府失灵论的特征。

市场失灵论是以信息不对称作为理论根据的。人类服务的领域非常广泛，市场只能确切地评价物品和服务的表面，消费者和利用者无法确切地评价其内容。能够被提供的事例，如终极关怀、保育等服务领域，别说是当事者，就是家属和相关者对这些服务进行确切的评价也是相当困难的。这一困难的本质就在于在供给者和利用者之间存在着巨大的信息差。为了填补这一差距，既有非营利组织站在利用者一侧的情况，也有对他们进行授权，然后促进利用者参加组织运营的情况。信赖论和利害相关者论等，是从市场失灵论中推论出来的。可以这么说，在信息不对称的领域，为了填补供给者和需求者之间的差距和鸿沟，中间群体或媒介群体（集团）的存在是必要的。还有，企业家精神论提示在这样的领域可以出现直面变革和改革的企业家。这些思想，有一部分内容是与社会学中所说的社会行动论和市民运动/社会运动论相连接的。

志愿者失灵论，并不主张志愿者是必然失败的。志愿者失灵论，由于通过与非营利组织的协作互动来论证与政府能够协同互动的条件，使这一理论的相互依存性成为强调的重点。第三方政府论指出了非营利组织克服志愿者团体的4个弱点以及政府也需要与非营利组织协同互动的必要性。

"第三方政府"概念，虽然有离开美国的背景就难以理解的部分，但NPO与政府的协同互动确实切中了要害。相对于政府部门与企业部门的二元论透视，"第三方政府"展示了作为非营利组织形成部门的规模和范围，并提示把现代社会当成三层结构来透视。

那么，关于非营利组织的社会学理论是否存在？社会学是以社会事实（NPO正在存在并活动着）为前提的，与"何以存在"相比，更倾向于对社会事实的侧面给予理论的关心，如"进行什么样的活动和组织""发挥什么样的社会机能""发挥什么样的社会影响力"等。换句话说，它不是非营利组织的存在论，它更倾向于从组织论和集体行动、社会运动的侧面给予理论的关心。集体行动论、社会运动论，通过存在理由的追问，去求证社会结构变动的原因。在宽泛的意义上说，政府失灵论、市场失灵论是更接近社会学的认识。而且，由于集体行动论、社会运动论论证这个集体运动主体形成的过程究竟是什么样的，所以更接近企业家精神论和利害相关者论，因此广义的社会运动论和社会运动家论有很大的关联。

换句话说，非营利组织的理论与社会学有接近的地方，但它们的不同之处非常大。这一点在把社会学理论与志愿者失灵论、资源依赖论、社会起源论相比较时变得更加明显。非营利组织的各种理论是把承担（应该承担）社会运行的使命作为基本前提的，这些非营利组织构成非营利部门，它们处于社会制度的基础位置（如法人地位和税制），与政府既对抗又合作互动，成为社会系统不可欠缺的一部分，是"当下"社会制度的产物，是以为了把社会变得更好（改良、改善）为目的的社会组织。

但是，社会学所思考的集体行动和社会运动是把批判当下的社会系统的运动作为本质的。有学者指出，各种社会问题的改良和改善，本质上是在掩盖社会系统总体的结构问题。[①] 这种观点并不限于狭义的社会运动论，在公社论和另类社会论上也有共识。超越集体行动和社会运动，以及现在的社会系统，捕捉以另类社会为目标的新的共同体形成的运动［社区（community）和公社（komyun）］的倾向越来越显著。

现代美国的非营利组织理论，如果把托克维尔（Tocqueville）和麦基弗（McIver）的"协会"作为渊源的话，上面所说的集体行动和社会运动就与公社和共同体概念是对立的，它构成了另一层面的组织原理。

第二节　研究现状与综述

一　中日基金会研究文献

作为社会组织形式之一的基金会，属于组织社会学中的民间社团实证研究范畴。由于国家加强社会管理和社会建设，以及各类媒体对基金会的舆论监督作用日益显著，基金会对社会生活的参与和影响越来越广泛深入，因此对基金会在内的民间社团进行实证研究，无疑是近六七年以来最为热烈的研究领域，相应的研究文献也十分丰富。民间社团研究主要集中在

---

① 日本学者小室直树和桥爪大三郎将日本社会的本质特征之一把握为"向机能集团的共同体的转化"。虽说这些作为协会的目的达成型的机能集团应该是团体和组织，但可以把这个生存本身不知不觉地向自我的目的共同体转化看成是日本社会的特征。这一认识，与其将协会和共同体当作"协作互动"（协动）的概念进行把握，不如作为对立的概念进行把握更接近日本社会的含义。

NGO 当前状况、公民社会、法团主义以及社团行动等议题上（陈家建，2010）。讨论民间社团，首先要考虑国家制度环境。我国力图通过全面推进中国的社会建设来重新定位非政府组织在社会中的地位和功能，以实现政党与社会发展之间的和谐关系（林尚立，2007）。在民间社团领域，由王名等主持的清华大学 NGO 研究所做了大量研究。王名、徐宇珊（2008）在对基金会从概念、分类和属性等方面加以界定的基础上，考察了基金会在西方和中国的发展历史，分析了中国基金会的发展特点和当前新的发展机遇，进而从制度上剖析了基金会的产权特征，提出了"公益产权"的概念，并深入探究了基金会的治理结构问题。王名（2007）描述了中国非政府组织的发展及现状。顾昕、王旭通过考察中国市场经济转型过程中国家与专业团体关系的演变，发现由于国家的卷入，专业性社团的自主性尚未得到充分发展，在具有法团主义特征的社团监管体系下，专业性社团享有垄断地位，国家依然对社团实施间接控制，中国的社团空间向社会法团主义的转化依然还是个理论预期（顾昕、王旭，2005）。尽管如此，在分析中国当代社会及社会组织时，法团主义的视角仍有着巨大的理论潜力，在当代中国的城市和农村社会都出现了许多法团化的组织形态，这样一种特征通过许多具有法团主义视角的研究得以清晰展现（陈家建，2010）。张钟汝等从国家法团主义视角出发考察了政府与非政府组织的互动关系，发现国家和社会正经历着由"直柱型的国家与社会关系状态"向"漏斗型的国家与社会关系状态"的转变，这种转变多少显现了国家与社会关系已经出现了模糊的分界（张钟汝、范明林、王拓涵，2009）。郑杭生从在社会转型、社会发展中减缩代价和增促进步的视角出发，指出发展民间组织（社会的第三部门）是社会建设和社会管理的应有之义（郑杭生，2006）。杨敏则站在中国本土的立场上，在文化比较的视野中，考察了国家与社会融为一体、上下整合的政治理想，即国家—社会关系的中国理念、中国经验（杨敏，2011）。定量分析的方法开始应用于社会组织、社会第三部门的研究上。康晓光运用"系统—环境分析模型"分析了中国的第三部门及其与环境的关系，他还用"依附式发展"有力地概括了转型时期中国第三部门的基本特征（康晓光，2011）。此外，由康晓光主持的中国人民大学非营利组织研究所和由徐永光主持的基金会中心网为收集中国基金会数据做出了基础性贡献，其成果反映在《基金会绿皮书——中国基金会发展独立研究报告

(2011)》中（康晓光、冯利、程刚，2011）。

中国社会学界对日本基金会的研究，与对美国基金会的研究相比，总体上说，还处于初级阶段。王名、李勇等（2007）编著的《日本非营利组织》对日本的非营利组织进行了系统的介绍和分析。日本基金会的崛起是和市民社会的成熟紧密联系在一起的，张文彬从政府与 NGO 之间的关系角度，介绍了 NGO 在日本的发展历程，通过绿色和平组织对福岛核辐射地区的调查，总结 NGO 对促进公民社会发展所起的重要作用（张文彬，2012）；陈承新则集中阐述了日本公民社会的内涵认识，并分析其发展历程（陈承新，2012）。更多的研究文献集中在对日本具体领域的 NPO、NGO 的介绍和对中国的启示方面，如外交 NGO（胡澎，2011）、环境 NGO（林家彬，2002）、体育 NPO（孙丽斌，2009）、教育 NPO（刘星，2012）、日本 NPO支援中心（康越，2008）等。

日本学者对基金会的研究始于 20 世纪八九十年代。主要围绕公益奉献和企业社会责任的成果有林雄二郎和山冈义典的《日本的财团——其系谱和展望》（1984）、入山映的《作为社会现象的基金会》（1996）、岛田晴雄的《开花结果的公益——质问日本企业的真正价值何在？》（1993）、出口正之的《公益——企业与人的社会贡献》（1993）；介绍美国相关研究成果，特别是莱斯特·萨拉蒙的观点的有入山映翻译的萨拉蒙著《美国的非营利部门》（1994）、今田忠监译的《崛起的非营利部门——12 国比较的现状和展望：其规模、构成、制度和资金来源》（1996）。此间，社会开发统计研究所译的利普耐克、斯坦普斯著《网络——横向社会的潮流》（1984）影响巨大，该书着眼于美国 NPO 中的特殊人际关系，分析了这种超越传统的官僚制及市场关系之上的新型社会关系及其对于民主社会的重大意义。该书成为日本社会关注 NPO 的一个重要切入点。

从 20 世纪 90 年代中叶以来，日本有关 NGO、NPO 的研究日渐成为显学。重要特点是：出现以《NPO 基础讲座》（1997 年始）和《NPO 实践讲座》（2001 年始）为代表的大量普及性和指南性读物，形成普及化特征；开展实证调查，积累数据，形成基础性特征，如日本 NGO 国际协力中心（JANIC）从 1988 年起每两年出版一部《日本国际合作 NGO 名录》；侧重经济学的分析，探索 NPO 经济，形成经济学化特征，代表为内山直人的《非营利经济——NPO 与公益经济学》（1997）和金子郁容的《志愿经济的诞生》（1999）；多角度、多学科、多成果，形成显学化特征，同时所关注的更多的是应用层面的实践问题。

二 中日基金会比较研究文献

中日基金会比较研究方面的文献十分稀少，目前尚无一部比较研究中日基金会的专门著作。《中外非政府组织管理体制比较》（褚松燕，2008）是对美国、新加坡、德国、英国、印度、日本的非政府组织管理体制的比较研究，其中日本只是几个比较元素之一。在跨国比较视角下对所涉中日基金会的研究，有的从 NPO 发展领域、经济力量、收入结构和运作方式四个方面进行诠释（谢菊，2003），有的从国外非营利机构筹资模式方面进行阐释（郭国庆、李先国，2001）。对于中日基金会及其准入规制的集中性研究，在目前可见的中日两国文献中尚属空白。

第三章 基金会的历史追溯与特征比较

第一节 基本概念的界定

一 研究对象（范围）及其界定

本书所涉及的研究对象是中国和日本两国基金会及其管理体制中的准入规制。

由于中日两国的语境不同，首先需对两国的"基金会"概念做出界定。在中国语境下，基金会是指利用捐赠的财产从事公益事业活动，按照有关法律规定成立的非营利性法人。基金会概念常常是在 NGO 的意义上使用的，或者经常在 NGO、NPO 之间混淆使用，业内人士也认为没有本质区别。其实 NGO 和 NPO 是从不同角度来说明社会团体性质的。一般情况下，NGO 强调的是与政府的区别，NPO 强调的是与企业的区别。亦即，基金会是一个相对的概念，在相对于营利性的企业使用时，叫非营利组织（NPO）；在相对于政府使用时，叫非政府组织（NGO）。

但在现代日本语境下，NGO 的概念和 NPO 的概念是有明显区别的。NGO 特指从事海外公益救援的民间公益组织。NPO 指按照 1998 年《特定非营利活动促进法》登记并获得法人地位的特定非营利活动法人。NPO 虽也包含一些公益救援的组织，但范围比 NGO 宽泛得多，主要是指在 20 世纪 90 年代后迅速发展起来的各种社会公益活动和由市民自发成立并自主运营的社会组织。与中国的基金会概念更接近的是 NPO。

作为一种跨文化比较研究，必须是在大体上具有可比性前提下的一种比较。尽管中国和日本的文化背景和使用语境不同，但经过概念的分析和限定，是可以对基金会这一概念进行有效的比较、研究和借鉴的。本书在论及日本"基金会"时,是在最接近中国"基金会"概念,即 NPO 的意义上,也就是在"按照 1998 年《特定非营利活动促进法》登记并获得法人地位的特定非营利活动法人"的意义上使用的。为了表述方便,本书将统一使用汉语"基金会"一词。

基金会管理体制是指作为民间组织的基金会的管理制度,是国家(政府)关于基金会管理的行政机构设置、权限划分、权力运行机制等方面的体系和制度设计的总称。

基金会管理体制,根据管理主体的不同分为两个方面。一方面,是以政府为主体的管理体系或制度,强调政府是社会管理的主导或唯一组织者、参加者与行动者。这时,这个概念主要反映国家(政府)与社会(基金会)的关系。另一方面,是以基金会为主体的社会管理体系或制度,它强调基金会的自治。这时,这个概念主要反映(社会)基金会与个人的关系。本书将从社会互构论的视角,不仅围绕第一方面,即作为社会组织的基金会所反映的政府与社会的关系方面展开比较研究,还要围绕第二方面,即作为社会组织的基金会所反映的个人与社会的关系方面展开讨论。

以政府作为管理主体的基金会的管理体制涉及方方面面。从政府作为基金会管理的主导方来说,管理主要包括四个方面,即法律地位、筹资与营利禁止、税收优惠、日常监督。从政府规制①角度看,法律地位属于准入规制,筹资与营利禁止、税收优惠、日常监督属于过程规制。

在英语中,Access(准入)一词有进入(权)、通道、路径、获取的意思。在现代汉语中,"准入"就是标准,就是指一道进入某一领域的门槛。所谓准入规制,是指某一行为主体对约束对象进入某一领域所制定的路径或通道、限制、条件。所谓基金会准入规制,是指某一特定国家的政府允

---

① "政府规制"是规制经济学的核心概念。规制(Regulation),是规制部门对某些特定产业或企业的产品定价、产业进入与退出、投资决策、危害社会环境与安全等行为进行的监督与管理。实践中,各国对特定产业的规制已成为普遍的政府行为。依据性质的不同,规制可分为经济性规制与社会性规制。经济性规制主要关注政府在约束企业定价、进入与退出等方面的作用,重点针对具有自然垄断、信息不对称等特征的行业。社会性规制是以确保居民生命健康安全、防止公害和保护环境为目的所进行的规制,主要针对与经济活动中发生的外部性有关的政策。对规制经济理论的研究主要分为两大学派:规制规范分析学派与规制实证分析学派。规制规范分析学派产生于 19 世纪,主要代表人物有查得威克、马歇尔、庇古、德姆塞茨、威廉姆森等。规制实证分析学派萌芽于 19 世纪法国经济学家迪普特,在 20 世纪 60 年代发展壮大,主要代表人物有斯蒂格勒、卡恩、帕尔兹曼、贝克尔等。

许民间非营利组织及个人参与社会公益慈善的程度，即政府对民间非营利组织及个人参与社会公益慈善的制度安排，这种安排即国家对基金会主体资格的确立、审核和确认的法律制度，包括基金会主体资格的实体条件和取得主体资格的程序条件。其表现是国家通过立法，规定基金会资格的条件及取得程序，并通过审批和登记程序予以执行。

对非营利组织的政府规制，是指政府依据一定的法律、法规对非营利组织的活动所进行的规范、引导、监督和管理。根据非营利组织的活动特征，政府规制包括准入规制和过程规制。准入规制包括法律地位。准入规制规定了非营利组织进入社会非营利领域必须具备的条件或资格，只有履行了规定的注册登记手续，才能从事非营利活动；同时还包括对其从业人员的资格认定等。政府对非营利组织准入规制管理的松紧程度及其政策导向，决定了非营利组织发展和存续的状况。

过程规制包括行为规制（筹资与营利禁止、日常监督）和税法规制。行为规制是政府对非营利组织是否符合组织特性所做的规定以及能否继续开展活动进行的监督和检查，包括年检、重大活动报告制度、信息公开制度等。税法规制是指通过税收政策及税收手段的法律化，对非营利组织行为进行调节。

由于准入规制从根本上决定了非营利组织诞生、发展和存续的状况，因此对它的研究能够最集中地体现基金会的产生、存在和发展状况；同时，进行中日两国准入规制的比较研究，最易于揭示两国基金会在不同文化背景下的历史发展和现实状态的异同。本书将集中围绕中日基金会管理体制中的准入规制这一方面展开研究，主要通过基金会准入规制的比较，从社会学视角看中日两国基金会在社会公益慈善准入规制方面的异同，从而为中国基金会准入规制和社会慈善事业的发展提供借鉴。

二　基金会的定义

（一）中国的基金会定义

要了解什么是"基金会"，首先需要了解什么是"基金"。在汉代许慎的《说文解字》中，"基"的本意是"墙始也"，意为建筑物的起始。清代段玉裁在《说文解字注》中，注释道："墙始者，本意也。引申之为凡始之称。"基，引申为起始之意，现代汉语指建筑物的根脚和根本的、起始的意思。在《说文解字》中，"五色金也。黄为之长。久埋不生衣，百炼不轻，从革不违。西方之行"。段玉裁注释道："五色金也。凡有五色。皆谓之金也。下文白金，青金，赤金，黑金，合黄金为五色。黄为之长。故独得金名。久埋不生衣，百炼不轻。此二句言黄金之得。从革不违……谓顺人之意以变更成器。虽屡改易而无伤也。"意思是金有白、青、赤、黑、黄五色，黄金为五色之长，所以独得黄金其名。金虽经久埋但不生锈，虽经百炼而不减轻重量，可顺人之意变更成器，虽改变却无损害，在现代汉语中的基本字义为黄金、金子和"钱"（即现金、基金）。在古代汉语中，并没有"基"和"金"两个字合在一起使用的"基金"一词。作为现代词语，"基金"一词是在日语中首先使用后来被引入中国的。有学者考证，"基金"是从英文 Fund 或 Foundation 转译而来的。Fund 指的是财产的一种存续形式。Foundation 的外延小于 Fund，可理解为 Fund 里的一个特殊部分，指的是捐赠财产的一种存续形态。为了便于区分，基金在 Fund 意义上使用，基金会则在 Foundation 意义上使用。以"结社"类比，可将基金视为财产的"结社"形式；将基金会视为用于公益捐赠的特殊财产的"结社"形式（王名、徐宇珊，2008）。

在不同的法系中，基金会"结社"形式有所不同。一种是以德国为代表的大陆法系。在这一法系中，基金会表现为"公共财团"，是依据《德国民法典》以及德国相关州财团法通过捐赠行为而批准设立的具有权利能力的财团。该财团在民法上不专以实现私人目的，在公法上专门服务于宗教、科研、教育、艺术、文物保护、民俗风情保护、自然生存环境保护、体育、社会福利等公共目的（金锦萍、葛云松，2006：122）。这种财团由于是为特定的公共目的财产集合赋予民事权利能力和行为能力而设立的，因此可以把它理解成公益法人。在这一法系的相关法律中，强调所有权的绝对性，取得财产的方法以及某人享有他人所有物的某些权利，所以当捐赠行为发生时，捐赠人将所赠财产的产权转移给受托人，受托人作为所有权人来依法行使占有、管理、处分等权能。由于捐赠行为伴随相应的合约用以表达捐赠人的意愿或目的，受托人行使上述权能受到限制，不得损失所赠财产，并须将所赠财产及其收益用于不特定多数的受益人。"最高准绳"是"对捐赠人意思之尊重"（金锦萍、葛云松，2006：122）。

另一种是以美国为代表的英美法系。在这一法系中，基金会表现为

"公益信托"，是基于社会信用而设立，以公益为目的而形成的特殊财产关系。其产权自信托成立之日起即发生转移，通过委托人与受托人之间的信托合约，受托人取得信托财产的占有、管理、处分的权能，相应的收益权则归委托人指定的受益人所有。受托人不得为私利而使用信托财产，其处分权也不包括从物质上损坏信托财产，亦不得占有信托财产所生的利益。美国基金会中心的《基金会指南》将基金会定义为非政府的、非营利的、自有资金（通常来自单一的个人、家庭或公司）并自设董事会管理工作规划的组织，其创办的目的是支持或援助教育、社会、慈善、宗教或其他活动以服务于公共福利，主要通过对其他非营利机构的赞助来实现（王名、徐宇珊，2008）。

中国法制体系以大陆法系为基础，但处于向英美法系"混合体系"快速演变的过程中。在法律所给予的基金会的定义中也体现了这种特征和趋势。《基金会管理办法》（1988）把基金会定义为"社会团体法人"，《基金会管理条例》（2004）进一步把基金会定义为"非营利性法人"。在1987年实施的《中华人民共和国民法通则》的法人分类①中，将基金会归属到非企业法人大类下的"社会团体法人"种类中。虽然《基金会管理条例》受此分类的约束，没有明确提出基金会属"财团法人"性质，但已经非常接近大陆法系的"公共财团"或"财团法人"的定义。

2007年，我国开始正式用社会组织代替民间组织。社会组织分为三类，即社会团体、民办非企业单位和基金会。社会团体是由公民或企事业单位自愿组成，按章程开展活动的社会组织，包括行业性社团、学术性社团、专业性社团和联合性社团。民办非企业单位是由企事业单位、社会团体和其他社会力量以及公民个人利用非国有资产举办的、从事社会服务活动的社会组织，分为教育、卫生、科技、文化、劳动、民政、体育、中介服务和法律服务等九大类。基金会是利用捐赠财产从事公益事业的社会组织，包括公募基金会和非公募基金会。

综合上述不同定义的特点，对基金会可以给出这样一个一般性的定义：基金会是基于捐赠的财产以基金形态存续并获得法律认可的非营利组织或

---

① 《中华人民共和国民法通则》将法人分为两大类：一类是企业法人；另一类是非企业法人，包括机关法人、事业单位法人和社会团体法人。

社会组织的一种基本结社形式，其目的是利用捐赠财产从事公益事业，其本质是在捐赠基础上形成的公益财产关系及其以委托人（捐赠人）、受托人和特定的及不特定的受益人为核心关系的社会关系。

（二）日本的基金会定义

在日语中，与中国的基金会概念最为接近的概念是"NPO"，"基金会"一词用汉字"基金会"表示的情况极为罕见，一般使用 NPO 来表现。NPO 是英语 Nonprofit Organization（非营利组织）或者 Not – for – profit Organization（不以营利为目的组织）的缩写，在美国，使用这两种表现方式的人都有。如果从日语的表达方式看，Nonprofit Organization 的意思是"営利を目的とするものではない"，和"営利を目的とする組織（企業）"（For – profit Organization）相对，强调不同于以营利为目的的企业，所以 NPO 一词取自 Nonprofit Organization 更加准确。

本来，NPO 概念是在美国的社会文化背景以及法人制度、税收优惠制度下产生的东西，日本虽然从 1998 年开始也有了由《特定非营利活动促进法》认定的 NPO 法人制度和税收优惠制度，但并不同于美国的制度。所以从严格意义上说，在日本并不存在 NPO。然而 NPO 作为语言，它在被异文化所使用时，便从自己固有的社会和文化中脱离出来，使原意发生变化，即泛化（通用化）。

日本的 NPO，就是在这种泛化的意义上使用的。从国际比较研究的视角来看，美国学者萨拉蒙给 NPO 下的定义最具广泛性，也最易被各国学者所接受。他给 NPO 做了七点规定：第一，有正式的组织；第二，民间性；第三，不分配利益；第四，自治性；第五，自发性；第六，非宗教性；第七，非政治性。

不过，这些规定性的具体内容会因为国家与地区的差异而大异其趣。在日本，虽然无论是 Nonprofit Organization，还是 Not – for – profit Organization 都被翻译成"非营利组织（团体）"。但反过来，如果说非营利的组织和团体，则并不是仅仅指 NPO。如日本的都道府县和市町村的自治体也是不以营利为目的的，但并不是 NPO。特殊法人即使成为独立行政法人，也不能称为 NPO。即使公共开支被依法认可，且其用途也被严格限定，也不能称作是 NPO。最重要的判定标准是，"是否在政府支配下"，也就是该组织是不是"民间非营利组织（团体）"。

那么，什么是"非营利"呢？如日本的 NPO 中心是个纯粹的 NPO，但每次其主办的研讨会也都要向参加者收取会议费，从这一现象看，似乎 NPO 又是有收益事业，但是不能以营利为目的，这个收益只可用来冲抵一部分实际成本。这种行为是从为了社会的立场而不是从赚钱的立场出发的。但有时又大大出乎与会者的预料，确实能够赚到很多钱，尽管与会者不一定很在乎，却不能把赚来的收益分配给利益相关者。如果赚到了钱，则可用于下次的社会活动。这就是"非营利"。

换句话说，"非营利"就是不对利益相关者进行收益（利益）分配。这是因为 NPO 承担着"社会使命"。"非营利"并不是赚不赚钱的问题，而是与营利相比，是否优先承担了"社会使命"，比如是否保护地球环境，是否资助大病重病与艾滋病等病人的生活，是否很好地关怀老年人，等等。

在日本语境下，非营利组织可以通俗地理解成是赚钱营利但并不向股东分红的股份有限公司。一般的股份公司是要把利润向股东分红的。股东为了投资而购买企业的股份，期待分红。但在 NPO，相当于企业股东的会员，不仅不期待分红，还对"社会使命（责任）"有共鸣，并且愿意把资金作为会费对其进行支持。这就是 NPO，即"民间非营利组织"。

这种"民间非营利组织"，在日本，经过 1995 年的阪神大地震，尤其是经过 1998 年实施的《特定非营利活动促进法》引起的 NPO 热潮，已经逐渐被广为人知。

NPO 概念是在最狭义的意义上使用的，指被《特定非营利活动促进法》认定的特定非营利活动法人，即指以从事特定非营利活动（以促进多数不特定人的利益为目的的活动）为主要目的，符合《特定非营利活动促进法》所规定的两项要求（即第一，没有对社员资格的取得和丧失规定不合理的条件；第二，领取报酬的负责人员不超过负责人员总数的 1/3），并不以营利为目的，依据《特定非营利活动促进法》设立为法人的组织（金锦萍、葛云松，2006：308）。当团体经过法律认定成为特定非营利活动法人时，这一概念是恰当的。

在稍广泛的意义上，有些虽没有取得法人资格的市民活动团体也被称为 NPO。建议把 NPO 作为思考方式引入日本并实现其机制的主要是市民活动的相关者，他们曾经在进行 NPO 立法时向国会提出过"市民活动促进法"，于是 NPO 等同于"市民活动团体"这一印象被渗透进日本社会，把无论有无法人资格的市民活动团体都看作 NPO。

在更广泛的意义上，把 NPO 作为词语来使用时，社团法人、财团法人、社会福利法人和学校法人等公益法人也包含其中。像这样的法人须经业务主管官厅严格审批后才能给予设立许可或认可，设立以后还要提出事业规划和预算，以及接受监督，如果从美国的"民间等同于不在政府的支配下"角度看，会让人对这种 NPO 产生理解上的困惑。但在实践中开展这种类似于民间独立活动的团体是非常多的，把它们当作 NPO 的伙伴来看并无不可。而日本 NPO 中心，可以作为这种包含广泛意义的 NPO 来把握。本书中的 NPO 就是在这个意义上使用的。

在最广泛的意义上，消费生活协同组合等合同组合和医疗法人，以及某种场合下的宗教法人也包含在 NPO 概念中。在同样的意义上，2002 年 4 月开始的作为新制度实施的中间法人也可以包含在 NPO 概念中（山冈義典，2006）。

（三）日本的基金会与类似概念的关系

1. NGO

NGO 是 Non – governmental Organization 的英文缩写，在日语里直译为非政府组织，是由联合国于 1945 年 6 月 26 日在美国旧金山签署的《联合国宪章》第七十一款首先使用的。该条款授权联合国经社理事会"为同那些与该理事会所管理的事务有关的非政府组织进行磋商做出适当安排"。1952 年，联合国经社理事会在其决议中把非政府组织定义为"凡不是根据政府间协议建立的国际组织都可被看作非政府组织"。在当时，这主要是指国际性的民间组织。1968 年，在联合国经社理事会通过的 1296 号决议中，规定了联合国同非政府组织关系的法律框架。此后，非政府组织的活动被有意识地、越来越广泛地引入了联合国体系的运作当中。在联合国经社理事会中，专门设有一个非政府组织委员会，负责审核批准非政府组织，并且认可它们在联合国的咨询地位和观察员身份。非政府组织如要在经社理事会中得到咨询地位，首先应致力于联合国经社理事会及其附属机构所关注的问题，如国际经济、社会、环境、文化、教育、卫生保健、科学、技术、人道主义和人权等。1996 年，联合国经社理事会通过的决议进一步承认了在各国和各地区活动的非政府组织，允许各国和各地区的非政府组织以自己的名义独立地在经社理事会发表意见。非政府组织围绕着联合国体系的各次国际会议所建立起来的联系机制，是从 20 世纪 70 年代初开始形成的。在联合国召开国际会议的同一时间和同一地点，举行同样议题的非政府组织国际论坛，是非政府组织参与和影响联合国决策的一种重要方式。与联合国的国际会议平行的非政府组织国际论坛，第一次是在 1972 年斯德哥尔摩人类环境大会期间召开的，以后成为惯例。①

NGO 一词进入日本是在 20 世纪 80 年代，主要是在发展中国家进行开发协力的团体的意义上开始使用的，所以在日本社会 NGO 有作为国际协力团体而存在的印象。根据这些活动的类别或领域被称作国际协力 NGO、开发 NGO、环境 NGO、人权 NGO 等。专注地方城市建设的团体和开展地方福利活动的团体，或者舞台艺术团体等自我认同为 NGO 的基本上没有。所以对于这些在国内活动的团体还是更适应被称作 NPO。这一结果，使得在日本出现了这种区分，即以地方作为活动基础的 NPO 和在日本境外活动的 NGO。所以在日本，NGO 特指在境外从事公益救援等活动的民间公益组织。

2. CSO

CSO 是市民社会组织的英文 Civil - society Organization 缩写。市民社会（Civil - society），又称为公民社会，是指围绕共同利益、目标和价值的，由自由的公民和社会组织机构自愿组成的，进行集体行动（collective action）的非强制性团体。其既区别于国家的世界（以武力维系的国家，无论这样的国家实行何种政治制度），也区别于企业的世界（以谋利作为宗旨的商业组织），是由一个人一个人的生活所组成的世界。这个世界可以理解成是民间非营利的世界。这一概念是在近代（19 世纪）以来西欧市民社会背景下产生的。CSO 作为一个词语，是在 1989 年东欧社会主义阵营解体后才出现的。日本开始使用这一词语是在 2000 年前后。该词语首先是见诸报纸、电视等媒体，后被广泛使用。也许 NPO 和 NGO 在今后会被 CSO 整合，但将如何演变，尚不清楚。

3. VO/PVO

VO 这一词语是英语 Voluntary Organization 缩写，尚没有一个明确的定义。作为"自发组织"，其与 NPO 大概在相同意义上使用，与从事无偿活动

---

① 《非政府组织的兴起与概念界定》，载于凤凰网，http://www.ifeng.com，2010 年 3 月 13 日。

的志愿者中心的"志愿者团体"略有不同。广义上，VO 指包含作为慈善机构注册登记的团体（Charitable Organization = CO）和没有注册登记的团体。狭义上，VO 指与注册登记的团体相对应的没有注册登记的小规模市民活动组织。

PVO 是英语 Private Voluntary Organization 缩写，直译为"民间自发组织"，后面将提到的"市民活动团体"比 NPO 更接近 PVO 的意思。PVO 不仅包含较大的组织，也包含不需要法人资格和税制优惠的微小的草根团体。

4. CO/CBO

CO 是 Community Organization 的缩写，可直接翻译为"居民组织、地缘组织"。日本的町内会和组织会等虽然也可以被看作这样的组织，但由于社会文化背景不同，因此还不能说它们是同一个概念。有时把 CO 包含在广义上的 VO 概念里，一般是在与 VO 相对比时来使用的。

CBO 是 Community-based Organization 的略写，是指专门为地方而进行活动的组织，特别是在强调依附于社区的活动时使用，这时 CBO 与 CO 的意义是相同的。虽然广义的 CBO 也是 NPO 的一种，但一般情况下像 NPO 这样组织化的 CBO 还是被称作不同的地方居民组织。NPO 与 CBO 相比较，是一种更有抱负更加开阔的组织，给人一种不一定附着于地方的印象。在日本，居民组织和市民团体今后将如何去作为的问题会变得越来越重要。

5. 市民活动团体

这是与欧美的组织概念完全无关的从日本社会自生的概念。虽然没有特别明确的定义，但可以把它理解为具有市民意识的个人的集合并进行自发活动的团体。如前所述，NPO 可以作为市民活动团体来把握，但由于 NPO 是个非常宽泛的概念，二者的外延并不重合，因此市民活动团体只是 NPO 的一个主要的部分。还有，虽说"市民运动"这一概念以前就经常使用，但相对"运动"更重视面向当权者或一般大众的行动过程而言，"活动"更重视自己做了些什么。

6. 志愿者团体

在日本，这一词语被经常用到。这一概念被理解成由无偿提供志愿活动的人们组成的中心团体。在英国，VO = Voluntary Organization，基本上是与 NPO 同意义的，如果把它翻译成"志愿者团体"的话，意思就不准确了。

　　志愿者团体是 NPO 的一部分，在很多 NPO 里都有志愿者参加并承担重要的使命。作为 NPO 的主要部分，志愿者团体似乎是由拿工资专职工作人员组成的职业团体。在美国等国家，由专职工作人员组成的志愿者组织并不多见，这种团体很像日本的公益法人。

　　所以作为概念，可以把最广义上的 NPO 看作全体，其中的中心部分有"市民活动团体"，在"市民活动团体"中的一部分则是"志愿者团体"。

　　如果变成"志愿者俱乐部"（Voluntary Group），那么则成为与 NPO 略有不同的任意集团，或者说也许会组织化为 NPO。

（四）围绕 NPO 的诸概念构成

　　NPO 的诸组织概念与法人种类的关系可用图 3 - 1 表示。

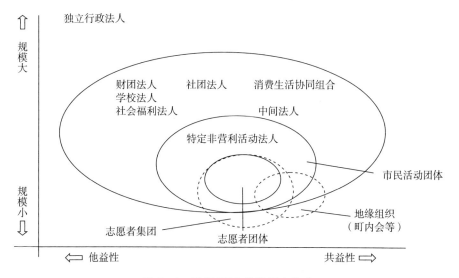

图 3 - 1　围绕 NPO 的诸概念构成

　　纵轴指组织的规模。如何计算规模虽存在着争议，但用年收入等的财政规模计算比较接近实际。

　　横轴用"他益性"和"共益性"来表示为谁而开展的活动。"他益性"高的团体，意味着是"为了他人和社会活动度"高的团体，所以也有"地球益"和"市民益"这样的说法。"共益性"高的团体，是"为了同伴内部的活动度"高的团体的意思。"组合"等虽也是这样的意思，但强调的是为了"组合"会员和同伴的利益进行活动，相互扶助的组织。

　　如图 3 - 1 所示，NPO 是个非常大的概念。椭圆形从大到小，表示从规模大的概念到规模小的概念。还有，从左到右，表示从"他益性"高的团体到"共益性"团体的概念。

"市民活动团体"，也包含在 NPO 概念指中，如图 3－1 所示，虽规模不太大，但包含着"共益性"。持有"为了他人"而不是"自己的事情必须自己去做"这一意思而活动的团体，其结果当然是"他益的"。虽然《特定非营利活动促进法》给相当于市民活动团体的组织赋予法人资格，但没有必要对一切市民活动团体都赋予法人资格。在日本，还有这样的情况，成为特定非营利活动法人以后的市民活动团体并没有完全放弃以前的"市民活动团体"的叫法。

第二节　基金会的分类及类型

一　中国基金会的分类及类型

基金会的分类非常复杂，不仅在国际上没有一个统一的标准，就是各个国家，也是根据不同的分类标准，将基金会分为若干不同的类型。如美国学者萨拉蒙在三种决定性维度的基础上，把非营利组织分为四种类别：筹款机构、会员服务组织、公益组织、宗教组织。① 美国基金会中心将美国基金会分为私人独立基金会、社区基金会、公司基金会和运作型基金会②，

---

① 萨拉蒙认为，关于非营利组织的三种决定性维度是：第一，从本质看，组织是为会员服务的，还是为公众服务的；第二，组织是提供服务的，还是仅仅为其他的服务提供者分配资金的；第三，组织提供的服务是世俗的、非宗教的，还是神圣的、宗教的。筹款机构（Fund－raising intermediaries），这类组织的存在不是为了提供服务，而是为了给那些提供服务的组织提供资源，如私人基金会、联合劝募协会（United Way）等。会员服务组织，这类组织的存在主要是为直接会员，而不是为整个社会或社区提供服务，如律师协会、工会等。公益（服务）组织，这类组织的存在主要是为别人服务，为那些处于需要中的人提供物品或服务（包括信息或倡导），或为大众提供福利服务，如教育机构、疗养院等。宗教组织，包括纯粹的宗教组织或其他执行神圣的宗教功能的组织（萨拉蒙，2008）。

② 私人独立基金会（Private Independent Foundations），其资金多来自个人和家庭捐赠，由董事会管理，绝大部分属于资助型基金会。社区基金会（Community Foundations），属于美国联邦税法中规定的公共慈善机构（public charity），其资金来源除了捐赠还有社区募款，包括地方政府提供的公共资金。公司基金会（Corporate or Company－sponsored Foundations），其资金来源限于企业捐赠，多为一般性公益目的而设立，也不排除与公司业务有关的考虑，但基金会作为独立机构运作，其财产与公司资产严格区分。运作型基金会（Operating foundations），其资金多来自单一的私人或家庭，自己按照既定宗旨运作项目，而不提供资助，与非营利性研究机构有些类似（Kigerl，2000）。

这种分类似乎已成为公认的分类标准。

在中国，根据不同的分类标准，主要将中国基金会划分为如下类型。

按照资金运作方式的不同，分为运作型基金会与资助型基金会。运作型基金会是由基金会自己运作资金的基金会；资助型基金会是将资金资助给其他组织来运作的基金会。

按照资金提供主体的不同，分为社会基金会、私人基金会、公司基金会、大学基金会、政府基金会。

按照基金会与政府关系的密切程度或背景的不同，分为官办（官方）基金会、民办（民间）基金会、半官半民基金会。

按照基金会募集资金的地域范围的不同，分为全国性基金会、地方性基金会。

按照基金会工作领域或性质的不同，分为慈善类基金会、教育类基金会、科学类基金会、社科类基金会、艺术类基金会、体育类基金会、环保类基金会、人权类基金会，等等。①

《基金会管理条例》根据资金来源方式不同将基金会分为公募基金会和非公募基金会。

本书对中国基金会采用《基金会管理条例》的分类方法。为了研究方便，除非特别需要，在使用中国"基金会"一词时是指称"非公募基金会"。

二 日本基金会的分类及类型

日本的基金会，即非营利组织也根据不同的标准分为若干类型。如日本学者入山映将日本的基金会分为五种类型：实施事业型、会员资格型、政府外围团体型、奖学金和奖赏型、资助型（入山映，1996：14）。

《特定非营利活动促进法》第二条明确把基金会活动分为 17 个领域，NPO 就是按照这些领域设立的。从机能、使命、收入来源、支配关系等各

---

① 根据基金会中心网提供的数据，截至 2011 年 2 月 18 日，中国基金会注册时按照工作领域划分为教育、交流研究、文化、残疾、儿童、国际事务、老年人、互助社会、医疗（救助）、青少年、体育、扶贫、卫生保健、艺术、公共事业、自然科学、就业、环境、社区经济发展、农业、社会科学、心理健康、志愿服务、侨务、公共安全、法律实施、安全灾害、公民人权、动物保护、宗教、能力建设、青年创业、食品，共 33 类（康晓光等，2011）。

种各样的侧面看，日本的 NPO 可分为如下 9 个类型。

①会员制非营利组织。这种非营利组织采用会籍制，是向会员提供服务的非营利组织。

②公共服务型非营利组织。这种类型的 NPO 是向市民和作为国民的不特定多数人提供公共物品和公共服务的非营利组织。

③企业型非营利组织。这种类型的非营利组织是为了履行非营利动机和完成行政使命，在接近市民的情况下出现的。

④行政完成型非营利组织。这种类型的非营利组织是受到行政上官僚制的影响的非营利组织，是在接近政府的情况下出现的。

⑤捐款型非营利组织。这种类型的非营利组织是靠捐款来补充活动所需大部分资金，维持组织运营的非营利组织。

⑥互助型非营利组织。这种非营利组织中，捐款人和消费者具有选举理事会的权限。

⑦慈善型非营利组织。这种类型的非营利组织更多地从事传统的慈善活动，具有志愿者集团、业余、从事独立性风格的活动等特征。

⑧监督－批判型非营利组织。这种类型的非营利组织是监督政府和企业的行动和活动，并对它们存在的问题进行批判，开展市民运动的团体。

⑨事业型非营利组织。这种类型的非营利组织有偿提供社会服务、信息和分析、咨询。

以上 9 种 NPO 名称虽不一样，但有相通的地方，如②和⑦、③和⑨、⑤和⑦。关于最后的 3 种类型，即慈善型、监督－批判型和事业型非营利组织还可进一步做重点考察（见表 3－1）。⑦慈善型非营利组织需要依靠社会的捐款和政府的支援资金来存续。如此说来，它与⑤捐款型非营利组织的特征是相同的，但继续获得捐款和政府的支援资金是很困难的事情。即使基于社会的使命去做好事也未必能获得社会的支持，非营利组织必须使资金提供者理解所进行的活动。例如，即使是基于社会的使命的活动，也必须为了追求经济性和合理性考虑有效率的管理方法。⑧监督－批判型非营利组织，具体的活动领域涉及很多，有环境、教育、健康、人权、反战等。这类非营利组织作为市民团体积极行动，对政府或国际机构的政策和行动进行监督和提出改善意见等。具体做法是，采取针对企业和政府的前厅活动、诉讼、不买运动、静坐等方式表达意见、监督批评。⑨事业型非营利组织是有偿提供物资与服务，是与营利企业相似的组织，其涵盖医疗、教育、文化、艺术、职业教育、日常护理、环境、商业信息，以及为支持非营利组织进一步提供服务的活动等领域。这类组织有与营利企业相似的一面，使它在市场上与企业竞争时具有事业的优势，同时与营利企业结盟也利于扩大其事业活动的范围。但是，因为是非营利组织，其仍然严守不分配原则，保持不对利益和收益进行分配的组织特征。

表 3-1 3 种 NPO 类型

	慈善型 NPO	监督-批判型 NPO	事业型 NPO
时期	20 世纪 40 年代中期至 50 年代	20 世纪 60 年代下半期至 70 年代	20 世纪 80 年代至 90 年代
活动内容	慈善活动	企业、政府活动的监督、批判、要求	提供社会服务、调查及信息
组织运营	业余志愿者（专业工作人员运营协助）	业余志愿者/专业工作人员	专业工作人员
主要资金来源	捐赠	捐赠	事业收益
与企业、政府的关系	独立/协作	独立	独立/协作

目前，日本可以用非营利概念概括的法人有近 200 个。如果按照日本法人类型进行分类，可分为营利法人和非营利法人两种。营利法人包括会社（公司）等 4 类，不在本书讨论的范围。非营利法人型 NPO 分为法人型 NPO 和非法人型 NPO 两大类。其中法人型 NPO 可以分为共益法人（也称共同利益法人、中间法人）和广义公益法人两种。非法人型 NPO 主要指任意团体。也有学者出于简便考虑，把日本的 NPO 分为共益法人、广义公益法人和任意团体三大类，其实这些分类都是一样的。

（1）共益法人

共益法人由特别法规定。2001 年日本开始实施《中间法人法》，对于以成员的共同利益为目的，且不以将剩余资金向成员分配为目的的团体，即非公益（不进行公益事业，但属公益性质）同时非营利性质的中间性团体，按照中间法人进行注册登记。这类团体有劳动组合、信用金库、协同组合、互助组合等。其具体的组织形态包括工会、农协、消费者协会、业主委员会、同学会、同好会、互助会等，其中一些组织形态类似中国的行业协会、商会、联谊会等互益性组织。这类组织是否属于 NPO，日本学界存在争议。

（2）广义公益法人

这种法人，在日本的法律体系中，范围最广、内容最丰富，包括9种组织形态：①社团法人；②财团法人（以上两种法人统称为公益法人）；③特定非营利活动法人；④社会福利法人；⑤医疗法人；⑥学校法人；⑦宗教法人；⑧职业训练法人；⑨改造保护法人（对原服刑者实施改造保护）。

关于公益法人。依据《日本民法典》第三十四条设立的公益法人（又称民法法人），是日本出现最早的一类非营利法人，具体又分为社团法人和财团法人两种。日本法律规定，社团法人是以一定目的结合起来的人的集合体，是以团体的名义进行活动的社团。日本的社团法人与中国的社会团体的概念基本一致。

财团法人是以一定的目的出资，以聚集的财产，为公益目的而进行管理运营的团体。日本的财团法人与中国的基金会概念比较接近，不同的是，日本的财团法人还包括从事公益资产运营的具体事业组织，如医院、福利机构等。

关于特别法人。二战后，日本在《日本民法典》第三十四条基础上，在教育、医疗、宗教、社会福利等领域制定了一些特别法，设立了由政府有关业务部门纵向管理的学校法人、医疗法人、宗教法人、社会福利法人、职业训练法人、改造保护法人等特殊法人。

关于特定非营利活动法人。1998年日本颁布《特定非营利活动促进法》，以有助于增进不特定多数人利益为目的的活动为基本准则，针对众多以公益活动及联谊活动为中心的民间团体，设立了特定非营利活动法人。

此外，日本NPO还有公益信托、各种组合（如公益管理组合、协同组合、劳动组合、互助组合等）等法人形式。依据《日本信托法》，公益信托可涉及所有领域，需要主管部门许可。如成立环保类公益信托组织，需要环境大臣许可。

（3）任意团体

任意团体是指无法人资格的公益性、非营利性社团，又称无权利能力社团，是公民依据法律所规定的结社权利成立的，无须登记就可以开展活动。这类组织总数没有确切的统计，估计有几万个。任意团体与中国的社区、乡村民间组织比较相似（王名等，2007）。

第三节　基金会准入规制的含义

本书的准入规制，是借用政府规制经济学的基本术语。在政府规制经济学或政府规制理论中，准入规制也叫进入（退出）规制，是政府规制的主要内容［还有价格（收费）规制，数量、质量规制和资源环境规制］之一。其目的，一是将微观经济主体纳入依法经营、接受政府监督的范围；二是控制金融某些行业，主要是自然垄断领域以及存在明显的信息不对称部门（如金融保险）的企业数量，以保证企业资质，同时防止过度竞争，降低不确定性和风险。政府规制实际上是对市场失灵的回应，是克服市场配置资源缺陷的一种不可或缺的制度安排；同时，也是整个经济系统的一个内生变量。在各种由政府实施的规制当中，最重要、最基本的内容是进入（退出）规制和价格规制。

抽象地说，所谓准入规制，是指某一行为主体对约束对象进入某一领域所制定的路径或通道、限制、条件。

所谓基金会准入规制，是指某一特定国家的政府准许民间非营利组织及个人参与社会公益慈善的程度，包括基金会主体资格的实体条件和取得主体资格的程序条件。其表现是国家通过立法，规定基金会资格的条件、标准及取得程序，并通过审批和登记程序执行。

一般来说，对基金会进行政府规制，一是为了促使非营利组织健康、有序发展；二是非营利组织自身存在的某些缺陷需要借助政府的力量加以引导和规范。

对基金会进行政府规制包括两个方面的内容。

①准入（退出）规制。日本政府对非营利组织的管制在《特定非营利活动促进法》颁布前，特别严格：申请设立者要获得主管业务领域部门的同意及主管省厅的严格审查。我国政府对于非营利组织的准入规制是双重标准：针对社会自发成长的非营利组织非常严格；而对于政府组织创建的或者由政府授意创建的非营利组织则相对宽松。

本书重点围绕基金会的准入（退出）规制展开社会学视角的深入研究，而关于基金会的过程规制（行为规制）部分（包括筹款、营利禁止、日常监督、税法规制），只在本章节做简单介绍，后文不再讨论。

②过程规制，包括四部分。

第一部分，筹款，是指政府对非营利组织的筹款方式和筹款渠道所做的明确界定和限制。一般情况下，只要非营利组织筹款方式和筹款渠道不违反法律规定，国家就不予干涉。非营利组织根据组织形式不同，其收入来源是多种多样的，如经营收入、服务收费、会员会费、个人捐助、企业捐助、个人或企业赞助、公司募捐、政府补贴、外国捐助、募捐收入，等等。概括起来，最主要的筹款渠道是民间捐赠，包括个人捐助和企业捐助、政府补贴、服务收费、外国资助。由于各国的习俗、传统和制度规定方面的差异，多数国家非营利组织的资金收入可按照主导渠道的不同而分为市场主导型和政府资助主导型两种类型。少数国家，如一些第三世界国家（如孟加拉国）非营利组织的筹资渠道是以外国捐助为主。

第二部分，营利禁止，是指政府对非营利组织的营利活动所做的明确界定和限制。各国都通过法规对非营利组织采取了营利禁止的规定，这构成了非营利组织的最重要特征。其含义并不是规定非营利组织不能从事营利活动，而是不能将营利所得用作分红，所以这个规制也叫作分配禁止。由于各国的习俗、传统和制度规定方面不同，非营利组织的营利性活动和规制措施也有所不同。大多数国家对非营利组织的经营活动采取了有限禁止的措施；同时，为了确保其非营利性和存续，主要通过税收政策来进行调整和监控。

第三部分，日常监督，这是政府依法对非营利组织的日常行为进行有效的规范和监督的一个重要实现途径，包括年度检查、评估、信息公开以及重大活动报告制度等的建立。从世界各国的经验来看，当非营利组织的目的或行为违反法律、公共秩序或风俗习惯时，可依据法律法规将其撤销或者命令其解散，包括非营利组织在日常活动中，超出业务范围进行活动；滥用特许权谋取私利；从事有悖于社会公共利益或社会公德的活动，危害国家利益和国家安全；违反登记管理条例规定。

第四部分，税法规制，主要是指通过税收政策及税收手段的法律化，对非营利组织进行适度调节。根据其活动是否符合法律和政策的要求，进行鼓励、促进或限制、禁止，从而规范非营利组织的活动。从国际惯例来看，往往更多侧重于通过积极的鼓励、促进来规范非营利组织的活动，如美国税法规定对非营利组织的所得税、财产税、失业税等给予全额免除；

同时，还给予向非营利组织捐赠的机构和个人以税收优惠。在这种税收优惠政策刺激下，美国非营利组织的数量在 1997 年达到 160 万个（是 1946 年的 8 倍）。虽然美国政府对非营利组织的准入规制显得相对宽松，但它又对非营利组织的免税资格进行严格审查。向联邦税法局申请免税资格的非营利组织，必须符合美国税法第 501（C）条的规定。同时，美国政府每年要对全国 100 多万个非营利组织进行免税资格审查。如果非营利组织将所得资金用于组织成员间的分配，那么显然就失去其"非营利"性质，美国政府会依法取消其减免税待遇。我国没有建立专门的非营利组织的税收体系。从散见于各种法律、法规、规章之中的有关规定来看，我国对非营利组织的所得税也有一些减免的规定，但无法起到鼓励非营利组织产生、发展的效果（张才新、夏伟明，2003）。

第四节　基金会准入模式

世界各国对非政府组织成立的态度多种多样，归纳起来，大体上有五种：第一，自由设立主义，即非政府组织可以任意成立，无须任何形式上的要件；第二，特许主义，即非政府组织根据君主的命令或议会的立法设立（一个命令或法律设立一个法人）；第三，行政许可主义，即非政府组织的成立由行政机关根据一般性法律规定予以许可；第四，准则主义，即只要符合法律规定的成立要件，非政府组织即可通过注册而取得法律地位；第五，强制设立主义，即非政府组织根据法律规定设立，从而成为法人（苏力等，1999）。各国在法律实践中，并不是单一地采取五种态度中的一种，而是在采取几种的同时，以其中的一种为主。例如，在主要采取自由设立主义态度的国家，律师协会也大多是依法强制设立的。

法律地位（即法律上的人格或者称为权利能力），指法律主体享受权利与承担义务的资格，根据具体取得方式的不同分为以下两种：自动取得地位的方式和主动取得地位的方式。

由于非营利组织法律地位的获得等于组织生存的起点，依其在形式上是否必须注册登记这一原则，非营利组织法人地位的获得主要分为三大模式：一个是自动获取模式或自由成立模式；一个是主动获取模式或登记设立模式；一个是处于前两个模式的中间状态，即自愿获取模式或半登记设立模式。非政府组织的法律地位涉及组织的设立及其程序、变更及退出（解散、注销）。变更及退出（解散、注销）部分也以法律地位的获得为前提。

所谓自动获取模式或自由成立模式，就是非政府组织只需一定数量的人们之间合意即可以成立，而不经过任何批准或登记手续。西方国家大多采用这种模式。这些国家仅在宪法中规定公民有结社自由，公民依据这种宪法精神即可自由或自动结社成立非营利组织，如比利时①、葡萄牙②。此外，美国、英国，以及印度的非营利组织也都是这种模式。如果非政府组织违反了有关法律法规，政府再依法进行追查和惩罚，所以，这种模式也叫追惩制、承认制。

所谓主动获取模式或登记设立模式，就是非政府组织必须依照一定的法律程序向特定的登记机关申请注册，获得批准后方告成立。这种模式也叫预防制或强制注册制。在国家－社会关系方面倾向以国家为关系的主要方面或以国家为中心的国家一般采用这种模式。这种模式比较强调国家在资源分配和公共服务提供方面的核心作用，因此对非营利组织的约束也较多。日本、中国、泰国、新加坡等国均采用这种模式。

所谓自愿获取模式或半登记设立模式，就是指非营利组织是否向登记机关申请注册，采取自愿的原则，但是特定类型的组织必须进行登记，例如德国的非营利组织登记注册主要涉及公益性认定问题。登记认定与否直接与税收优惠挂钩，登记后的非营利组织就可以得到税收优惠，没有进行登记注册的非营利组织则得不到税收优惠，但是法律仍然承认该非营利组织的合法性，对未登记的非营利组织同样给予保护（王名等，2006：76）。

境外基金会、非营利组织进入本国的准入模式，大体上也分为以上三种。各国根据本国的实际情况选择准入模式。例如越南对外国 NGO 的准入实施登记管理，在越南活动的外国 NGO 必须获得运营许可证、建立项目办公室许可证或建立代表处许可证。运营许可证是准许外国 NGO 自身或者通过它们在越南的合作伙伴，在越南境内从事合法的评估、筹集资金、执行

---

① 《比利时宪法》（1971）第二十条规定："比利时人民有结社权；此种权利不受任何预防措施的限制。"（李本公，2003：296～297）
② 《葡萄牙宪法》（1976）规定："公民有权自由结社，不需任何批准。"（李本公，2003：296～297）

发展计划以及人道主义项目的证件。建立项目办公室许可证是指对 NGO 或者在边远地区从事项目的代表处建立技术性常规工作站的一种许可。建立代表处许可证是对外国 NGO 在越南所有活动计划的官方认可。NGO 的代表处应当设立在越南首都河内（崔晶，2010）。土耳其对国外 NGO 实行严格准入规制：国外社会组织在土耳其境内设立分支机构需向土耳其内政部提出书面申请，并提交其章程、创建人名单等有关资料，由内政部与外交部协商同意后报土耳其部长理事会（内阁）审批。目前，南非国内的种族冲突、贫富分化、艾滋病等社会问题仍然比较突出，吸引着大量国外 NGO 到南非开展活动。南非政府对外国 NGO 采取了较为开放宽松的政策（孙伟林、臧宝瑞，2007）。我国对境外基金会也采取了严格的准入规制，即登记设立模式。《基金会管理条例》规定，境外基金会必须在国务院民政部门注册登记设立代表机构后才能在国内从事合法活动。

我国对境外基金会也和境内基金会一样，采取注册登记机关和业务主管机关"双重管理"模式。《基金会管理条例》第六条规定，由国务院民政部门负责"境外基金会在中国内地设立的代表机构"的"登记管理工作"；第七条规定，"国务院有关部门或者国务院授权的组织，是国务院民政部门登记的基金会、境外基金会代表机构的业务主管单位"。需要说明的是，由于本书是关于中国和日本两国国内基金会在准入规制方面的比较研究，所以境外基金会的准入问题不在本书的研究范围之列，后文将不再涉及。

第五节　双重关系结构

本书"双重关系结构"，是指基金会准入规制的"双重关系结构"，具体指在基金会准入规制中存在的个人与社会、社会与国家双重基本的社会关系和社会结构。

作为基金会准入规制中的个人与社会的关系，反映着组成基金会终极构成的一个个人参与社会公益慈善的制度安排，以及基金会作为社会利益群体而构成的"社会"——社会生活的共同体，它表达着超越个人的社会公益慈善的群体性行动及其制度化特征。基金会准入规制的个人与社会的关系根源于基金会概念中所包含的个人和社会的关系。在社会互构论看来，个人和社会分别表现了人类生活共同体相互关联的二重含义：个人是社会的终极单元，社会则是个人的存在方式。从共同体的构成而言，社会是众多的个人；从众多个人之间的关系上看，个人就是社会。

基金会准入规制中社会与国家的关系，反映着政府对民间非营利组织及个人参与社会公益慈善的制度安排，这种安排即国家对基金会主体资格的审核、确认的法律制度，包括基金会主体资格的实体条件和取得主体资格的程序条件。用社会学的"社会互构"视角考察，社会与国家是一种相互形塑、共生建构的关系。基金会准入规制的社会与国家关系根源于基金会概念中所包含的社会与国家的关系。基金会作为社会群体的共同体时，它是作为"社会"而存在的。基金会作为以利用获得捐赠的财产从事公益为目的的非营利法人，它反映了国家对它的制度性约束，所以又包含了社会与国家的关系。

第六节　基金会的基本属性与特征

无论是中国，还是日本，也无论基金会按照什么标准来划分，以及存在多少种类型，基金会作为社会组织的一种基本形式和制度形态，它既有别于企业，又有别于政府；同时，作为一种非营利组织，又有别于其他类型的非营利组织。基金会的基本属性有四个：公益性、非营利性、非政府性和基金信托性。

公益性是基金会的最本质属性。所谓公益性，是指基金会所独具的以非特定多数社会成员为对象提供的公共服务的属性。在《基金会管理条例》中，基金会的公益性体现在法律规制的方方面面。在基金会管理体制的准入规制中，主要从公益性方面规定了基金会的法律地位，明确规定了作为按条例设立的非营利性法人的基金会其"以从事公益事业为目的"的本质；指出基金会必须"为特定的公益目的而设立"，章程"必须明确基金会的公益性质"和"公益活动的业务范围"，设立登记的事项也必须包括"公益活动的业务范围"。在申请注销登记时，核心理由也是"某基金会"无法按照章程规定的宗旨继续从事公益活动。在过程规制中，在筹资方面，《基金会管理条例》规定"基金会组织募捐、接受捐赠，应当符合章程规定的宗旨和公益活动的业务范围"；在财产的管理和使用方面，规定"基金会应当根据章程规定的宗旨和公益活动的业务范围使用其财产"，"公募基金会组织募捐，应当向社会公布募得资金后拟开展的公益活动和资金的详细使用计划"，并且具体规定了基金会的公益支出比例，"公募基金会每年用于从事章程规定的公益事业支出，不得低于上一年总收入的70%；非公募基金会每年用于从事章程规定的公益事业支出，不得低于上一年基金余额的8%"。在监督管理方面，规定了基金会监督的重要内容就是是否"依据法律和章程开展公益活动"，而对于违反《基金会管理条例》规定，"情节严重的，可以撤销登记"的重要情形之一就是"未按照章程规定的宗旨和公益活动的业务范围进行活动"。

归纳起来，基金会的公益性集中体现在三个方面。一是基金会是一种制度化的组织（加藤洋二郎，2001）。基金会是否具有法人资格并不是基金会之所以成为基金会的绝对条件。绝对条件是工作人员为了组织的公益性使命的实现而从事经常性的活动，这是组织自身实际存在的需求。这种组织自身的需求源于自然人、法人或者其他组织的公益捐赠，基金会不过是各种公益捐赠的制度化了的组织形式或"结社"形式。二是基金会有明确的公益目的，这个目的是利用捐赠财产从事公益事业，无论是捐赠人是否有明确的公益意图，基金会都是捐赠人的理念和价值的实现形式。三是基金会有明确的公益用途。其用途是通过活动使多数不特定人受益，在日本表述为从事"以促进多数不特定人的利益为目的的活动"，在中国表述为"利用捐赠财产从事公益事业"。公益性这种最本质属性决定了基金会是一种社会公益组织。

非营利性是基金会的第二个基本属性。非营利性是指基金会成员不得分配基金会团体的利益。这个属性和特征是在公益性基础上形成的，体现在基金会的制度规制和运作管理中。一是要求基金会成员不得从基金会的财产及其运作中获得利益，在《基金会管理条例》中明确规定，基金会章程"不得规定使特定自然人、法人或者其他组织受益的内容"，还对基金会成员进行了限制性约束，"在基金会领取报酬的理事不得超过理事总人数的1/3""监事和未在基金会担任专职工作的理事不得从基金会获取报酬""基金会的财产及其他收入受法律保护，任何单位和个人不得私分、侵占、挪用"。这是收入约束机制，即经济学中的"不分配约束"[①] 或"营利禁止"。

[①]　不分配约束（non‐distribution constraint），是非营利组织基于其动机和信任而达成的一项制度规范，要求不得将其净所得分配给对非营利组织享有控制权的个人和组织（Hansmann & Henry，1987）。

二是要求基金会在其设立、决策、运行、管理和监督的各个环节都要避免追求利益最大化，同时要有效规避较高风险，要"按照合法、安全、有效的原则实现基金的保值、增值"。这是对于非营利的组织运作和管理机制或称为"非牟利控制机制"。三是要求基金会只能以捐赠的方式变更财产及其产权结构。当基金会终止其活动并注销后，其"剩余财产应当按照章程的规定用于公益目的；无法按照章程规定处理的，由登记管理机关组织捐赠给与该基金会性质、宗旨相同的社会公益组织"。这是非营利的财产保全机制，也称"财产保全限制"。

基金会的第三个基本属性是非政府性。非政府性是指在组织上，从政府中脱离出来，在基金会的运营和资金方面都不受政府的支配，也称作民间性。非政府性主要表现为以下三点。一是自发性、开放性。组织活动的实行和业务的管理，都是志同道合者自发参加的，退出也是自愿的。二是自主性、自立性、自律性。基金会是一种不在政府和其他权力的直接统治下实行组织自主决策、自主管理的自律组织和独立法人。三是民主性、公开性、社会性。基金会是基于一人一票制的民主主义价值观而设立和运营的社会组织，在治理结构上不同于政府。

基金会的第四个基本属性是以公益财产为基础的基金信托性。区别于其他非营利组织的最突出特点在于，基金会是在捐赠基础上形成的公益财产的集合，是以基金形式存在的公益财产。这有两层意思：一是基金会本质上是由捐赠人、受托人和受益人构成的信托①关系，是他们三者围绕公益财产达成的公益信托；二是基金会在形式上表现为"财富的结社"，即以基金形式存在的公益财产，通过有效的财产运作实现保值增值是其自身的要求。因此在基金会身上，体现着捐赠人和受托人、受益人之间，以及因公益捐赠形成的整个社会与基金会之间以公益财产为基础形成的基金信托关系（王名、徐宇珊，2008）。

基金会的上述四个方面的基本属性，不仅决定了其生存和持续发展的独特历程，而且也决定了基金会在管理制度方面的诸多特征。这些特征在今天仍在影响和改变着人类社会的面貌。

---

① 信托，即受人之托，代人管理财物，就是信用委托。信托业务是一种以信用为基础的法律行为，是指委托人基于对受托人的信任，将其财产权委托给受托人，由受托人按照委托人的意愿以自己的名义，为受益人（委托人）的利益或其他特定目的进行管理或处分的行为。

第七节　中日基金会的历史与现状

一　中国基金会的历史与现状

（一）中国古代的民间结社

由于封闭的大陆地理条件，以及"血缘传统"和"君子不群"、"君子不党"等儒家观念的影响，在古代中国，没有像古希腊、古罗马那样形成面向公共设施捐款的公益传统和柏拉图学园那样的结社传统。有学者考证，中国突破血缘、家庭或氏族的结社活动兴起于春秋时期（王世刚，1994：12～13）。

汉代以后，由于"罢黜百家，独尊儒术"，在皇权和百姓之间的社会公共空间消失殆尽。每在灾疫之年，虽有民间慈善救济，但并未出现常设的民间慈善组织。

隋朝的义仓是与基金会相似的慈善组织。义仓是在隋开皇三年（583）各地为备荒而设置的粮仓，是一种由国家组织、以赈灾自助为目的的民间储备。① 唐高宗永徽二年（651）改为按户出粟，上上户五石，余各有差。唐代自武则天末年起，便以义仓粮解决国家财政困难。唐玄宗以后更把义仓税定为国家正式赋税收入。义仓在历史上时废时设。

宋代的义庄是最接近现代基金会的民间慈善组织。最著名的是北宋皇祐元年（1049）范仲淹在苏州首创的范氏义庄。这是范仲淹及其后人以自身力量体恤族人，以家族纽带解决一部分人的经济困难所设的民间慈善组织。范仲淹父子通过义庄给族人所规划的经济生活所涉广泛，包括领口粮、领衣料、领婚姻费、领丧葬费、领科举费、借住义庄房屋、借贷等。

但总的说来，在隋、唐、宋、元、明、清各代，民间的结社没有发展起来，主要原因是皇权为维护其权威而对"朋党"的高度警惕及对民间结社的严厉禁断。如唐景龙元年（707）十月的一道敕文，被编入开元三年（715）的《开元格》（又称《开元前格》）中，对百姓结构朋党严加禁断（雷闻，2001）。宋代《宋刑统》等都禁止民间结社。元朝禁止民间秘密结

---

① 《隋书·长孙平传》："平见天下州县多罹水旱，百姓不给，奏令民间每秋家出粟麦一石已下，贫富差等，储之闾巷，以备凶年，名曰义仓。"

社，如英宗至治二年（1322），朝廷下诏"禁白莲佛事"，"诸以白衣善友为名，聚众结社者，禁之"。① 明末政府对以江南士人为主的政治集团"东林党"的镇压，致使全国书院被拆毁，许多东林党人被迫害致死，朝野忠良尽去。② 直到明思宗继位后，对东林党人的迫害才告停止。清朝顺治十八年（1661）规定："凡歃血盟誓、焚表结拜弟兄者，著即正法。"③

不过，在这些王朝，对皇权没有政治威胁并符合统治秩序的三类组织在民间是始终存在的。一类是宗族内部的公益活动和寺院主持的公益事业。这类组织主要从事慈善救助、修路造桥、兴建学堂等，其中以万历十八年（1590）杨东明在河南虞城建立的同善会最为突出。一类是民间工商团体——行会、会馆、商会。据文献记载，这类组织始见于唐初，依靠政府建立行会制度，主旨在于通过诸"行"行首贯彻法令，协助官府向业户征税、科买、定价等。但在明代之前，我国商人的活动大多是单个分散的，有"商"而无"帮"。明代中叶后具有龙头作用的行业在一些地区逐渐兴起，随着传统"抑商"政策的削弱，商人地位逐渐提高，在全国各地出现了不少商人团体——商帮，最有影响的有晋帮、徽帮、浙帮、粤帮。这些商帮作为中国行业组织的雏形，一直维持到清朝（范金民，2006）。第三类是文人雅集结社。这种文人雅集或切磋诗艺的诗社是得到官府的默许或鼓励的。中国文士阶层素有"以文会友"的优秀传统，"或十日一会，或月一寻盟"（姜丹书，1991：116）的雅集结社现象是贯穿于中国历史的独特景观，以以文会友、切磋文艺、娱乐性灵为基本目的主要形式是游山玩水、诗酒唱和、书画遣兴与文艺品鉴，"实可谓无组织之组织，盖无所谓门户之章程，而以道义相契结"（姜丹书，1991：116），最著名的有兰亭雅集、西园雅集、玉山雅集等。

（二）中国近代的民间组织

现代意义上的民间组织出现于清末民初。清政府在鸦片战争中的惨败，迫使中国社会走向开放，并被动地开始融入世界的现代性进程。康有为、梁启超在用世界性的眼光深思中国日益衰败的原因时，将"严禁结社"看

---

① 《元史》，刑法四，卷一百五志，第五十三。
② 阎崇年，《明亡清兴六十年》（百家讲坛）。
③ 《大清会典》卷一百九十四，《刑部》《奸徒结盟》。

成是重要原因，因此积极主张兴办社团，以开启民智，强国富民。在戊戌变法时期光有案可查的民间学会就有 72 个之多（闵杰，1995）。戊戌变法失败，这些学会社团受到打击迫害。1901 年复行新政，学会、商会、教育会、地方自治组织等民间结社大量涌现。在这一年，盛宣怀奏请设立上海商业会议公所，并委任严信厚为总理，得清廷允准，于 1902 年正式成立，该会成为近代中国第一个商会（为 1904 年成立的上海商务总会前身）。1904 年《奏定商会简明章程》颁布，商会获得合法地位。1905 年 6 月，由中国早期的民族资本巨头周舜卿、祝大椿等在无锡发起创办锡金商会，其也成为中国最早的商会（为 1912 年成立的无锡商会前身）之一。1908 年，《钦定宪法大纲》颁布，规定了民间有结社自由，"臣民于法律范围之内，所有言论、著作、出版及集会，均准其自由"。到辛亥革命前，商会、教育会等各类结社达 2000 多家（桑兵，1995：274）。辛亥革命胜利后，《中华民国临时约法》于 1912 年 3 月 11 日取代《中华民国临时政府组织大纲》开始施行。这是中国历史上第一部资产阶级宪法性文件，其明确规定："人民有言论、著作、刊行及集会结社之自由。"结社热潮一时如雨后春笋，"集会结社，犹如疯狂，而政党之名，如春草怒生"（傅金铎、张连月，2002：358）。北洋政府为了规范社团，还颁布了几个特别关于社团的法律规定，有《中央学会法》《商会法》等。南京国民政府为了将民间组织全部纳入政府的控制之中，于 1927 年开始加强对民间组织的规范，出台了大量专门针对民间团体的法律和实施细则，如《人民团体整理办法》《人民团体组织方案》等。到 1946 年底，纳入政府管理视野的各类民间组织有 46007 个，其中包括农会、工商业团体等职业团体 40514 个，慈善、宗教等社会团体 5493 个。而大量的民间组织是未被纳入共有民间政府管理视野的（国民政府社会部，2006）。

（三）中国现代民间组织的历史及现状

1949 年 9 月 29 日，中国人民政治协商会议第一届全体会议通过了《中国人民政治协商会议共同纲领》，这部起到了临时宪法作用的文件在第五条规定："中华人民共和国人民有思想、言论、集会、结社、通讯、人身、居住、迁徙、宗教信仰及示威游行的自由权。"明确了人民有结社自由权。1950 年，政务院颁布《社会团体登记暂行办法》，授权内务部制定《社会团体登记暂行办法实施细则》，一方面对反动社团依法取缔，另一方面对符合社会需要的社团进行登记。自此，新中国成立前的所有民间组织几近全部消失。1954 年 9 月 15 日在第一届全国人民代表大会第一次会议上通过的"五四宪法"，即中华人民共和国的第一部宪法，也规定了人民有结社自由权。然而现实的情况是，当时实行计划经济，上层建筑的全部领域也都被纳入国家的计划管理体系之中，注册登记的社会团体非常少，其活动空间和作用都极为有限。20 世纪 50 年代初，全国性社团只有 44 个，1965 年也只有 100 个左右，而地方性社团也只有 6000 个左右。这些社团类别单调，主要是妇联、共青团、工会、科协和工商联等。十一届三中全会以后，中国开始改革开放，民间组织的发展也进入了新的时期。随着计划经济向社会主义市场经济的转型，政府也逐渐退出全能主义的模式，社会空间大大增加，大量民间组织被催生出来。1981 年 7 月，中国第一家基金会——中国儿童少年基金会成立，揭开了中国基金会发展的序幕。1982 年 5 月，宋庆龄基金会成立。1984 年 3 月，中国残疾人福利基金会成立。涉及众多领域，遍及全国各地的基金会组织层出不穷。据 1987 年 9 月的不完全统计，当时全国已经建立起各种相对规范的基金会共 214 个，其中全国性基金会 33 个、地方性基金会 181 个。一些地方政府还用救灾扶贫款项建立了一批名为基金会的救灾扶贫组织。据民政部 1986 年 8 月的统计，这类基金会当时多达 6275 个。这些组织水平参差不齐，有些组织以基金会的名义摊派集资，基金会成了筹资敛财的工具，造成了很坏的社会影响。为规范基金会的发展，1988 年 9 月国务院出台了《基金会管理办法》，用法律手段对基金会乱象进行整治，并授权民政部负责基金会的登记管理。由此，现代中国基金会的发展开始步入法制化和规范化的轨道。1989 年之后的 10 多年时间里，基金会和社会团体无论在质上还是在量上，都受到限制，发展缓慢。这期间主要处于对基金会和社会团体进行清理整顿的阶段。政府为了对民间组织进行清理整顿和重新登记，于 1998 年颁布了《社会团体登记管理条例》和《民办非企业单位登记管理暂行条例》。此后，民间组织步入了稳步发展的新时期。到 2004 年初，全国共批准基金会约 1200 家，其中全国性基金会约 80 家（民政部民间组织管理局、国务院法制办政法司，2004：40）。2004 年 3 月，国务院颁布《基金会管理条例》，将基金会定位为与社会团体有别的"非营利性法人"，并首次对基金会进行了分类，分为公募基金会和非公募基金会，并对基金会的准入规制和过程规制都进行了规定。2005 年 1

月，财政部发布《民间非营利组织会计制度》，对包括基金会在内的非营利组织会计核算制度做了详细的规定。2006 年 1 月，民政部出台《基金会信息公布办法》。2007 年 8 月，民政部下发《全国性民间组织评估实施办法》，并于 2007 年底首次开展全国性基金会的评估工作。2008 年 1 月 1 日实施的《中华人民共和国企业所得税法》在公益捐赠税前扣除和非营利组织收入税收减免上都进行了前所未有的调整。这些相关制度构成了一个有利于基金会产生和发展的法律政策环境，中国开始出现了一个基金会迅速发展的局面。在 2008 年汶川大地震救灾中，有官员乐观地断言"我国已进入伟大的公益时代"。①

（四）中国基金会的发展特点

概括起来，中国基金会发展之路呈现如下特点。

第一，行政依附。由于在基金会准入规制方面采取"双重管理"的制度，从设立人角度说，从基金会发起、设立，一直到活动开展和组织运作，大都必须找到"挂靠单位"。这一特点的另一面是，中国基金会有太多的政府和官方的色彩，使得它官民界限、公私界限模糊，容易使民众对它的公信力提出质疑；同时，基金会对党政机关特别是业务主管单位高度依赖，使它缺少独立性，难以健康发展。

第二，公益目的。这是由《基金会管理条例》等相关的法规所规定的。《基金会管理条例》第二条规定："本条例所称基金会，是指利用自然人、法人或者其他组织捐赠的财产，以从事公益事业为目的，按照本条例的规定成立的非营利性法人。"所以基金会从设立之日起就必须有非常明确的公益宗旨，面向社会公益慈善领域的特定或非特定人群，从事"以公益事业为目的"的活动。公益目的决定了基金会的公益慈善导向，这一特点使中国的基金会能够承担起社会伦理性的使命，动员社会资源对弱势群体进行组织性的救助，其作为"第三部门"在"第三次财富分配"和有效、公正

---

① 民政部社会福利和慈善事业促进司司长王振耀在重庆举行的"2008 中国慈善事业发展论坛"上表示，汶川大地震中的捐赠活动客观上创新了中国慈善事业的发展格局，新的格局中居首位的是捐款捐物，这次捐赠已达到 592 亿元，加上共产党员献爱心捐款，总捐款近 700 亿元。如果加上其他各类慈善捐赠，2008 年年底我国慈善捐赠款额将达到上千亿元。中国的慈善事业经过汶川地震之后，现在已经成为一种风尚。全国人民的数亿爱心开启了中国慈善事业的公益元年，我国已进入伟大的公益时代（王胜先、朱薇，2008）。

地配置社会资源时做出独特的贡献。这一特点也使基金会成为媒体和公众高度关注的目标，使基金会的公信力和公众形象成为高危之地。

第三，聚财为要。在有关基金会法规出台之前，基金会主要通过广泛募集社会捐赠来开展公益活动。在基金会刚刚起步的20世纪80年代，由于经验不足、缺少规范和社会财富贫乏等，多数基金会往往与行政部门和大众媒体合作，形成强烈的公益感召力，获得广泛的社会捐赠。在《基金会管理条例》出台后，基金会仍表现出以聚财为要的特征，如在遭遇汶川地震、玉树地震、1998年洪灾等巨大天灾时的全社会爱心总动员，形成公益财产集聚态势，从而解决了基金会发展中的资金难题。这一特点和美国以"散财为要"的基金会形成鲜明对比。用什么形式聚财和如何有效且有公信力地"散财"成为众多基金会发展的短板（王名、徐宇珊，2008）。

第四，项目推动。这一点既和聚财有关，也和散财有关。大多数基金会为了募得善款，必须做创意公益慈善项目，以通过品牌项目宣传造势、募集资金、扩大影响。而为了把募得的善款"散发"出去，也必须通过创意公益慈善项目而实施公益救助，从而形成良性循环。近30年来，我国的一些基金会形成了很好、有社会号召力的公益品牌，如中国青少年发展基金会的"希望工程"、中国妇女发展基金会的"母亲水窖"工程等。这一特点的另一面是由于绝大多数中国基金会将其主要精力放在具体项目运作上，影响了基金会的内部建设，同时因为这一模式必须依赖基金会行业整体的良好形象和公众信心，当处在全社会对公益慈善领域提出质疑的时期时，这种模式似乎已经走到尽头。

第五，规模零散。从总体上看，中国的基金会不仅数量不多，且多数规模不大，无法形成公益资产的规模优势。和美国相比，中国的基金会数量不到美国的2.30%，资产规模仅有美国的0.57%。据民政部统计，在2004年《基金会管理条例》颁布前后，已登记的基金会资金规模过亿的仅占0.7%，36%的基金会规模不足200万元，有约2/3的基金会达不到《基金会管理条例》所设定的基金会登记条件。① 规模零散限制了中国基金会开展公益活动的领域、空间和能力，难于在一些突发事件和重大社会问题上

---

① 《基金会管理条例》第八条第二项规定："全国性公募基金会的原始基金不低于800万元人民币，地方性公募基金会的原始基金不低于400万元人民币，非公募基金会的原始基金不低于200万元人民币。"

发挥积极的作用（王名、徐宇珊，2008）。

第六，地域局限。《基金会管理条例》第三条规定：基金会分为公募基金会和非公募基金会。公募基金会按照募捐的地域范围，分为全国性公募基金会和地方性公募基金会。其还在第六条、第七条规定了分级管理、属地管理的原则。第六条规定：国务院民政部门和省、自治区、直辖市人民政府民政部门是基金会的登记管理机关，省、自治区、直辖市人民政府民政部门负责本行政区域内地方性公募基金会和非公募基金会的登记管理工作。第七条规定：国务院有关部门或者国务院授权的组织，是国务院民政部门登记的基金会、境外基金会代表机构的业务主管单位，省、自治区、直辖市人民政府有关部门或者省、自治区、直辖市人民政府授权的组织，是省、自治区、直辖市人民政府民政部门登记的基金会的业务主管单位。从管理上看，这些规定无疑是必需的，但同时在一定程度上限制了基金会开展公益慈善活动的范围，也限制了中国基金会向海外拓展的眼界和雄心。

二　日本基金会的历史与现状

（一）日本古代的民间组织

日本很早就存在地缘型民间互助传统，这个传统促成了日本的"里社会"。在这个"里社会"中，人们相互帮助，渐渐孕育了"结""讲"这样的民间组织。日本最早的民间组织可追溯到镰仓时代（1185～1333）、室町时代（1336～1573）。在这一时期已经出现了"土仓（即当铺）"，它成为江户时期（1603～1867）以"赖母子"① 作为名称的日本古代民间组织的前身。"无尽"就是因镰仓时代的"土仓"作为资金融通的钱被称为"无尽钱"而得名（东浦庄治，1935：34～35）。这种"无尽"或"讲"，到了江户时期发展成名为"赖母子"的重要民间组织。"赖母子"因地区不同其名称也有所不同，有的地方称为"讲"，有的地方称为"无尽"。"讲"原本是为共同进行神社、佛阁等的参拜，以宗教信仰为基础而产生的组织，被

---

① 日本群马县令《讲会取缔规则》对"赖母子"做了如下定义："不管是赖母子讲、融资讲还是其他的名称，都拥有一定的会员，通过抽签、竞标或其他类似的方法向会员供给金钱或有价物品的一种组织"。转引自佐伯尚美《日本农业金融史论》第 38 页。原文："赖母子讲融通讲其ノ他名称ノ如何ヲ問ワス一定ノ会員ヲ有シ抽籤又ハ入札其他之ニ類似ノ方法ヲ以テ会員ニ金銭其ノ他有価物ノ寄付ヲ為スモノヲ謂フ。"

称为"伊势讲""太太讲"等。这种以宗教信仰为基础形成的"讲"随着时代的发展,渐渐演变成以相互扶助为目的的组织。与此相反,"赖母子"是原本被称为"凭子"、"凭母子"或"合力"等的组织,其目的是相互帮助。随着时代的发展,二者的区别逐渐消失,后来就直接称呼"无尽讲"或"赖母子讲"(于秋芳、衣保中,2009)。

江户时期,"无尽""赖母子"作为以下层农民和城市小工商业者为"服务"对象的相互救助的组织——"平民金融机关"有四大功能:①资金融通;②储蓄;③对遭遇天灾人祸者等的救济;④为物品的交付或特定的活动筹集必要的资金或物品。"赖母子"本质上是一种平民互助组织。它对于下层农民抵制商人、高利贷的盘剥具有重要的意义。随着商品经济的发展,"赖母子"渐渐变成了纯粹的金融组织而丧失了其原来的功能。随着报德社的兴起,"赖母子"渐渐退出了历史舞台。

报德社(根据地区不同又有信友社、复兴社、克让社之称)最早是在天保十四年(1843),在二宫尊德①的指导下由小田原的商人们建立的一种民间经济互助组织,目的是改善处于贫困中的农民的生活。贯穿报德社组织的基本理念是由二宫尊德确立的至诚、勤劳、分度(勤俭节约)、推让(剩余用于社会公共事业)四大纲领。报德社的具体活动不仅涉及无利息的借贷、融资、遇害者的救助、植树造林、土木工程事业的进行、水利的改善、荒地的开垦等经济方面,还涉及报德学的训话、社员的教导等精神方面。报德社的社员人数不受限制,不管多少人都可以。成员加入报德社不是看经济条件,而是看思想方面是否遵从"报德主义",从这点看,也可以认为"报德社是一种教化团体"(小平权一,1981:432)。在同一时期,一些秋田藩(县)的御用商人和藩士也出资设立救助孤儿的"秋田感恩讲"。在江户后半叶,跨越日常生活地域的救助组织在日本各地相继问世,一直持续到明治时期。因为"讲""赖母子""报德社"具有民间性、共益性、公益性、非营利性的特征,所以可以把它们看作日本传统式的"非营利组织"。

日本更大的特征与传统是,由天皇制而决定的一切都与国家存在着紧

---

① 二宫尊德幼名二宫金次郎,江户时期的农政家,天明七年(1787)生于相模国足柄上郡柏山村。他最大的功绩是为了救济贫困的农村,在各村镇设立了报德社。他确立的报德思想被认为是日本协同思想的源头。

密联系。如近邻组织，最早可以追溯到江户前的关于建设"五轩一组"的居民组织的五保的律令。以这种组织作为模式，在江沪时期出现了"五人组"的近邻组织。这种组织一方面是收缴税金的组织，或者说是为了皇权统治而设立的相互监视的组织；另一方面也是居民间相互扶助的组织。

（二）日本近代的民间组织

日本社会带有近代意义的非营利组织是 1868 年明治维新之后出现的，标志性的事件是《日本民法典》（1896）颁布。该法典专章提到了公益法人的设立、管理、解散、处罚等事项，为非营利组织的出现创造了良好的法律环境。但由于民众的观念和财力的限制，非营利组织并未大量出现。在二战前，日本一个重要特征是天皇推动社会慈善。如 1911 年 2 月 11 日，明治天皇下达《施药救疗大诏》，赏赐 150 万日元，研究对贫困者进行施药和治疗的方针政策，并以赏赐金为核心，根据《日本民法典》第三十四条成立了财团法人"济生会"。在 1923 年的关东大地震中，该会发挥了巨大作用。在天皇的压力下，各大财阀也相继建立了一批慈善基金，如"三井报恩会"等。

20 世纪三四十年代，在"举国一体"的军事体制下，几乎所有的非营利组织都变成了战争机器的一部分，难以发挥独立作用。尽管如此，在二战前，作为法人企业，其社会贡献活动还是零星存在的。如在大正时代，设立了日本生命济生会，为贫困人群实施医疗救助。旭哨子在 1934 年设立了以"旭化学奖励会"为名的研究者培养助成财团（山冈義典，2006）。

（三）二战后日本的民间组织

1945 年日本战败，美国作为占领国有力地推动了日本的民主化进程，非营利组织开始进入全面发展时期。1946 年的《日本宪法》第二十一条明确规定了公民的结社权，这给非营利组织的爆发式发展创造了极好的法律环境。随后几年内大批相关法律相继出台，如 1948 年的《医疗服务法》、1949 年的《私立学校法》、1951 年的《宗教团体法》和《社会福利服务法》等，初步确立了民间组织法律管理的体系。

从二战后到 21 世纪初，日本民间组织或非营利组织活动可划分为三个阶段。

20 世纪六七十年代，伴随着日本战后经济的高速成长，各种矛盾和问题也集中爆发，在迅速的城市化过程中出现了生活场所和工作场所的断裂。古代的日本市民追求对政治的全身心的奉献，而现代的市民作为基于像劳动者、学生、主妇、消费者那样的社会属性的主体，在各种生活领域中成为对抗权力的主角。在高速经济成长期，围绕经济发展成果的分配之争的民权运动及和平运动在地方层面风起云涌（大原光宪，1963）。这个时期，消费者保护运动、环保运动异军突起，涌现出了大批政治性强、与政府对抗明显的工会组织、妇女组织、环保组织、消费者保护组织和慈善基金会。以1973年"石油危机"为标志，日本进入经济低增长期，以此为契机，日本全社会的总的保守化倾向抬头，市民运动进入低潮（篠原一，2004）。

20世纪八九十年代，国际形势发生巨变。环境风险在全球范围内获得共识。在日本国内，环境问题也受到广泛关注。从日本国内政治的情况看，1988年是公众对政治不信高企时期。民众对已有的执政党不满，1992～1993年，日本新党活跃，民主主义迅速升温。1996年，日本针对是否在卷町建设核电站进行公投，居民公投运动蓬勃开展。这一时期，面向国际救援的非政府组织开始出现并获得发展。随着日本一跃成为世界第二大经济体，加之全球化的影响，非营利组织出现国际化的趋势。据统计，非政府组织在20世纪60年代末只有7个，到20世纪90年代中期已达190个。这一时期，一批大型基金会相继问世，如1989年，代表日本大公司利益的"经团联"带头组建"1%俱乐部"，到1991年2月加入者达203家。此外，还有1990年的企业捐款委员会，1991年的全球伙伴基金会、会社支持艺术协会等，显示了日本的非营利组织向综合性、大型化发展的趋势。虽然日本的非政府组织、非营利组织不断发展，作用不断增强，但直到20世纪90年代中叶，一般的日本市民对这些组织还知之甚少。同时，《日本民法典》中对公益法人的设立和免税待遇等做了严格的规定，使NGO、NPO的成立和运作举步维艰。1995年1月的阪神大地震成为重要转折点。日本是地震等自然灾害多发国家。在1995年阪神大地震之前，政府指导型救灾体系被日本国民广泛认可，抢险救灾一直是自卫队、警察署和消防署等政府组织的分内工作，一般市民及民间志愿者团体很少参与其中。但在阪神大救灾中，这种救灾体系失灵，曾貌似无懈可击的政府指导型灾害救助体系被阪神大地震"震"出了诸多漏洞和问题，如库存医疗用品不足造成治疗困难，缺少替代性供水设施造成火灾持续几天不能扑灭，自卫队开赴灾区速度缓慢，官方对国际援助反应冷漠、限制严格等。与此相反，民间力量的有效工作和出色表现适时填补了这种模式的缺陷，创造了民间救灾的新模式。地震发生后，许多接受过野外求生训练的团队、地方 NPO 组织等市民团体纷纷加入救援，构成了与政府指导型救灾体系不同的"民间力量"，先后有 130 万~170 万人的志愿者参与现场救援。志愿者、NPO、NGO 等民间力量的高效作为和突出表现及其所创造的救灾新模式为阪神地震大救灾做出了历史性贡献，社会对其高度好评，其直接结果就是推动了日本国会和政府调整对 NPO 的相关政策。1998 年 3 月，日本参议院对新进党提交的法案正式通过。一个由市民发起、由广大 NPO 等民间力量积极参与和推动的全新的法律——《特定非营利活动促进法》应运而生（李战刚，2013）。

　　进入 21 世纪，市民运动更加走向纵深，非营利组织的作用也更加突出。从 1999 年《信息公开法》和较前的《特定非营利活动促进法》的实施中，可以看到关系到市民活动的基础设施更加健全。另外，在中央和地方政府财政恶化的情况下，2000 年执政三党同意检讨修改公共事业计划，围绕公共财政分配的对立，不得不有所收束。在制度上，2002 年，日本政府再次对《特定非营利活动促进法》进行修改，并于 2003 年 5 月开始实施。修改的主要内容有：简化非营利团体登记手续，扩大非营利组织活动领域，领域由过去的 11 个扩展到 17 个（见表 3-2）。2002 年，日本《自然再生推进法》规定了非营利组织的参与权，关于公共事业的实施，也朝着民间融合的方向迈出了一大步。有关公共事业的规划，采纳了向地方分权的方法，在 2005 年制定的《国土形成规划法》中，首次对中央集权的国土规划的决策进行了变更，规定了都道府县的主体地位（藤田美惠，2008）。这一时期值得一提的是，2011 年 3 月 11 日，东日本大地震爆发，大约有 118 万名志愿者奔赴灾区参与救灾。1995~2011 年，时隔 16 年，同是遭遇大地震，同是抗震救灾，同是民间力量，但这种民间力量在这次救灾中表现出全新的面貌和特征：低调、有序、专业、高效、理性、成熟。面对频发的自然灾害，无论是传统政府主导型的救灾体系还是 1995 年崛起的民间救助模式都无法单独应对。随着市民社会的崛起，政府必须向民间力量让渡空间，同时民间力量必须保持与政府的协调、沟通、互动，共在一个综合平台上大展身手。这一新模式表明，日本救灾乃至更广泛的领域，进入了政府与民间（社会）互补、互动综合体系的新阶段（李战刚，2013）。截至 2010 年，

4 万多个组织获得了法人资格。其中，通过认定可享受税收特殊优惠待遇（减免所得税、法人税、遗产税等）的组织有 179 家，占特定非营利活动法人的 0.4%（毛利聪子，2011）。据日本关西国际交流团体调查，民间非营利组织正式职员的平均年收入在 300 万～399 万日元者约占 21%，400 万～499 万日元者占 17%，即年收入超过 300 万日元者的比例低于 40%，大部分职员的年收入少于 300 万日元，这在日本属于偏低收入（蔡成平，2011）。虽然近年来特定非营利活动法人总体数量不断增长，但由于资金和人才方面的匮乏，当前日本特定非营利活动法人面临很多困难。但是，日本民间非营利组织在国内外社会活动中提供了国家无法提供的各种服务，弥补了国家功能缺失的部分，正在发挥不可或缺的作用（田香兰，2013）。

表 3-2　日本特定非营利活动法人的活动领域分布（截至 2009 年 3 月 31 日）

单位：个,%

序号	活动领域	法人数量	比例
1	增进医疗保健或福利的活动	21510	57.8
2	促进社会教育的活动	17101	46
3	促进城镇建设的活动	15177	40.8
4	振兴学术、文化、艺术或体育的活动	12204	32.8
5	保护环境的活动	10587	28.5
6	灾害救援活动	2371	6.4
7	地域安全活动	3682	9.9
8	维护人权或推进和平的活动	5813	15.6
9	国际援助活动	7254	19.5
10	促进形成男女共同参与社会的活动	3102	8.3
11	培养儿童健康成长的活动	15078	40.5
12	发展信息社会的活动	3248	8.7
13	振兴科学技术的活动	1776	4.8
14	搞活经济的活动	4898	13.2
15	开发职业能力或扩充就业机会的活动	6877	18.5
16	保护消费者的活动	2053	5.5
17	从事前面各项所列活动的团体运营或有关活动的联系、顾问咨询或支持活动	17007	45.7

注：由于一些 NPO 跨越多个领域开展活动，因此总比例超过 100%。

资料来源：日本 NPO 官方网站，http://www.npo-homepage.go.jp/data/bunnya，html。

（四）日本非营利组织发展的特点

纵观日本非营利组织的历史发展进程，我们能够发现，日本由于深受儒家文化影响，具有明显东亚地域特色，同时又因是亚洲唯一的发达国家，在社会发展中大量吸收了外来文化，其非营利组织的发展不可避免地带有一些独有的特征。

第一，从总体趋势上看，日本 NPO 的产生、发展基本上经历了一个"自上而下"的过程。所谓"自上而下"，不单是指日本非营利组织的发展过程，而且也是日本社会改革的一个总的模式。日本社会的历次变革基本上都是由社会上层（往往是中央政府）发动，自上而下推行，这使日本社会保持了相对较强的稳定性和延续性，避免了社会的巨大动荡。日本 NPO 的发展也同样采取了这一模式。日本在融入现代性进程（1868 年）后，全面向西方学习，其中包括引入西方的公益慈善制度。早期的 NPO "济生会"就是由天皇亲自倡议成立的，并捐助了第一笔善款。随后又在皇室的要求下，各贵族和财阀成立了第一批慈善机构。二战后，随着经济发展，各类社会问题不断增多，各种不同诉求的组织纷纷涌现。尤其是进入 20 世纪 90年代，有各种诉求的社会组织集中出现。而 1995 年的阪神大地震和 1998 年的《特定非营利活动促进法》终于使 NPO 全面走上前台，摆脱了"自上而下"的传统发展模式，实现了"自下而上"的转换。

第二，从法律制度看，日本规范 NPO 的法律文件数量众多，而各法在衔接上又存在一定问题，从而导致 NPO 管理出现混乱。非营利组织可以根据不同的法律而设立，既可根据《日本民法典》，也可根据《社会福利服务法》《私立学校法》等特别法。最典型的是，同样是设立 NPO，《日本民法典》要求严，而《特定非营利活动促进法》要求明显宽松，这样在管理和认识上就出现了难题。事实上，1998 年制定《特定非营利活动促进法》是为了绕开《日本民法典》，在不修改《日本民法典》的前提下放宽对 NPO 的管制，但遗憾的是制定《特定非营利活动促进法》之后，两部法律的协调问题迟迟没有得到解决。

第三，在《特定非营利活动促进法》颁布和实施前，日本的 NPO 对政府的依赖性很强。在组织成立上，有很多 NPO 就是政府推动成立的，仅地方政府每年推动建立的就达数百个，如一些特殊法人或由政府一手扶植，或本身就是在政府的建议下成立的。而政府之所以这么做，是把 NPO 当成了政府执行政策的工具，即利用 NPO 来避免扩张政府机构和增加雇员带来的麻烦。很多 NPO 的头面人物都是政府机构退休人员，与现任政府有着密切联系。NPO 成了政府官员的养老所。多数 NPO 的经费都来自政府补贴。据统计，1995 年，2.6 万个公益法人组织中有 500 多个获得资助，总额达 5836 亿日元；此外，有 3781 个组织同政府签有合同，为政府完成一定工作，获得 6593 亿日元，两项合计约 1.2 万亿日元。私立学校年收入的 30% 源自政府（20 世纪 90 年代降到了 15%），社会福利法人收入的 80%～90% 来源于此。公共部门对 NPO 的财力支持总计占其收入的 45.2%，主要集中于卫生保健和社会服务领域（周强，2007）。

第八节 中日基金会发展模式转换的一致性

通过上述对中日两国基金会发展历史的回溯和特征的比较，可以看到，在中日基金会之间尽管存在着诸多文化、传统，特别是进入现代性的先后时段等背景、环境的明显区别，但是作为同处东亚社会的利益群体——基金会及其雏形，其发展模式的转换在以下三个方面是具有一致性的。

第一，由偶发性的、革命性的、传统性的到有规律性的、保守性的、制度性的转换。

中国古代社团，尤其是隋唐以降，直到宋、元、明、清各代，基本是被制度禁断的。这主要是因为皇权为维护其权威而对"朋党"的高度警惕。这种警惕的根据是，在治乱兴衰的社会变迁和朝代更迭中，常常是偶发的个人、伙、会、朋党、道、帮、教，乃至集团、民间组织等以夺取政权为终极目标，打着"等贵贱，均贫富"（北宋王小波）、"替天行道"（北宋宋江）、"均田免粮"（明末李自成）等旗帜，用暴力向官府、皇权统治提出挑战，而很多朝代也确实就是这样实现更迭的，新朝代开国皇帝也常常是从民间组织起家的农民领袖或权贵代表，如刘邦建汉、李渊建唐、朱元璋建明等。这样，在中国古代社会，在有关社会组织方面，形成了这样一个有规律性的怪圈：从偶发性的、个人 - 社会组织出发，经过革命或变革，实现改朝换代；当新的政权建立起来后，为了稳固政权，则保持了对民间组织的警惕和压制，通过制度把这种警惕和禁断固定下来；当皇权对个人及民间组织榨取、压制到一定程度，便引发革命，开始了新一轮的变革。

　　在日本，并没有像中国这样的革命传统，在深层的思想资源和传统上，有两点构成了这一现象的主因。一个是"尊孔抑孟"的思想倾向。虽然日本信奉儒教，但在明治维新之前，孔孟是被占统治地位的儒学——朱子学进行解读、取舍、建构的。[①] 在对待"孔孟之道"的思想资源方面，主流是取孔舍孟，或尊孔抑孟。这是因为孔子的"克己复礼，天下归仁"的保守主义、忠孝主义倾向有利于各个时期的统治者，如古学派代表人获生徂徕（1666～1728）关于孔子讲的"道"就是"先王之道"的思想。[②] 而孟子的"民本""异姓革命论""汤武放伐"等思想则被统治者看成对神国有害的"恶"。如江户时代朱子学的主要代表人物林罗山（1583～1657），在对待孟子的态度上，在德川家康夺取政权的前后是判若两人的。林罗山原来是肯定孟子的异姓革命思想的，他曾说："汤武顺天命应人心而伐桀纣，自始亦毫无自身考虑之意，其本意只在于为天下除暴，救万民于水火，万万不可称'恶'。"这是为德川家康夺取政权提供理论依据。及至德川幕府霸业巩固，他就一百八十度大转变，反对异姓革命思想，因为孟子的"异姓革命论"同样也为推翻德川政权提供了理论依据。被视为朱子学发展的山崎暗斋学派的代表人物山崎暗斋（1618～1682）和浅见炯斋（1652～1711）都片面强调"大义名分"，力主"绝对忠君"，对孟子的"有德者王"的"王道论"和"异姓革命论"进行挞伐。山崎暗斋著《汤武革命论》一文指责周武王讨伐殷纣王是以臣弑君，著《拘幽操》强调臣下对君主单方面的绝对忠诚和恭顺，认为这才是真正的"君臣大义"。浅见炯

----

① 中国儒教思想是在隋朝［日本为圣德太子（574～622）所在的飞鸟时期］开始传到日本的，起初是儒教经典，以汉、唐的经典注疏为主，其后才是宋代以后的朱子学，再后是宋明理学、阳明学。宋学在日本约分为两个时期，第一时期是12世纪镰仓时代至16世纪室町时代。这一时期主要是以武士为中心的封建社会，幕府的成立，标志着以新的武士阶层为基础的社会的确立。由于宋学与禅学相联系，武士好禅并接受禅学与宋儒之学。第二时期是17世纪德川时代，旧的庄园制度崩溃，统一的以德川氏为代表的"幕藩制度"依靠统治者的武力而建立起来。这时需要适应、维护封建制度要求的武力和文化。在这一时期，儒教，尤其是朱子学成为官学。在后期，古学派和阳明学获得发展，成为与官学相对立的私学。官学为幕府服务，私学则常为天皇或公卿服务（朱谦之，2002：26）。

② 获生徂徕认为，道即孔子之道，而孔子之道就是先王之道，先王之道乃先王所造，故又称圣人之道。先王之道也就是安天下的道，实际就是礼、乐、刑、政。为了安天下，为政者的道德修养是根本，而这种道德修养必须出于安天下的心愿，这就是仁。先王之道以仁为主。中国的"六经"记载了先王之道，所以学习先王之道的方法是直接钻研"六经"；而要正确地理解"六经"，必须通晓汉语古文辞，弄清楚先王施政时的种种事实。

斋在《书拘幽操附录后》一文中说："呜呼！自放伐之事一行，而千万世无穷之下，凡乱臣贼子弑君窃国者，未尝不以汤武为口实。"在《拘幽操师说》一文中说："上下尊卑各有名分，万古不动，如同天地之位，无论何时何地，君率臣，臣从君忠心不二，各有当然之道理。""取孔舍孟"——这一作为官学的朱子学的重要政治思想和态度，在明治维新前的日本，基本处于统治地位。

另一个是"万世一系"的文化认同。在日本，"万世一系"的文化认同源自"神说"①。这个"神说"是指开天辟地肇始日本者是天皇的祖神"天照大神"，天皇是其子孙，即天孙。继神代之后，天孙降临统治日本列岛。在日本本土诸神中，天照大神是最高之神，是诸神的共主。天皇为天照大神的嫡系子孙，自然成为人间诸侯的共主，无法替代。圣德太子以后，日本事实上确立了天皇制。无论天皇是否执掌政权，作为神的直系后裔，古代确实无人敢替代，害怕"天怨神怒"，降祸于自己和子孙。久而久之，天皇就成为日本国民信仰的精神支柱，成为国家的象征。二战之后日本颁布民主宪法，天皇不再被尊奉为神，却依然为国家的象征。这一认同，又在实际生活中通过"泛家族规则"② 在民间、企业、社团、政府组织内部广泛发生作用，使得天皇很自然地成为受欢迎的角色。据 1946 年 5 月《每日新闻》关于宪法草案的舆论调查，支持天皇制者占 85%，反对者占 13%；工农的支持率最低，也达 55%。1989 年，日本《读卖新闻》进行的舆论调查结果显示，有 82% 的日本国民不反对天皇制（奚欣华，2011）。

第二，在大趋势上，由"自上而下"到"自下而上"的转换。

从前文可以发现，社会组织无论是存在、兴旺还是被禁止、消灭，都是"兴也政府，废也政府"。社会组织被禁止、消灭也反映了政府主导的"自上而下"的特征。

这种状态大约到 1978 年中国改革开放开始有所改观。随着计划经济向社会主义市场经济的转型，政府也逐渐退出全能主义的模式，社会空间大

---

① 公元 8 世纪成书的《古事记》和《日本书纪》中均有记载。

② 一般说来，家庭是社会最小的单元组织。家庭的生存与发展离不开家族，家族的维系制度在历史演变过程中逐步渗透到社会组织之中，或明或暗地成为维系社会组织乃至政府运行的规则，即"泛家族规则"；家族的伦理道德演化为社会组织的文化，即"泛家族文化"（潘茂群，2007）。

大增加，包括基金会在内的大量民间组织涌现出来。但这种情况即使到现在仍没有发生根本性逆转，如政府对社会组织、基金会设置了准入标准，像闸门一样"自上而下"地控制着基金会的"流量"和"流速"。开始出现从"自上而下"向"自下而上"转换端倪的是 2008 年汶川地震中大量民间组织和志愿者队伍的出现，尽管后来基金会的发展因为"郭美美事件"等遭遇重创（另一方面成为发展的契机），但"自下而上"的基金会发展趋势已经明显，"直接登记"政策完全可以理解为是近年来政府与民间互动、互构的产物和成果。

在日本，基金会的"自上而下"发展特征，不仅反映了日本非营利组织的发展过程，而且也是日本社会历年改革的一个总的模式。在古代日本，如江沪时期的"五人组"近邻组织，实际上就是为天皇统治而设立的相互扶助、相互监视的组织。1896 年颁布的《日本民法典》，为非营利组织的出现创造了良好的法律环境，在 1911 年根据《日本民法典》第三十四条成立了财团法人"济生会"。20 世纪三四十年代，受"举国一体"战争体制决定，日本对各种社会组织进行打压，几乎所有的非营利组织都变成了战争机器的一部分。日本战败后，美国作为占领国有力地推动了日本的民主化进程，非营利组织开始进入全面发展时期。1946 年的《日本国宪法》第二十一条明确规定了公民的结社权，这给非营利组织的爆发式发展创造了极好的法律环境。

而由民间力量推动的《特定非营利活动促进法》的颁布和实施则成为实现由"自上而下"到"自下而上"转换的转折点，NPO 摆脱了"上命下从"的传统发展模式。目前，这一趋势正随着"新公共性"的政策实施，实践着社会与政府的较为良性的互动、协动和互构。

第三，由被动推动型到自觉推动型的转换。

由于中日都处于从旧式现代性向新式现代性的巨大转型中，因此无论中日在现代性的进入时间上有多么不同，都在以西方文化和现代国家制度作为发展导向，向西方现代文明汲取营养，都在从传统的封建皇权制和天皇制向现代国家体制转化。在这种转化过程中，因为中日都处在东亚地区，又处于现代性的低位势，所以长期以来，包括基金会在内的民间社会组织的变迁都是属于被动推动型的，具体是重大事件推动型（如战争、改革）、灾难推动型（如地震）。在日本，如明治维新后明治宪法确定结社自由，二战后和平宪法引发特别 NPO 发展，阪神大地震催生颁布实施《特定非营利活动促进法》等。在中国，如辛亥革命后民国宪法催生结社浪潮，新中国成立后在计划经济框架下社会组织的消失，改革开放后对民间力量的释放，汶川大地震对基金会、民间社会组织、志愿者作用的发现和重估，以"郭美美事件"为代表的基金会负面新闻引发的基金会重组、改革等。

中日这种被动推动型的基金会发展模式到现代性的第三阶段出现转折，由被动推动型转换为自觉推动型。日本是以阪神大地震以及其后完全由民间自主推动的《特定非营利活动促进法》为转折点，目前以政府和 NPO 协动、互构为主要内容的"新公共性"乃是基金会自觉推动型发展模式的纵深发展。中国的基金会转型则以 2008 年汶川地震为出发点，虽然说与日本还有相当距离，但"自下而上"的基金会发展趋势逐步显现，"直接登记"政策和即将出台的法规将成为向"自觉推动型"转换的标志。

第四章 日本基金会的准入规制

第一节 基金会法人及其设立原则

一 基金会法人基本概念

（一）法人与法人制度

有学者考证，汉语"法人"一词是德语"juristische Person"的直译[①]。德语"juristische Person"在语义上就是指法律上的人。大陆法系国家把这样一个词看作一个与自然人（natuerliche Person）相对应的概念。人们通常还是把"法人"一词的出现归功于德国著名法学家萨维尼[②]，此后法人概念逐渐为大陆法系各国所普遍接受。

关于"法人"的内涵，萨维尼在海尔塞给出的"法人"定义，即"只要能够被一国的法律承认为权利主体的，不管它是人的组合甚至是单个人

[①] "juristisch"的词干"jur"来源于拉丁语，意即"法律"。由此可以推断英语的"juridical Person"也是受到了拉丁语的影响，更准确地说应该是受到大陆法系一词的影响而使用的概念。

[②] 德国著名法学家萨维尼在其著作的《现代罗马法体系》（第2卷）中确实使用了"juristische Person"概念。但是据现代学者考证，第一个提出这个概念的是与萨维尼同属历史法学派的胡果（Hugo）。胡果基于历史法学派的立场在对罗马法的诸原则、制度研究的基础上，首次在他的《作为实定法哲学的自然法》中提出了"法人"和"法律行为"这两个现代民法上的重要概念，但没有做深入的解释。他当时是针对另外一位德国自然法学派的学者普芬道夫（Pufendorf）所首倡的"moralische Person"，从自然法角度倡导使用"juristische Person"一词的。此后这一概念最终通过法学家海尔塞（Heise）进入德国的法学文献，但是都没有将之固定下来作为特定的指称，而且"moralische Person"和"fingierten Person"两个词经常是混用的。萨维尼在他的《现代罗马法体系》（第2卷）中对当时法学家经常使用的"moralische Person"进行批评，并最终使"juristische Person"一词成为一种固定的概念。此后，"juristische Person"为后人所熟知（蒋学跃，2009）。

或者是物都是法人"① 这样一个基础上，认为"法人"就是一个能够拥有财产权利的民事主体。

法人制度，顾名思义，是指关于"法人"的法律制度。依据1896年颁布的《德国民法典》的章节设置，对于民法法人，首先进行的划分是社团法人、公法法人和财团法人，基金会属于财团法人（高庆新，2008）。

（二）社团法人与财团法人的区别

根据大陆法系的原则，社团法人又称法人型人合组织，指以人的组合为基础而成立的法人，即人的组织体；财团法人是以财产的集合为基础而成立的法人，是财产的集合体。可见，社团法人与财团法人在社会生活中规范着不同的社会关系，在准入规制的视角下，二者是有明显的区别的，主要表现在以下六个方面。

第一，成立基础不同。社团法人是以一定的人的组合为基础，有自己的成员即"社员"或"会员"，没有独立的财产；财团法人是以一定的财产的集合为基础，没有成员，但有一定的独立财产。

第二，设立目的不同。对社团法人的设立目的，法律一般不做限定，既可以是公益的，也可以是共益的或营利的；财团法人一般只能是公益的。

第三，设立行为不同。社团法人的设立行为是限于生前行为，表现为以设立法人为目的的2人以上共同订立章程的法律行为，简称社团章程行为；财团法人的设立行为并不限于生前行为，可以是死后行为，表现为以行为人进行公益捐赠为目的的无人数限制的捐助行为（包括订立捐助章程和捐助财产）。

第四，设立程序不同。不同的社团法人依法适用不同的设立程序，其中非营利社团法人在许多国家只须履行一般登记，而营利社团法人则须许可，并遵守特别法（如《日本公司法》）的程序；财团法人由于一般以追求公益事业为目的，其设立程序在多数国家较为严格。

第五，设立人地位不同。社团法人的设立人，在社团法人成立后方取得社团法人的社员资格，同时与社团法人的关系才刚刚开始；财团法人的

---

① 海尔塞说："法人就是在一国范围内被承认为权利主体的除自然人以外的所有一切事物。一个基础构成或者扮演着法人。而这个基础可以是由人构成，具体而言就是由单个（公共机关的官员）或者多个人构成，也可以是物，即单个土地、一个人的所有财产或者被捐献出的为公益目的和被置于特别管理下的财产。"（蒋学跃，2009）

设立人，在完成财团设立后，则与财团法人不再有任何联系。

第六，变更和解散的条件不同。社团法人，其社员或会员可以依决议自动加以变更和自愿解散；财团法人，其目的、章程及组织的变更、解散，须由特定机构依职权为之，不自愿解散（高庆新，2008）。

（三）大陆法系的基金会

在作为大陆法系的《德国民法典》中，基金会属于财团法人，这一点在大陆法系一直被认为是真命题并被大陆法系普遍认同。这是因为学者在对财团法人做界定时，往往扼要地指出其"目的性财产"这一核心含义，其有两个基本特征：一是法人目的以公益为主[①]；二是法人的财产来自捐助人的捐助或遗赠。而基金会正是典型的"目的性财产"，即"以公益性为目的的财产的集合"。

尽管《德国民法典》中的财团法人除了基金会，还包括宗教法人、家庭法人在内的非基金会法人，但在德国学者看来，基金会和财团法人是一个意思。德国民法学家迪特尔·梅迪库斯指出："财团（stiftung）[②] 这个词在日常用语中意为'基金会'。"（梅迪库斯，2000）

（四）普通法系的基金会

而以英美法为代表的普通法系的基金会与以德国为代表的大陆法系的基金会是有所不同的。这一点要通过分析美国基金会的法律属性才能说清楚，因为带有现代意义的基金会是从美国发展起来的。

第一，美国的基金会有两种存在形式，一种是以非营利性法人形式存在的实体，一种是以慈善信托形式存在的实体。这就是说，美国的基金会并不都是法人。这在美国基金会中心给基金会所下的定义中就能看得清清楚楚：基金会是以非营利性法人或者慈善信托的形式存在的实体，主要目的就是通过对与其并不相干的组织、机构或者个人的支持资助科学、教育、文化、宗教或者其他慈善目的的事业。对于这两种类型的基金会，其设立

---

① 对财团法人的目的是否必须为公益，各国法律规定不尽相同，有的要求只能是公益目的，如《日本民法典》；有的不做要求，如《德国民法典》。不过在世界各国，还是以公益为目的的财团占绝大多数。

② 我国学者在翻译《德国民法典》时，对 stiftung 一词，即对第一章第二节"法人"部分的第二小节有两个版本：在郑冲、贾红梅翻译的版本中，该节被译为基金会；在陈卫佐、杜景林、卢谌翻译的版本中，该节被译为财团（王雪琴，2013）。

时的程序要求是不同的。非营利性法人型基金会在设立时须在各州检察长办公室进行注册登记，以取得非营利性法人资格。在取得非营利性法人资格后，还需要在本州专门办理营利公司登记注册的办公室备案，目的是确保自己受到法人法的约束和有限责任的保护（郗杰英，1999）。慈善信托型基金会的设立只须经过各州检察长登记。一致的要求是，为了享受税收优惠，都必须向设在各地的联邦税务局分支机构进行免税申请，经审查批准才能成为免税机构。

第二，基金会的设立在美国各州普遍适用法人基本法。联邦政府禁止各州另行制定基金会法人的登记规则，目的是防止各州对基金会法人的成立附加额外条件。

第三，美国联邦税法将慈善组织分为公共慈善机构（public charity）和私人基金会（private foundation）两种类型。公共慈善机构①是由跨部门的公众来资助的，典型的私人基金会是由一个家庭、一家商业机构、数名核心捐赠者或捐赠基金投资收入来资助的。但美国学者大多是将二者作为一个整体来进行考察的，并笼统称之为"基金会"。

概括而言，从大陆法系的视角来看，二者的区别在于，如果美国的目的性财产取得了法人资格，则可直接视为大陆法系所说的财团法人；如果没有取得法人资格，则只能把这种财产看作是相当于大陆法系的"无权利能力社团"②（王雪琴，2013）。

---

① 美国基金会被税法区分的公共慈善机构包括四类。（1）从事固有公益活动的组织，包括教会及与宗教协会相关的组织；拥有规范性的教员及课程，并对参加教学活动的学生能够规范性地进行登记注册的教育组织；医院及医学研究组织；为州立学院或大学提供资助的组织；美利坚合众国的政府单位。（2）接受公共资助的组织，包括接受政府单位或社会公众的实质性资助的组织；因税务的功能性豁免而得到扶持的组织。（3）支持组织（supporting organization），即为其他免税组织提供支持的组织。（4）进行公共安全试验的组织。此外，还包括社区基金会（community foundation 或 community trust），这类基金会以接受公共捐赠并致力于社区慈善事业为主要目的（阿德勒，2002）。

② 《德国民法典》将无限公司归入"无权利能力的社团"。卡尔·拉伦茨解释道："这种联合体本身没有权利能力，不能成为权利主体，所以权利只能共同属于全体成员……我们将这些形式分为'分别共有'（或称简单的权利共有）和'共同共有'。"显然，拉伦茨并不承认无权利能力的社团在法人层次上"自己"的存在，但他又特别指出这种社团与更为简单的合伙之间的差异：合伙没有"团体章程"，只有一个不拘形式的合同，合伙是相互密切联系的个人联合，合伙事务一般由全体合伙人共同管理。这种合伙的一般形态可以通过合伙合同进行变更，而变更以后的重要形态就是"无权利能力的社团"（拉伦茨，2003）。

二　法人及基金会法人设立的一般原则及模式

法人设立的原则（江平，1994），又称为"法人设立的主义"（尹田，2003），是指法人设立的基本依据和基本方法。综合各国和地区立法，大概可以把法人设立的原则或主义概括为四种：放任主义、特许主义、核准主义和准则主义。

（1）放任主义，也称自由设立主义或方式，是指国家对法人的设立，在法律上不加任何的干预和限制，完全由当事人的自由意志进行。这一原则在欧洲中世纪末商事公司刚刚兴起时非常盛行，但由于缺乏统一标准，故内部结构十分混乱，公司与合伙的界限模糊，影响交易，所以在中世纪后期逐渐被特许设立主义取代。①

（2）特许主义，也称特许设立主义，指法人的设立需要王室或议会通过颁发专门的法令予以特别许可。特许主义起源于 13～15 世纪，盛行于 17～18 世纪的英国，带有明显的政治色彩和垄断效果。由于这种设立方式成本高、程序繁、效率慢，且因是一种特权而不利于大规模发展法人，不符合商品经济社会的要求，所以逐渐为各国立法所舍弃。

（3）核准主义，也称行政许可主义和审批主义，这是 18 世纪法国和德国所采用的做法，要求法人的设立除了要具备法定的条件以外，还必须经国家行政机关的审核批准。在这一原则下，公司的设立虽能够得到有效控制，但也阻碍公司的发展，因而在 19 世纪末，西方国家开始普遍采用法人设立的准则主义。

（4）准则主义，也称登记主义，指事先规定法人设立的要件并将其作为设立法人的指导原则，无论任何人，只要具备法人法所规定的最低条件即可设立法人。这种方式因其灵活便捷而有利于法人的发展，适应了经济社会发展的要求，但同样也容易造成法人的滥设，所以在历史上，这一原则经历了由单纯准则主义到严格准则主义这样两个阶段。严格准则主义指在法人设立时，除了要具备法定的要件以外，还须符合法律规定的限制性条件，否则就应承担相应的法律责任。目前各国普遍采用这种原则（王

① 有学者认为，把放任主义看作是法人设立的原则是错误的，并论证欧洲中世纪存在的商事组织形式仅仅是合伙组织，并不是真正意义上的法人（张民安，2002）。

雪琴，2013）。

以上概括了法人设立的一般原则，而且主要指公司法人或营利法人。虽然各国对基金会法人或财团法人、非营利法人的设立也参照公司法人的设立原则和主义，但基金会法人（财团法人）毕竟是公益性法人，并不承担社会经济活动的职能，所以对其设立方式，各国和地区的法律规定有所不同，其中主要有如下4种模式。

（1）德国模式。《德国民法典》对非营利社团，特别是财团法人的设立，先是采用行政许可主义，后普遍采用准则主义。《德国民法典》第八十条规定："设立有权利能力的基金会，除捐赠行为外，须得到基金会住所所在地的邦的许可。如果基金会不在任何一个邦内有住所，则须得到联邦参议院的许可。除另有其他规定外，基金会行政管理部门所在地视为住所。"（梅迪库斯，2000）2002年，德国颁布《财团法的现代化法》，将财团法人的设立改为采用准则主义，到2007年，已有16个州做出了相应修改。

（2）美国模式。在美国，基金会法人的设立都采取和营利法人一样的准则主义。设立法人的时候，不需要进行公益慈善与否的审查，即是否注册成为法人或者什么形式的法人与是否认定为公益慈善法人是两个不同的阶段和步骤。此外，为了防止核准主义限制公益慈善法人的设立，美国大多数州还通过宪法禁止立法机关为了组建特定的组织而通过特殊法案，规定不允许管理者介入法人的设立。多数州法规定，州务卿会有权批准公益慈善法人所提供的章程，除非章程缺少必要的说明或主旨，否则不得禁止设立。

（3）意大利模式。意大利对财团法人的设立经历了从特许主义向自由设立主义的转变。1942年的《意大利民法典》是典型的特许主义，规定社团、财团经意大利共和国总统令批准取得法人资格。到了2000年，意大利通过的《社会关爱改革法》废除了原来的规定，改为设立社团和财团，仅需要以公证或遗嘱的方式进行即可；以遗嘱的方式设立财团，还须符合遗嘱的形式要件。

（4）日本模式。日本对财团法人（基金会法人）的设立采用的是行政许可主义（详见后文）。

第二节　日本基金会准入规制及法律地位

一　日本基金会的法律制度框架

日本法律尽管极为细致、繁复，但因为从最初的《大日本帝国宪法》（1889）和《日本民法典》（1896）就创造性地学习、采取了大陆法系的德国民法典体系，确立了公益法人制度并建立了非营利组织的法律框架，所以这一框架比较明晰，简要分述如下。

（一）宪法

1889 年（明治 22 年）2 月 11 日，《大日本帝国宪法》（又称"旧宪法"、《明治宪法》、《帝国宪法》）正式向全体日本国民公布，在第一届帝国议会召开当天，即 1890 年（明治 23 年）11 月 29 日施行。对有关社会团体、基金会，规范了结社自由等问题①，从正面规定了一切法律、法规、命令都必须与宪法相一致，不得同宪法相矛盾②。

由于旧宪法是立宪主义的产物，所以日本国民的上述权利是受到相关法律的保留和限制的。上述权利，是天皇恩赐给臣民的权利。这些日本臣民权利，必须在法律规定范围内才得以行使。《大日本帝国宪法告文》明确指出了这一基本立场："朕珍重臣民之权利及财产之安全并予以保护，兹宣告于此宪法及法律之范围内，应使之完全享有。"

二战后修改后的宪法称为《日本国宪法》（又称为"和平宪法""昭和宪法"），于 1946 年（昭和 21 年）11 月 3 日公布，1947 年（昭和 22 年）5 月 3 日施行。《日本国宪法》第二十一条规定，"保障集会、结社、言论、出版及其他一切表现的自由"，指出上述权利是国民的永久不可侵犯的基本人权，并受到宪法的保障。第十一条规定，"国民享有的一切基本人权不能受到妨碍。本宪法所保障的国民的基本人权，作为不可侵犯的永久权利，

---

① 《大日本帝国宪法》第二十九条："日本臣民ハ法律ノ范围内ニ於テ言论著作印行集会及结社ノ自由ヲ有ス。"

② 《大日本帝国宪法》第七十六条："法律规则命令又ハ何等ノ名称ヲ用キタルニ拘ラス此ノ宪法ニ矛盾セサル现行ノ法令ハ総テ遵由ノ効力ヲ有ス。"

现在及将来均赋予国民"①。该宪法作为国家基本大法，具有最高法规性，从反面规定了一切法律、法规、命令、诏敕及有关国务的其他行为都不得与本宪法条款相违反，违反者一律无效②。

（二）法律

《日本国宪法》规定，日本国实行以立法权、司法权和行政权三权分立为基础的议会内阁制。由众、参两院组成的国家议会（称国会）是最高权力机关和唯一立法机关。

日本的法制，尤其是民法，在 19 世纪末，由一批法学界、政界精英考察了英国、法国和德国等诸国后，经过比较大陆法系和英美法系的优劣，根据本国国情，采取了大陆法系。接着又在比较了大陆法系中的《法国民法典》和《德国民法典》的优劣后，毅然采取了德国民法典体系（江平，2001），从而建立了非营利组织的法律框架。

日本非营利组织相关法律最早可追溯到明治时代颁布的《日本民法典》（1896）。迄今为止，在 121 年的进程中，日本非营利组织法律的基本框架呈现出如下状态。

（1）《日本民法典》及公益法人。《日本民法典》将法人分为公益法人和私益法人。《日本民法典》第三十四条明确了公益法人的概念：有关祭祀、宗教、慈善、学术、工艺美术及其他公益的社团和财团，不以营利为目的，经主管机关许可，可以成为法人，③ 即公益法人必须是以公共利益为目的的社会组织——社团和财团。《日本民法典》又把公益法人分为社团法人和财团法人两种。依据《日本民法典》，社团法人是"以一定目的结合起来的人的集合体，以有作为团体的组织、目的等，以与组织成员个人相区别的社会存在，以团体的名义进行活动的团体"；财团法人是"以一定的目的出资，以聚集的财产为公益目的而进行管理运营的团体"。二者的区别

---

① 原文为："國民は、すべての基本的人權の享有を妨げられない。この憲法が國民に保障する基本的人權は、侵すことのできない永久の權利として、現在及び將來の國民に與へられる。"

② 《日本国宪法》第九十八条："本宪法为国家的最高法规，与本宪法条款相违反的法律、命令、诏敕以及有关国务的其他行为的全部或一部，一律无效。"原文为："この憲法は、國の最高法規であつて、その條規に反する法律、命令、詔勅及び國務に關するその他の行爲の全部又は一部は、その效力を有しない。"

③ 《日本民法典》第三十四条："有关祭祀、宗教、慈善、学术、技艺及其他公益的社团或财团且不以营利为目的者，经主管官署许可，可以成为法人。"

是，社团法人是由会员构成的，财团法人是由财产构成的，通常没有会员。

（2）特别法及特别法人。二战以后，日本开始向民主社会转变，适应日本战后重建和经济社会发展的需要，在美国的要求和监护下，1947年，日本对《大日本帝国宪法》进行了修改。但并未对《日本民法典》进行修改，所以公益法人制度一直得以持续。战后重建中的日本非常需要发展社会救助事业，于是一些新的组织类型迅速发展起来，但这些组织不能依据《日本民法典》第三十四条成立，政府为此制定了一些相应的特别法，赋予这些组织以公益法人身份。于是在《日本民法典》第三十四条的基础上，针对相关社会事业发展的目的，如学校、宗教、医疗、社会福利等，制定了一些特别法，设立了由政府有关业务部门纵向管理的学校法人、宗教法人、医疗法人、社会福利法人、职业训练法人、更生保护法人等公益法人类型，大约有200种。与此相应，日本国会也出台了约200个特别法，以对不同的特别法人进行不同的法律制约，如日本《私立学校法》用来制约私立教育组织，《社会福利法》用来制约社会慈善组织，《宗教法人法》用来制约宗教组织。

（3）《特定非营利活动促进法》及特定非营利活动法人。1995年，日本发生了阪神大地震，NPO在赈灾救助中做出了突出贡献，开始被视为社会中的独立部门。1996年，日本提出改革原有公益法人制度的计划。为降低公益法人准入门槛，日本国会在1998年颁布《特定非营利活动促进法》，以"有助于增进不特定多数人利益为目的的活动"为基本准则，依17项特定事业领域，针对众多以公益活动及联谊活动为中心的民间团体，设立了一个新的非营利法人形式——特定非营利活动法人（Specified Nonprofit Activities Corporation，或称NPO法人）。在日本，狭义的公益法人是指这种法人组织，依据《日本民法典》建立的公益法人、特别法人、特定非营利活动法人等可以统称为广义的公益法人。

（4）《中间法人法》及中间法人。日本从2002年4月开始实施《中间法人法》，对于"以成员的共同利益为目的，且不以将剩余金向成员分配为目的的团体"，即非公益（共益）同时非营利性质的团体，如同学会、同好会、互助会等，按照中间法人进行注册登记。

此外，在日本，民间非营利组织还有公益信托、各种组合（如公寓管理组合、劳动组合、协同组合、互助组合等）等法人形式。这些法人形式均有相应的法律加以约束，如针对公益信托法人形式，1922 年日本政府颁布了《日本信托法》。

（5）日本《法人税法》及优惠税制。这是构成日本非营利组织基本法律框架的重要组成部分。日本尚没有专门适用于非营利组织的税法，但是在相关法律规定中，日本非营利组织在一定程度上享受着优惠税制。

第一，针对非营利法人组织的税收优惠。根据日本税制，针对法人组织的税收主要包括国税中的法人税和消费税、地方税中的住民税三种。对消费税，非营利组织在发生买卖交易时也视同企业一样交税。对住民税，非营利组织原则上也需要与企业一样交纳。不过，由于该税的征收可由地方自行决定，一些地方政府对非营利组织减免住民税，但这尚未成为全国性、制度性的优惠措施。从制度上看，关于非营利法人组织的税收优惠，主要体现在减轻法人税上。根据日本《法人税法》，在法人税的征收上，具体根据法人组织的种类（公共法人、公益法人、无人格团体、协同组合、普通法人 5 大类）不同而执行不同税制。日本政府充分考虑非营利法人所具有的非营利性或公益性特性，在法人税征收上采取"原则上非课税"的准则。会费、捐款（费用以外）不课税，开展活动的收入一般不课税。虽然对公益法人从事 33 种行业的营利活动的收入仍须课税，但相对于营利法人 30% 的税率，对于公益法人营利活动税率减轻为 22%，并允许收益事业收入的 20% 可视同捐赠转入非收益事业收入，不予课税。

第二，针对捐赠者的税收优惠。根据日本有关税法，企业、个人进行捐赠时，根据捐赠接受方是何种团体而对捐赠者的税收优惠措施有所不同。捐赠的税收优惠政策，限于特定团体：国家和地方政府，财务大臣制定的捐款（如大的灾害时、爱知世博会捐款等），特定公益增进法人，认定 NPO 法人。其中，向特定公益增进法人、认定 NPO 法人捐款时，企业满足设定条件的数额〔（资本金×0.25% + 年所得×2.5%）×0.5 的 2 倍〕可以计入亏损，个人满足设定条件的数额（年所得×30% - 5000 日元）可以从应税收入中扣除。特定公益增进法人是指公益法人中对振兴教育或科学、提高文化水准和社会福利做出贡献，以及为增进其他公益做出显著贡献的一定的法人。这类组织包括全部的社会福利法人和更生保护法人，部分社团法人、财团法人、学校法人等。认定 NPO 法人是指根据日本 NPO 支援税制（2001 年法律），满足规定条件，经国税厅认定的 NPO 法人（民政部"日本

NPO 法律制度研修"代表团、文国锋，2006）。

二　日本基金会准入规制的变迁

由于日本在通过明治维新进入现代意义的国家之后，首先就从宪法和民法入手建立了非营利组织的基本法律框架，所以日本的基金会准入规制的变迁是伴随着日本基金会相关立法的动态过程而逐步变化转移的。日本从 19 世纪末建立非营利组织的法律框架以来，1998 年《特定非营利活动促进法》出台及非营利组织可以以较低门槛登记为特定非营利活动法人，再到 2008 年实施三部新的法律，变革了原有的公益法人制度。概括而言，日本基金会准入规制的变迁过程大可以分为三个阶段。

（一）第一阶段：从 1896 年《日本民法典》颁布到 1998 年《特定非营利活动促进法》颁布

明治维新使日本走上了"脱亚入欧"的近代化道路，日本朝野对法律制度在整个国家维新中的地位和作用极为重视，19 世纪 70 年代就选派学生到英、法、德等西方国家学习"法科"，培养了一批自己的法学家，出版了一批具有理论深度的法学著作，进而形成了日本自己的法律改革理论。《日本民法典》编纂工作的核心人物之一穗积陈重（1855～1926 年）在 1884 年就指出：世界上的法律制度，一般可以分为五大法系，即印度法系、中华法系、伊斯兰法系、英国法系和罗马法系。这五大法系互相竞争，彼此消长，内中的规则是优胜劣汰，最典型的例子是中华法系的解体。他认为，处于劣势地位的法族，如果不思进取，不进行改革或改良，就必然会为历史所淘汰（何勤华，1997）。他指出，日本作为中华法系的一员，也面临着被历史淘汰的威胁。穗积陈重的这种危机意识，为日本学习西方法律文化、改良本国法制、制定民法典提供了理论根据。

《日本民法典》的制定曾经经历了旧民法典施行延期，后又推倒重来，最终被新民法典取代的曲折过程。1869 年，在江藤新平主持下，开始一边翻译《法国民法典》，一边以其为蓝本制定旧民法典。日本旧民法典在 1890 年 10 月经枢密院审议后公布，预定于 1893 年 1 月 1 日开始实施。旧民法典公布后，出现了主张修改和编纂延期的延期派与主张实施的断行派的"法典论争"。旧民法典的人事编，遭到激烈批评，倾向于历史法学的英国法学派的延期派认为，旧民法典无视"风俗"，破坏了至高无上的家庭制度，动摇了日本的立国之本。结果是旧民法典被否定，以延期派的胜利而告终。

就在日本旧民法典制定过程中，《德国民法典》并没有完整地出现，但随着《德国民法典》制定的思想体系、框架、结构等逐渐为人所知，日本一些学者敏锐地觉察到，《德国民法典》的"五分法"显然要比《法国民法典》的"三分法"更加科学、严谨，理论基础更加深厚。在"法典论争"后的1893年，日本政府毅然决定"推倒重来"，开始以《德国民法典》为蓝本，编纂新民法典。这部民法典被称为"新民法典"（明治民法典），于1898年7月16日施行，它几经修改一直施行至今。

对于基金会准入规制，新民法典借鉴《德国民法典》，规定了财团法人（德文译成"基金会法人"）制度。《德国民法典》第二十一条和第二十二条把法人区分为社团和财团，社团又被区分为非经营性社团和经营性社团①。日本的社团法人和财团法人相当于中国的社会团体和基金会。

《德国民法典》第八十条规定，财团的设立须得到邦或联邦参议院的许可，在获得许可后方能成为法人。日本借鉴了这一法律规定，《日本民法典》第三十四条对公益法人的设立进行了规范，"有关祭祀、宗教、慈善、学术、技艺及其他公益的社团或财团且不以营利为目的者，经主管官署许可，可以成为法人"，即社团或财团只有在获得政府许可后才能够成为法人。

值得一提的是，日本作为大陆法国家，在《日本民法典》中吸取了《法国民法典》和《德国民法典》而规定了财团法人制度，同时又在《日本信托法》中吸收了英美的公益信托制度。学校、研究机构、慈善团体既可以依财团法人设立，也可以按公益信托设立，反映了日本民法理论与实践的灵活性。

二战结束后，由于《日本民法典》并没有修改，所以公益法人制度一直得以延续。战后重建中的日本急需发展社会救助，一些新的社会组织类型应运而生，但这些组织却不能依据《日本民法典》第三十四条设立。这是因为，尽管《日本国宪法》第二十一条规定了公民享有结社自由权，但

---

① 《德国民法典》第二十一条规定，非经营性社团是指"不以经营为目的的社团，通过在主管初级法院的社团登记簿上登记而取得权利能力"；第二十二条规定，经营性社团是指"以经营为目的的社团，在帝国法律无特别规定时，因邦的许可而取得权利能力。许可权属于社团住所所在地的邦"。

是《日本民法典》第三十四条"经主管官署许可，可以成为法人"的准入规定限制了这一权利的实现，要求所有法人都必须按照严格的准入规定建立。为了解决这一矛盾，政府为此制定了一些相应的特别法，以给予这些组织公益法人地位，其主要形式有医疗法人、私立学校法人、社会福利法人、宗教法人等近 200 种。不同的公益法人由相应的法律进行规范，其烦琐、复杂、细致程度达到极致，以致出现这样的局面：在 1998 年之前，社团法人、财团法人等公益法人的设立门槛非常高，须由主管部门严格审批，它们的成立非常困难。众多的民间公益组织由于缺乏合法身份，无法签署合同、雇用员工或开设银行账户，无法开展正式的公益活动。依据《日本民法典》第三十四条，公益法人要变更公益活动事项，如果新的公益活动是由另一个主管官署管辖，就必须得到新的主管官署批准，这相当于成立一个新法人。在公益法人成立后，政府仍有权对它们的活动和服务进行监控。公益法人受到主管官署的垂直监管，无法独立于政府进行运作。此外，有些组织既不是营利性企业，也不属于某些特定的公共服务领域，政府对它们缺乏监管。

（二）第二阶段：从 1998 年《特定非营利活动促进法》颁布到 2008 年《中间法人法》终止

由于 1998 年颁布的《特定非营利活动促进法》限制了政府对 NPO 的干涉，维护 NPO 的独立性，简化 NPO 的登记程序，因而它大大降低了日本基金会准入的条件，使设立提供公共服务的 NPO 更加容易。《特定非营利活动促进法》第十条针对 NPO 的设立，规定"特定非营利活动法人的设立人，应当根据内阁府令提出申请以及下列文件，并且必须取得设立认证"。认证是指依据相关法律规定，法人设立时只要依法确认团体的内部规章后即可成立，从而 NPO 的设立获得了法人组织最容易获得成立的批准及准入方式。

1998 年以后，日本非营利部门立法进入快车道，差不多每年都会对原有法律进行修改或引入新的法律法规。2000 年，调整了社会福利法人的法律体制，降低了成立门槛。2001 年，针对特定非营利活动法人，日本建立了与美国国税局 501 C（3）条款相似的税收体制，给予向"被许可的特定非营利活动法人"的捐赠税收优惠。但该体制实施 2 年之后，几乎所有的特定非营利活动法人都无法获得税收优惠。日本在 2003 年对此进行了修改，降低了获得税收优惠的资格条件。

2001 年，日本要求社团法人和财团法人在网站上公开财务信息，并在同年颁布《中间法人法》，设立"中间法人"这种新的法人形式。中间法人适用于不具有公益属性的非营利组织，如俱乐部、校友会、互助协会、商会。中间法人包括有限责任和无限责任两种类型。《中间法人法》从 2002 年开始实施，到 2008 年 12 月结束，中间法人被并入了一般社团法人。2000 年，日本的公益法人分类及其数量如下：社团法人 11867 个，财团法人 12814 个，社会福利法人 13307 个，私立学校法人 11765 个，宗教法人 183894 个，医疗法人 14048 个，公共慈善信托 433 个，许可社区机构 841 个，特定非营利活动法人 1012 个（Simon，2009）。日本的很多公益法人实际上并不是独立于政府的非营利组织，它们或者是由前政府官员组成的，或者是政府机关为了推动某项工作而成立的。2002 年，日本内阁公开表明认识到了特定非营利活动法人的立法存在局限，不足以解决非营利部门的整体需要，要诉诸更广泛的非营利部门立法改革。

2002 年和 2003 年，《特定非营利活动促进法》进行过修改。特定非营利活动法人必须以公共利益为目的，不能是互益的。

（三）第三阶段：从 2008 年《中间法人法》终止到现在

从进入新世纪的 2001 年开始，日本政府明确提出，应该改变 1896 年以来的法人体制，废除《日本民法典》确立的公益法人制度。这一动议制定新的法律框架的目标是进一步放松对非营利组织的准入控制，完善非营利组织的内部治理结构。日本政府的最初设想是扩大特定非营利活动法人的范围，将很多类型的公益法人整合进来，但由于特定非营利活动法人的共同反对而未能实施。

2006 年 6 月，日本颁布了《一般社团法人和一般财团法人法》《公益社团法人和公益财团法人认定法》《相关上述法律实施的整备法》等三部法律，于 2008 年 12 月开始实施。这三部法律显著改变了日本原有的非营利组织的法律框架。《一般社团法人和一般财团法人法》是一部一般非营利法人法，该法规定了一般社团法人和一般财团法人的建立条件和程序。《公益社团法人和公益财团法人认定法》规定了一般社团法人和一般财团法人获得公益资格的条件。《相关上述法律实施的整备法》规定了现存公益法人向以上法人形式进行转变的程序。

这三部法律实施后，《日本民法典》中公益法人的相关条款被废止，原有的公益法人和中间法人体制都被终止，它们被吸收到新的非营利法人中。在一定的过渡期内，现存的公益法人都将被视为是具有公益属性的非营利法人。它们可以改变其法律地位，成为一般社团法人或一般财团法人、公益社团法人或财团法人、特定非营利活动法人、依据特别法律设立的其他各种公益法人或营利性企业，也可以申请公益资格或解散。2013年，它们被公益法人委员会（PICC）重新审查公益资格。但法律并没有废除现行的特定非营利活动法人制度，其他公益法人如医疗法人、私立学校法人等仍保持原状。在今后的改革中，特定非营利活动法人将被统和到一般社团法人中。依据新的制度，日本公民可以以慈善、相互利益、个人利益等任何目的登记一般非营利法人（一般社团法人和一般财团法人），它们的成立无须政府主管部门批准。其中经由公益认定的一部分法人可以成为公益社团法人或公益财团法人，可以享有税收优惠等支持。日本成立了隶属内阁的公益法人委员会，对非营利法人提出的公益认定申请进行审查，也要对非营利法人进行监管（王世强，2012）。

第三节　日本基金会法人制度（法律地位）

一　日本基金会法人制度的现状

本书第三章第二节介绍了日本基金会的分类及类型，在本章第二节介绍了日本基金会的法律制度框架及其准入规制的变迁。这些部分都从不同的侧面展示了日本基金会的法人制度及其变迁。

从以上章节中，我们已经知道，日本 NPO 主要是指在 20 世纪 90 年代后迅速发展起来的由日本市民自发成立，从事各种社会公益活动并自主运营的社会组织。在 1998 年《特定非营利活动促进法》颁布实施以后，这个 NPO 概念只是更强调其合法性的背景，即按照该法登记并获得法人地位的特定非营利活动法人。在实际生活中，NPO 远多于获得特定非营利活动法人登记的组织。（王名、李勇等，2007）如果结合《日本民法典》对社团法人和财团法人以及公益法人等的规定，将 NPO 定位在具有非营利性质的社会组织上，那么日本社会的 NPO 就不仅限于特定非营利活动法人，则是一个外延更加广泛的范畴。

非营利性质，主要强调不以营利为目的，在实践中又主要表现为经济学上的"不分配约束"（non-distribution constraint）（中村阳一等，1999），即组织利益不得分配，只能用于所开展的各种社会公益或互益活动。按照这一定义，日本的NPO除了特定非营利活动法人，还包括《日本民法典》中定义的如下组织：社团法人、财团法人、由各种特别法规定的具有公益性质以及具有共益性质或互益性质的法人，以及大量非法人性质的任意团体。实际上，NPO包含非营利组织的庞大的法人体系。现代日本NPO的法人体系的整体构图如图4-1所示，从中可以分析出现代日本NPO的法人体系的如下特点。

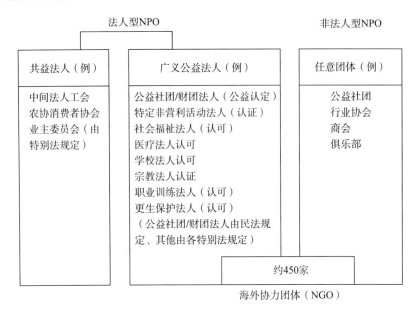

图4-1 现代日本NPO的法人体系

第一，在NPO中，从是否获得合法登记、是否获得法人身份的角度看，可以分为法人型NPO和非法人型NPO。日本大多数的NPO都能以法人的身份开展活动并获得相应的法律保障。从法律保障的角度看，除了有专门的《特定非营利活动促进法》之外，还有数以百计的各种特别法，一类组织一类法律，甚至一个组织一个法律，这是日本NPO的重要特点。

第二，并非一定要经过登记而获得法人身份才能合法成为NPO。由于《日本国宪法》第二十一条规定保障公民的结社自由，即使不经过登记也不违法。这些在社会生活的方方面面存在着大量未经登记、由公民自发组成并开展活动的组织——任意社团，即不受法律约束的自由结社。截至 2007 年，各类任意社团总数在 10 万左右。

第三，广义公益法人是日本 NPO 的主体部分（见表 4-1）。

表 4-1　日本 NPO 组成

	公益法人	特定非营利活动法人	社会福利法人	医疗法人	学校法人	宗教法人
活动领域	各个领域	17 个主要领域	社会福利	医疗、诊所、养老、保健等	各种私立学校	各种传教
依据法律	《日本民法典》	《特定非营利活动促进法》	《社会福利法》	《医疗法》	《私立学校法》	《宗教法人法》
颁布时间	1896 年	1998 年	1951 年	1948 年	1951 年	1951 年
登记方式	主管官厅许可/法院登记	主管官厅认证/法院登记	主管官厅认证/法院登记	主管官厅认证/法院登记	主管官厅认证/法院登记	主管官厅认证/法院登记
组织数量	26000 个	23000 个	19000 个	39000 个	7600 个	183000 个

为数众多的各种宗教法人，严格说并不是公益组织，但由于日本的宗教相关法律规定它们不得营利，因此在非营利的意义上，它们常被划入广义公益法人的范畴。

第四，日本存在许多具有共益或互益性质的法人组织，又称为中间组织或中间法人，这些组织严格地说也不是公益性质的组织，而和特定人群、特定利益集团的利益有关，但是这些组织也是非营利性质的，并且其中既包括法人组织，也包括非法人组织。在这类 NPO 中，日本最具特色的是各种行业协会。

第五，虽然各种类型的 NPO 都具有非营利的一般属性，但这个体系并不具有相互联系、相互制约的严格意义。他们彼此之间在运作机制、管理体制、规范的制度和约束的法律等各个层面都千差万别，很难再在统一的意义上进行系统分析，这也是 NPO 研究普遍面对的问题（王名、李勇等，2007）。

在了解复杂、细致的日本 NPO 法人制度时，理解和区分"非法人型 NPO"与"法人型 NPO"的概念是个关键。日本 NPO 可分为非法人型 NPO 与法人型 NPO，区分的标准是，是否具备法人资格。非法人型 NPO 是指根据

《日本国宪法》第二十一条所规定的结社自由权：市民在未经政府批准的情况下自由设立并独立开展活动的志愿者团体或市民活动团体只是不具有法人资格的任意团体。其在税法等法律上被称为"无权利能力社团/财团"或"无人格社团/财团"。尽管任意团体不需要接受来自政府的指导或监管，且还能享受一定的税收优惠，但由于不具备法人资格，它们也面临很多法律限制，如无法以社团名义开设银行账号、租赁办公场所及购置车辆等。法人型NPO是指根据有关法规在法务局进行法人登记的非营利团体，包括公益社团/财团法人（公益认定）、社会福祉法人（认可）、学校法人（认可）、医疗法人（认可）、更生保护法人（认可）、消费生活协同组合（认可）、地缘团体（认可）、特定非营利活动法人（认证）、宗教法人（认证）、一般社团/财团法人（登记备案）以及管理组合法人（登记备案）。

值得强调的是，第一，法人型NPO包括广义公益型法人与共（互）益型法人，其公益程度越高，所享受的税收优惠待遇就越优厚。截至2010年6月30日，NPO法人数为40313家；同年8月1日，认定NPO法人数为174家。如表4-2所示，2010年，日本认定NPO法人为NPO法人数的0.43%（田中弥生、马场英朗、石田祐，2011）。

表4-2 2001~2010年日本认定NPO法人数的推移

年度	认定数（家）	取消/了结数（家）	累计认定NPO法人数（家）	NPO法人数（家）	比率（%）
2001	2	0	2	6596	0.03
2002	8	0	10	10664	0.09
2003	10	0	20	16160	0.12
2004	9	0	29	21280	0.14
2005	10	0	39	26394	0.15
2006	16	1	54	31115	0.17
2007	23	3	74	34369	0.22
2008	20	4	90	37192	0.24
2009	36	3	123	39732	0.31
2010	50	0	173	40313	0.43

资料来源：根据日本国税厅网站和内务府网站提供的数据制作。

第二，日本政府根据NPO的公益程度的高低，依次采取公益认定、认可、认证、登记备案等从严到宽的法人注册标准的准入规制。不过，无论采用哪一种注册标准的准入规制，它的法人成立条件都需要通过法律条文加以确定，以此最大可能地限制政府的自由裁量权。在今天的日本，被普遍认为最符合 NPO 国际标准定义的非营利组织是 NPO 法人与社团/财团法人。近年来日本政府针对 NPO 准入规制和管理制度所推行的改革也主要是围绕这两类 NPO 展开。

二 日本基金会法律地位的形式（设立或获得方式）

（一）日本基金会设立的条件或实体要件

（1）共同利益法人。对于属于 NPO 法人的共同利益法人，有特别法规定。2002 年 4 月日本实施《中间法人法》以后，对于这种既非公益又非营利性质的社团（如工会、同学会等），须根据《中间法人法》，按照中间法人进行注册登记。这类社团类似于中国的行业协会、商会等互益性组织。

（2）广义公益法人。广义公益法人和共同利益法人一起构成 NPO 法人或称法人型 NPO，包括 9 种法人形式，需要根据有关法规在法务局进行法人登记，准入或批准形式也因 NPO 法人的类型和性质不同而不同：① 社团法人（公益认定）；② 财团法人（公益认定）；③ 特定非营利活动法人（认证）；④社会福利法人（认可）；⑤医疗法人（认可）；⑥学校法人（认可）；⑦宗教法人（认证）；⑧职业训练法人（认可）；⑨更生保护法人（认可）。

（3）特别法人。学校法人［日本《私立学校法》（1949 年第 270 号法律）第二十二条规定的学校法人］、医疗法人、宗教法人、社会福利法人［日本《社会福利法》（1951 年第 45 号法律）第二十二条规定的社会福利法人］、职业训练法人、更生保护法人［日本《更生保护事业法》（1995 年第 86 号法律）第二条第六款规定的更生保护法人］等特别法人，根据相应的特别法进行法人的准入登记。

（4）特定非营利活动法人。1998 年日本颁布的《特定非营利活动促进法》规定，特定非营利活动法人的设立人，应当根据内阁府令提出申请以及递交规定的文件，并且必须取得设立认证。

《特定非营利活动促进法》规定，社会组织要成为特定非营利活动法人，不仅所从事的活动要"以特定非营利活动为主要目的"，还要符合下列各项条件"（一）符合以下的两项要求，并不以营利为目的的组织：1. 没有对社员资格的取得和丧失规定不合理的条件；2. 领取报酬的负责人员不超过负责人员总数的三分之一。（二）事业活动符合以下各项条件的组织：1. 所从事的活动不以宣传宗教教义、举行宗教仪式或者教育和发展信徒为目的；2. 所从事的活动不以推广、支持或者反对某一政治主张为目的；3. 所从事的活动不以推举、支持或者反对某一公职〔指日本《公职人员选举法》（1950 年第 100 号法律）第三条规定的公职。以下相同〕的某个候选人（包括将来的候选人）、某一个公职人员或者某个政党为目的"。

（5）任意团体。任意团体是指无法人资格的公益性、非营利性社团（又称无权利能力社团），是公民依据宪法所规定的结社权利自由成立的，无须登记就可设立并开展活动。

比较以上除了"共同利益法人"之外的四类法人类型设立的手续和监管部门以及法律根据，可整理出如下列表（见表 4-3）。

表 4-3 日本四类法人类型设立概要之比较

	公益法人	特别法人	特定非营利活动法人	任意团体
法律根据	《日本民法典》	特别法	《特定非营利活动促进法》	《日本国宪法》
设立、监督官厅	主管官厅	主管官厅	所辖厅（主事务所所在地的都、道、府、县的知事）	无
设立的法律手续	申请→许可	登记→认可	申请→认证	无
登记	必要	必要	必要	无

资料来源：根据日本以上四类法人类型相关法律制作。

（二）日本基金会设立的条件或程序要件

1998 年颁布的《特定非营利活动促进法》是针对《日本民法典》确立的公益法人制度的不足而制定，但这个法是以《日本民法典》为法律依据的，是对民法体系的补充和完善，所以仍保留了公益法人制度的基本特征。很多日本市民希望自愿参加社会公益活动或自主成立社会组织以从事各种社会公益活动，但当时并没有相关的法人制度，而《日本民法典》所规定的公益法人制度又不能满足日益成熟壮大的市民社会的要求。《特定非营利活动促进法》作为特别法，解决了NPO的存在与《日本民法典》的公益法人制度的如上困境，即在法律上解决了NPO的准入难题。《特定非营利活动促进法》第一条就开宗明义："颁布本法的目的是，通过赋予从事特定非营利活动的组织以法人地位等手段，促进志愿者从事的特定非营利活动以及其他由公民无偿进行的有利于社会的活动的健康发展，从而促进公共福利的进步。"《特定非营利活动促进法》以特定非营利活动，即该法所规定的"以促进多数不特定人的利益为目的的活动"为基本准则，依17项特定非营利活动领域①，针对众多以公益活动和联谊活动为中心的民间团体，大幅降低准入门槛，设立了特定非营利活动法人。

设立特定非营利活动法人，需要政府批准，批准的方式是认证，只要经政府主管机关依法确认申请团体的内部规章后，即可成立。按照《特定非营利活动促进法》规定，特定非营利活动法人的主管机关是该法人的主事务所所在地的都、道、府、县的知事。如果在两个以上都、道、府、县有事务所的特定非营利活动法人，由经济企划厅厅长作为政府主管机关。对于设立的认证，《特定非营利活动促进法》规定，设立人必须按内阁府令准备完备的书面文件，向上述规定的政府主管机关提出申请，并且必须取得设立认证。这些文件，除了规定格式的申请书，必须提交的申请文件有如下几项：

（一）章程

（1）目的；

（2）名称；

（3）从事的非营利活动的种类以及与该非营利活动相关的事业活动种类；

（4）主事务所和其他事务所所在地；

---

① 《特定非营利活动促进法》附录所列17项特定非营利活动为：1. 促进健康、医疗或者福利事业的活动；2. 促进社会教育的活动；3. 促进社区发展的活动；4. 促进学术、文化、艺术或者体育的活动；5. 环境保护活动；6. 灾害救援活动；7. 地区安全的活动；8. 维护人权或者促进和平的活动；9. 国际合作的活动；10. 促进男女共同参与社会的活动；11. 促进孩子健康成长的活动；12. 促进信息化社会发展的活动；13. 促进科学技术振兴的活动；14. 促进经济繁荣的活动；15. 开发职业能力或扩充雇佣机会的活动；16. 促进消费者保护的活动；17. 对从事上述活动的团体的运营或者关于上述活动进行联系、提建议、援助的活动。

（5）关于社员资格的取得和丧失的事项；

（6）关于负责人员的事项；

（7）关于会议的事项；

（8）关于财产的事项；

（9）关于会计的事项；

（10）关于拟从事的收益活动的种类和其他细节的事项；

（11）关于解散的事项①；

（12）关于章程修改的事项；

（13）公告的方法。

（二）关于负责人员的下列文件

（1）负责人员名册（关于每个负责人员的姓名、住所或者居所的名册）；

（2）每位负责人员的同意任职信，以及内阁府令所规定的证明其住所或者居所的文件；

（3）每位负责人员做出的关于其不属于《特定非营利活动促进法》第二十条规定的范围并且将不违反第二十一条规定的誓约的书面誊本②；

---

① 如果章程中"关于解散的事项"的规定为，剩余财产归属于一个组织，该组织必须是一个特定非营利活动法人或者下列组织中的一种：（1）中央政府或者地方公共机构；（2）依据《日本民法典》第三十四条成立的法人（《日本民法典》第三十四条规定："有关祭司、宗教、慈善、学术、技艺及其他公益的社团或财团且不以营利为目的者，经主管官署许可，可以成为法人。"）；（3）《私立学校法》（1949 年第 270 号法律）第二十二条规定的学校法人；（4）《社会福利法》（1951 年第 45 号法律）第二十二条规定的社会福利法人；（5）《更生保护事业法》（1995 年第 86 号法律）第二条第六款规定的更生保护法人。

② 《特定非营利活动促进法》第二十条规定："下列人员不得担任特定非营利活动法人的负责人员：（一）禁治产人或者准禁治产人；（二）破产人，并且尚未复权的；（三）曾被判处徒刑或者更为严厉的刑事处罚，并且刑事处罚执行完毕或者停止执行之日起未满二年的；（四）曾因为违反本法、《暴力犯罪组织成员不当行为防止法》（但第三十一条第七款除外）、《刑法》（1907 年第 45 号法律）第二百零四条、第二百零六条、第二百零八条、第二百零八条之二条、第二百二十二条或者第二百四十七条，或者《暴力行为等行为处罚法》（1926 年第 60 号法律），而被判处罚金的刑事处罚，并且刑事处罚执行完毕或者停止执行之日起未满二年的；（五）曾任某个已经解散特定非营利活动法人的负责人员，该法人的设立认证被根据本法第四十三条被撤销，并且自设立认证被撤销之日起未满二年的。"对负责人员之间的亲属等关系的限制，《特定非营利活动促进法》第二十一条规定："负责人员中，与任何一个负责人员有配偶或者三亲等内的亲属关系者不得超过一人，并且一个负责人员及其配偶或者三亲等之内的亲属的人数不得超过负责人员总数的三分之一。"

（4）领取报酬的负责人员的名册；

（三）记载了十名以上社员的姓名（社员是法人的，指法人的名称和法定代表人的姓名）及其住所或者居所的书面文件；

（四）确认《特定非营利活动促进法》第二条第二款第二项和第十二条第一款第三项的规定被遵守的书面文件①；

（五）设立趣旨书；

（六）发起人名册（指每一个发起人的姓名和住所或者居所）；

（七）记载有设立特定非营利活动法人的意思表示的会议记录誊本；

（八）成立时的财产清单；

（九）设有事业年度的，关于成立后第一个事业年度的说明；

（十）成立后第一个年度和第二个年度的事业计划（规定了年度的，指第一个财务年度和第二个财务年度。下同）；

（十一）成立后第一个年度和第二个年度的收支预算报告。

认证申请提出后，政府主管机关应当立即将该申请以及提出申请的时间、申请中的特定非营利活动法人的名称、法定代表人姓名、主事务所所在地，以及章程中规定的目的予以公告。并在收到申请之日起二个月内，将以上章程、负责人员名册、设立趣旨书、成立后第一个年度和第二个年度的事业计划、成立后第一个年度和第二个年度的收支预算报告五个文件备置于指定地点，供公众查阅。

设立人提交根据以上规定准备的认证申请后，政府主管机关如果

---

① 《特定非营利活动促进法》第二条第二款第二项规定："事业活动符合以下各项条件的组织：1. 所从事的活动不以宣传宗教教义、举行宗教仪式或者教育和发展信徒为目的；所从事的活动不以推广、支持或者反对某一政治主张为目的；3. 所从事的活动不以推举、支持或者反对某一公职（指《公职人员选举法》（1950 年第 100 号法律）第三条规定的公职。以下相同）的某个候选人（包括将来的候选人）、某一个公职人员或者某个政党为目的。"第十二条第一款第三项规定："提出申请的特定非营利活动法人不是暴力犯罪组织（指《暴力犯罪组织成员不当行为防止法》（1991 年第 77 号法律）第二条第二款规定的暴力犯罪组织。下同），也不受暴力犯罪组织或者其成员（包括一个暴力犯罪组织下属组织的成员）的控制。"

认为设立人提出的认证申请符合下列条件，应当对其设立进行认证：

（一）设立程序、申请以及章程的内容符合法律法令的规定；

（二）提出申请的特定非营利活动法人是第二条第二款①规定的组织；

（三）提出申请的特定非营利活动法人不是暴力犯罪组织［指《暴力犯罪组织成员不当行为防止法》（1991 年第 77 号法律）第二条第二款规定的暴力犯罪组织。下同］，也不受暴力犯罪组织或者其成员（包括一个暴力犯罪组织下属组织的成员）的控制；

（四）申请中的特定非营利活动法人的社员有十人以上。

概而言之，特定非营利活动法人成立的主要条件可以包括为：①团体的主要目的是进行特定范围的非营利活动；②团体的存在不以营利为目的；③团体必须有 10 人以上会员；④对会员资格的获取不得加以任何条件；⑤理事会成员中从该团体获得工资报酬的人数不得超过总人数的 1/3；⑥团体不以宗教活动和政治活动为目的；⑦不以支持、推荐或反对任何政党候选人为目的；⑧团体不得与暴力犯罪组织或者其成员有任何联系。

政府主管机关根据《特定非营利活动促进法》规定作出的认证或者不认证的决定应当在第十条第二款规定的期限届满后二个月内作出，但是有正当理由的除外。如果政府主管机关根据第一款的规定作出不认证的决定的，政府主管机关应当立即书面通知提出申请的人，并说明不认证的理由。

三　日本基金会的变更（章程修改）和退出（解散）

关于章程的修改。特定非营利活动法人对章程进行修改，应当根据章程的规定由社员大会作出决议。决议的通过，应当有 1/2 以上的社员出席社员大会，其中 3/4 以上的社员同意，但是章程另有规定的除外。对章程的修改，未经政府主管机关认证的，不发生法律效力，但是仅限于不涉及变更

---

① 《特定非营利活动促进法》第二条第二款规定："特定非营利活动法人，是指以从事特定非营利活动为主要目的，符合下列各项条件，并且依据本法设立为法人的组织。"第十条第二款规定："前款规定的认证申请提出后，政府主管机关应当立即将该申请以及以下事项予以公告，并在收到申请之日起二个月内，将前款规定的第一项、第二项第一目、第五项、第十项以及第十一项规定的文件备置于指定地点，供公众查阅。"

政府主管机关的情形和关于次要事项的章程修改的除外。特定非营利活动法人要取得政府主管机关的认证，应当向政府主管机关提交申请书、通过修改章程决议的成员大会的会议记录誊本，以及经修改的章程。如果章程修改涉及变更政府主管机关，那么章程修改的认证申请，应当由变更前的政府主管机关向变更后的政府主管机关提出。

　　关于特定非营利活动法人的退出或解散。特定非营利活动法人有下列事由时解散：

　　（一）社员大会作出解散决议；

　　（二）章程规定的解散事由发生；

　　（三）作为目的事业的非营利活动不可能完成；

　　（四）没有社员；

　　（五）合并；

　　（六）破产；

　　（七）根据本法第四十三条的规定被撤销了设立认证。

　　有两种情况：第一，如果特定非营利活动法人是因为"作为目的事业的非营利活动不可能完成"的规定解散的，应当向政府主管机关提交说明"作为目的事业的非营利活动不可能完成"事由的文件，并在取得政府主管机关的批准后才生效；第二，如果因为上述（一）、（二）、（四）或者（六）规定的事由而解散的，清算人应当在解散后立即通知政府主管机关。

　　除合并和破产外，特定非营利活动法人解散后的剩余财产在将清算完成通知政府主管机关后归属章程中指定的人。章程中没有规定剩余财产的归属的，清算人可以在得到政府主管机关的批准后，把剩余财产转移给中央政府或者地方公共团体。没有依照上述规定处分的财产，应当归属国库。

第五章　中国基金会的准入规制

第一节　中国基金会准入规制及法律地位

一　中国基金会的法律制度框架

基金会的法律制度框架，是指与基金会相关的法律规范的体系性、系统性结构。其既包括基金会专门法律制度内部各要素的体系性构成及其各要素之间的系统关联，也包括有关基金会法律制度在整个法律制度系统内部的各要素（相关立法）的体系性构成。

从基金会专门法律制度内部各要素的体系性构成来看，虽然我国直到目前还没有一部关于基金会的专门法律，《基金会管理条例》还只是处于行政法规层次的法律规范，但是《基金会管理条例》在不断根据实际进行探索的基础上，基本上体现了关于基金会管理的一整套制度设计，保证了主要利益相关者和社会公众可以对其进行有效的问责和监督。

基金会的法律制度框架，包括基金会的法人登记、税收减免、资金运作、公益活动、运作成本、治理结构和监管体制等（王名、徐宇珊，2008）。

从基金会法律制度在整个法律制度系统内部的各要素（相关立法）的体系性构成来看，可以将我国大陆现有的各个规范基金会或与基金会相关的法令加以分析，框架如下。

（一）宪法

《中华人民共和国宪法》（以下简称《宪法》）是中华人民共和国的根

本大法，拥有最高法律效力。① 现行宪法第二章第三十三条②和第三十五条③中规范公民的平等权及公民的结社自由权。由于宪法是最高位阶的法令，依《宪法》第五条规定，"一切法律、行政法规和地方性法规都不得同宪法相抵触"，因此，宪法所规范的公民的平等权及公民的结社自由权，是法律和法规、命令必须加以尊重的原则。

（二）法律

法律指全国人民代表大会及其常委会制定的，在全国通用。由于中国大陆并无统一规范基金会的法律，因此与基金会有关的相关法规散布在各个领域的法律法规里，分述如下。

（1）民法。当基金会具有民法上的社会团体法人身份时，民法相关规定对于基金会组织就有所规范。

《中华人民共和国民法通则》④（简称《民法通则》）第三章第三节第五十条规定，"有独立经费的机关从成立之日起，具有法人资格。具备法人条件的事业单位、社会团体，依法不需要办理法人登记的，从成立之日起，具有法人资格。依法需要办理法人登记的，经核准登记，取得法人资格"。由此，确立了社会团体法人的民事法律地位。

（2）各种行政法。《中华人民共和国公益事业捐赠法》⑤于1999年6月颁布。这是我国对于公益募捐行为最早的法律规制，而且是我国到目前为止基金会相关法律法规中位阶最高的一部专门法律。该法对公益捐赠的财产性质、使用、管理等作了详细的规定，但并未涉及公益募捐准入规制，因

---

① 中华人民共和国成立后，曾于1954年9月20日、1975年1月17日、1978年3月5日和1982年12月4日通过四个宪法，现行宪法为1982年宪法，并历经1988年、1993年、1999年、2004年四次修订。

② 现行宪法第三十三条第二款规定："中华人民共和国公民在法律面前一律平等。"

③ 现行宪法第三十五条规定："中华人民共和国公民有言论、出版、集会、结社、游行、示威的自由。"

④ 《中华人民共和国民法通则》已由中华人民共和国第六届全国人民代表大会第四次会议于1986年4月12日通过，作为中华人民共和国主席令第三十七号予以公布，自1987年1月1日起施行。2009年8月27日，第十一届全国人民代表大会常务委员会第十次会议对《中华人民共和国民法通则》中明显不适应社会主义市场经济和社会发展要求的规定作出修改。

⑤ 《中华人民共和国公益事业捐赠法》已由中华人民共和国第九届全国人民代表大会常务委员会第十次会议于1999年6月28日通过，作为中华人民共和国主席令第十九号予以公布，自1999年9月1日起施行。

此公益募捐准入规制在我国尚无系统性的法律规定。该法第十条规定，"公益性社会团体和公益性非营利的事业单位可以依照本法接受捐赠"，指出"本法所称公益性社会团体是指依法成立的，以发展公益事业为宗旨的基金会、慈善组织等社会团体"。

《中华人民共和国信托法》[①] 于 2001 年 10 月实施。该法对信托和公益信托提出了基本的规范。该法第二条所称的信托，是指委托人基于对受托人的信任，将其财产权委托给受托人，由受托人按委托人的意愿以自己的名义，为受益人的利益或者特定目的，进行管理或者处分的行为。在本书的第三章讨论基金会的基本属性时，指出基金会具有基金信托性。如果我们把基金会获得捐赠的过程视为信托过程，则伴随基金会财产的形成，就会出现产权关系的变化，即受托人为依法成立的公益基金会，委托人即公益财产的捐赠人，受益人则为按捐赠人的意愿和基金会的公益宗旨所指定的弱势群体或不特定多数的社会公众（王名、徐宇珊，2008）。《中华人民共和国信托法》还在第六章第六十条对公益信托的定义和范围进行了规定，即为了公共利益目的之一而设立的信托，属于公益信托。该法指出的7 项公共利益目的为"（一）救济贫困；（二）救助灾民；（三）扶助残疾人；（四）发展教育、科技、文化、艺术、体育事业；（五）发展医疗卫生事业；（六）发展环境保护事业，维护生态环境；（七）发展其他社会公益事业"。

《中华人民共和国企业所得税法》[②] 于 2008 年 1 月 1 日起施行。这项法律统一了内外资企业所得税的税率，同时在关乎基金会发展的公益优惠税制上做出了两项重要的制度安排，即大幅度提高企业公益捐赠的税前扣除比例，同时实行对非营利组织收入的有条件免税政策。企业用于公益事业的捐赠是基金会的主要资金来源。该法第九条规定，"企业发生的公益性捐赠支出，在年度利润总额 12% 以内的部分，准予在计算应纳税所得额时扣

---

① 《中华人民共和国信托法》已由中华人民共和国第九届全国人民代表大会常务委员会第二十一次会议于 2001 年 4 月 28 日通过，根据中华人民共和国主席令第五十号予以公布，自 2001 年 10 月 1 日起施行。

② 《中华人民共和国企业所得税法》已由中华人民共和国第十届全国人民代表大会第五次会议于 2007 年 3 月 16 日通过，根据中华人民共和国主席令第六十三号予以公布，自 2008 年 1 月 1 日起施行。

除"，这个扣税比例较 1994 年的 3% 规定①提高了 9 个百分点，也高于许多发达国家的优惠幅度。基金会在开展公益活动的同时需要开展必要的资金运作以实现公益财产的保值增值，因而会发生一定的收入。该法在第二十六条第四项中明确规定，"符合条件的非营利组织收入为免税收入"，首次确立了对基金会等非营利组织收入实行有条件免税的政策。

（3）刑法。当基金会组织和当事人的活动涉及违反刑法规范，如发生《基金会管理条例》第四十三条所规定的"基金会理事、监事以及专职工作人员私分、侵占、挪用基金会财产"的事件时，"应当退还非法占用的财产；构成犯罪的，依法追究刑事责任"。《中华人民共和国刑法》② 第二百七十一条设有职务侵占罪，对于构成职务侵占罪的，依法追究刑事责任，"公司、企业或者其他单位的人员，利用职务上的便利，将本单位财物非法占为己有，数额较大的，处五年以下有期徒刑或者拘役；数额巨大的，处五年以上有期徒刑，可以并处没收财产"。第三百八十四条设有挪用公款罪，对于构成挪用公款罪的，依法追究刑事责任，"国家工作人员利用职务上的便利，挪用公款归个人使用，进行非法活动的，或者挪用公款数额较大、进行营利活动的，或者挪用公款数额较大、超过三个月未还的，是挪用公款罪，处五年以下有期徒刑或者拘役；情节严重的，处五年以上有期徒刑；挪用公款数额巨大不退还的，处十年以上有期徒刑或者无期徒刑；挪用用于救灾、抢险、防汛、优抚、扶贫、移民、救济款物归个人使用的，从重处罚"。

（三）行政命令

（1）行政法规。行政法规是由国务院制定的行政命令。《基金会管理办法》③ 于 1988 年 9 月由国务院颁布。该办法对基金会的审批登记、监督管

---

① 在 1994 年 1 月 1 日起施行的《中华人民共和国企业所得税暂行条例》第六条中规定，"纳税人用于公益、救济性的捐赠，在年度应纳税所得额 3% 以内的部分，准予扣除"。该法在 2008 年 1 月 1 日施行《中华人民共和国企业所得税法》当日废止。

② 《中华人民共和国刑法》于 1979 年 7 月 1 日第五届全国人民代表大会第二次会议通过，1997 年 3 月 14 日第八届全国人民代表大会第五次会议对其进行了一次修订。中华人民共和国刑法修正案（八）于 2011 年 2 月 25 日第十一届全国人民代表大会常务委员会第十九次会议通过，并于 2011 年 5 月 1 日起施行。

③ 《基金会管理办法》于 1988 年 9 月 9 日国务院第 21 次常务会议通过，1988 年 9 月 27 日中华人民共和国国务院令第 18 号发布。由于《基金会管理条例》自 2004 年 6 月 1 日起施行，《基金会管理办法》现已废止。

理以及基金会的活动作出较为详细的规定，并初步明确了基金会登记管理上的所谓三重管理架构：归口管理部门申报、中国人民银行审查和民政部门登记。这项法规的主要作用是提出了基金会管理法制化，将作为新生事物的基金会纳入政府行政管制的轨道。因此，《基金会管理办法》是一部行政管制法而非民事主体特别法。

《社会团体登记管理条例》①于1989年由国务院颁布。该条例根据1986年《民法通则》法人制度的建立，规定基金会为社会团体，和其他社会团体一样，实行登记管理机关和业务主管部门共同负责的"双重管理"体制。第九条规定，申请成立社会团体，应当经过有关业务主管部门审查同意后，由发起人向登记管理机关申请筹备。第八条规定，有关业务主管部门和登记管理机关应当对经核准登记的社会团体负责日常管理。为加强和规范管理，中国人民银行成立了基金会管理局负责对基金会的审查。1998年，国务院颁布了新的《社会团体登记管理条例》②，规定社会团体应当具备法人资格，应当经业务主管单位审查同意，并进行登记。除了沿用前两个行政法规的登记制度和"双重管理"体制以外，又另外设立了筹备审批程序：申请成立社会团体应当经其业务主管单位审查同意，由发起人向登记管理机关申请筹备，登记管理机关可以依法作出批准或者不批准筹备的决定。到1999年，国务院批准中国人民银行不再管理非金融机构③。

《基金会管理条例》④于2004年3月由国务院颁布。由于受限于《民法通则》的法人分类，在"双重管理"体制和法人定位及其治理模式上尚未获得突破。

（2）地方性法规。地方性法规是由省、自治区、直辖市及较大的市的人民代表大会和常委会制定的行政命令或行政机关发布的行政规则，地方

---

① 《社会团体登记管理条例》于1989年10月13日国务院第49次常务会议通过，10月25日国务院总理李鹏签署国务院令颁布，共6章32条，规定基金会为社会团体。该条例因国务院颁布新的社会团体条例而于1998年10月25日废止。

② 新的《社会团体登记管理条例》于1998年9月25日国务院第8次常务会议通过，作为国务院令第250号予以发布，自1998年10月25日发布之日起施行。1989年10月25日国务院发布的《社会团体登记管理条例》同时废止。

③ 1999年9月17日，发布《中国人民银行、民政部关于做好社团基金会监管职责交接工作的通知》（银发〔1999〕325号）。

④ 《基金会管理条例》于2004年2月11日国务院第39次常务会议通过，国务院令第400号予以公布，自2004年6月1日起施行。

性法规只适用于当地。针对公益募捐中存在的混乱现象，一些地方立法积极寻求解决途径，对构建符合我国国情的公益募捐准入规制进行了有益的探索，比如《江苏省慈善事业促进条例》《湖南省募捐条例》《宁波市慈善事业促进条例》《广州市募捐条例》等。但不同的地方立法在相关制度构建上存在差异，理论界也有不少争议。

（四）规章

（1）地方性规章。地方性规章是由省、自治区、直辖市及较大的市的人民政府制定的，只适用于当地，比如《深圳市国家公务员管理办法》《天津市社会团体登记管理规定》。

（2）部门规章。部门规章是由国务院各部门制定的，如为与国务院于2004年3月颁布的《基金会管理条例》配套实施，相继出台了由民政部制定颁布的《基金会名称管理规定》《基金会信息公布办法》《基金会年度检查办法》。

（五）规范性文件

规范性文件是各级机关、团体、组织制发的各类文件中最主要的一类，如由北京市民政局制定并公布的《北京市社会组织重大事项报告的若干规定》等。

二　中国基金会准入规制的变迁

变迁是指事物的变化转移。此处的准入规制的变迁是指中国的基金会准入规制的变化转移，特别是准入规制的结构、内容发生变化的动态过程及其结果。

准入规制的变迁是伴随着中国基金会相关立法的动态过程而逐步变化转移的，在这个过程中，有关基金会的法律制度及其准入规制从无到有，从最初的简单粗陋到现在的相对完整，再到逐步走向完善。大体说来，到目前为止，中国基金会有关准入规制的变迁过程主要经历了三个阶段。

（一）第一阶段（1978～1988年）：从依托社团到依托法制

从1949年中华人民共和国成立到1979年前后的大约30年间，我国的基金会事业可以说是处于空白状态，既没有社会事实层面的基金会实体，更没有作为上层建筑的规范基金会的法律法规。其根本原因是，计划经济体制和与其相应的包揽一切社会事务的全能政府的存在使这一时期的中国没有基金会存在的条件。

1978 年十一届三中全会拉开了全面改革的序幕，从此中国开始了从计划经济向市场经济、从传统向现代化的社会转型，相继进行的经济体制与政治体制改革促使政府职能发生改变，促使国家与市场、国家与社会、社会与个人的关系也都发生改变，各类社会组织的功能需要重新分化和定位，加之对外开放也促使人们解放了思想、开阔了眼界、引进了资金，为基金会的产生和发展创造了空间。1981 年 7 月，中国成立了第一个基金会——中国儿童少年基金会①。1982 年 5 月，在邓小平的倡导下成立了宋庆龄基金会②。1982 年，联合国大会通过了《关于残疾人的世界行动纲领》，1983 年，联合国大会又宣布 1983 ~ 1993 年为"联合国残疾人十年"。这一国际环境促使我国必须建立自己的新型残疾人组织。1984 年 3 月 15 日，中国残疾人福利基金会③应运而生。其后陆续出现一些称为基金会或基金管理的组织。这一时期基金会和被称为基金会的组织名目繁多、五花八门，且问题多多，主要是很多由政府拨款建立的基金会将政府拨付的救灾扶贫款变成了群众集体所有并用来投资办实体进行营利；而很多由会员出资建立的基

---

① 中国儿童少年基金会，简称中国儿基会，是由中华全国妇女联合会、中华全国总工会、共青团中央等 17 个全国性社团和单位共同发起，于 1981 年 7 月 28 日经中央书记处第 100 次会议批准设立的，是我国第一家公益基金会。其业务主管单位是中华全国妇女联合会，登记管理机关是民政部。

② 据《宋庆龄基金会历史沿革》（参见宋庆龄基金会官网，http://www.sclf.org）一文介绍，宋庆龄基金会是先宣布成立，后进行筹建的。1982 年 5 月 29 日，时任五届人大常委会副委员长、全国侨联名誉主席的廖承志，在人民大会堂宴请应邀参加宋庆龄逝世一周年纪念活动的宋庆龄的国外亲朋时宣布："今天在北京正式成立纪念宋庆龄国家名誉主席儿童科学公园基金会。"邓小平任名誉主席，康克清任主席。基金会办公地点设在宋庆龄北京故居。在章程草案上报中央书记处时，经习仲勋、胡启立等批准，名称改为"纪念宋庆龄国家名誉主席基金会"。1982 年 12 月 11 日中共中央办公厅"厅发〔1982〕55 号"通知："经中央书记处批准，纪念宋庆龄国家名誉主席基金会已经成立。邓小平任名誉主席，廖承志任顾问，康克清任主席，汪志敏任秘书长。基金会同宋庆龄故居合署办公。"1987 年 2 月对纪念宋庆龄国家名誉主席基金会的名称进行了修改并正式报请中央书记处审定同意，1987 年 3 月名称改为"宋庆龄基金会"。

③ 中国残疾人福利基金会是由李维汉、胡子昂、季方、华罗庚、赵朴初、黄鼎臣、吴作人、张邦英、黄家驷、吴阶平等社会知名人士积极倡议，经国务院批准，于 1984 年 3 月 15 日在北京成立的全国性公益组织，是独立的社团法人。理事会由社会各界 110 余位人士组成，并聘请 20 余位党和国家领导人为名誉理事。刘华清担任名誉理事长，邓朴方担任理事长（参见 http://baike.baidu.com/view/219793.htm）。

金会则主要是为会员搞社会保险，具有互益性，并不具有公益性。为此，国务院在 1986 年 12 月和 1987 年 7 月召开的两次常务会议上讨论基金会的问题，认为当时的基金会过多过滥，有必要对各类基金会和名曰基金会的组织进行清理、整顿。正是为了冷却这一时期的处于混乱状态的"基金会热"，规范基金会并使其健康发展，使基金会的设立和管理工作纳入法制化的轨道，1988 年 9 月国务院首次出台了关于基金会的行政法规——《基金会管理办法》。1989 年 9 月，经过对基金会的不完全统计，全国已经建立各种相对规范的基金会 214 个，其中全国性的基金会有 33 个，地方性的基金会有 181 个（许光，2007）。

从上面基金会成立的情况看，在 1988 年《基金会管理办法》颁布以前，基金会的成立尚无法律规范可循，也当然没有为准入规制所规范。从大约 1978 年开始至 1988 年这十年间，基金会准入规制分为前后两个阶段，在《基金会管理办法》颁布前的阶段，有这样的特点。一是基金会的设立动议依赖行政（党务），甚至依赖行政（党）领导人意志，如宋庆龄基金会是由邓小平倡议成立并亲任名誉主席。二是基金会的批准机构——中共中央书记处①依赖党政不分的混合体制。这个特点反映了改革开放初党政不分、政企不分的社会结构特征。三是基金会设立的组织系统依托社团。在法律上，基金会是作为社会团体而存在的。在 1988 年《基金会管理办法》颁布之前，唯一依赖的相关法规是 1986 年的《中华人民共和国民法通则》。该通则规定，基金会是社会团体，它和其他社会团体一样，实行登记管理

---

① 党的第十五次全国代表大会通过的《中国共产党章程》规定，中央书记处是中央政治局及其常务委员会的办事机构。它的成员由中央政治局常务委员会提名，中央委员会全体会议通过。在中国共产党的历史上，从 1934 年 1 月党的六届五中全会开始设立中央书记处。1943 年 3 月 20 日，中共中央在政治局会议上明确提出，中央书记处是根据政治局所决定的方针处理日常工作的办事机关，它在组织上服从政治局，但在政治局的方针下有权处理和决定一切日常性质的问题。此后，党的第七、第八次全国代表大会通过的党章均有设立中央书记处的条款，规定中央书记处在中央政治局决议之下，在中央政治局及其常务委员会领导之下，由中央委员会全体会议选举产生，处理中央日常工作。党的第九、第十、第十一次全国代表大会曾取消了中央书记处。1980 年 2 月，党的十一届五中全会决定恢复中央书记处。会议公报指出："全会经过充分的讨论，决定恢复党的第八次全国代表大会所决定并在十年间证明是必要和有效的制度，设立中央书记处作为中央政治局和它的常务委员会领导下的常设机构。"党的十二大通过的党章对书记处职权的规定与八大相同。十三大通过的《中国共产党章程部分条文修正案》，把中央书记处改成中央政治局及其常务委员会的办事机构。以后，党章沿用了这一规定。

机关和业务主管部门共同负责的"双重管理"体制。于是，就出现了这样的状况：绝大部分基金会是按照社会团体来进行登记成立的，而若干基金会虽然也作为社会团体而存在，但实际上被纳入准机关或者准事业单位范畴，并被排除在国务院法规调整范围之外。[①]

在《基金会管理办法》颁布后的阶段，形成了这样的特点：对基金会的准入规制中的核心部分即审批登记，初步确立了三重管理架构。为了加强和规范基金会的设立管理，中国人民银行成立了基金会管理局负责对基金会的审查，这样的制度设计实际上把基金会视为非银行金融机构或准金融机构。

（二）第二阶段（1988年9月～2004年3月）：从行政管理到法人治理

从1988年《基金会管理办法》出台到1998年国务院颁布了新的《社会团体登记管理条例》，这十年间，基金会领域整体上处于缓慢发展和规范发展的状态。截至2004年《基金会管理条例》实施前，经各级民政部门登

---

① 如果按照我国《民法通则》规定的法人组织分类，法人分为企业法人、机关法人、事业单位法人和社会团体法人。显然，这里的社会团体法人的范畴要大于《社会团体登记管理条例》中社会团体的范围。因为《社会团体登记管理条例》所调整的对象只是广义上社会团体的一部分，有三类组织被排除在国务院法规调整范围之外，一是参加中国人民政治协商会议的人民团体；二是由国务院机构编制管理机关核定，并经国务院批准免于登记的团体；三是机关、团体、企业事业单位内部经本单位批准成立并在本单位内部活动的团体。《民政部关于对部分团体免予社团登记有关问题的通知》（民发〔2000〕256号）又规定，部分社团不登记和可以免予登记：一、参加中国人民政治协商会议的人民团体，即中华全国总工会、中国共产主义青年团、中华全国妇女联合会、中国科学技术协会、中华全国归国华侨联合会、中华全国台湾同胞联谊会、中华全国青年联合会、中华全国工商业联合会，不进行社团登记；二、经国务院批准可以免予登记的社会团体有中国文学艺术界联合会、中国作家协会、中华全国新闻工作者协会、中国人民对外友好协会、中国人民外交学会、中国国际贸易促进会、中国残疾人联合会、宋庆龄基金会、中国法学会、中国红十字总会、中国职工思想政治工作研究会、欧美同学会、黄埔军校同学会、中华职业教育社。《民政部关于对部分社团免予社团登记的通知》（民发〔2000〕257号）规定，部分社团可以免予社团登记：一、中国文联所属的11个文艺家协会，即中国戏曲家协会、中国电影家协会、中国音乐家协会、中国美术家协会、中国曲艺家协会、中国舞蹈家协会、中国民间文艺家协会、中国摄影家协会、中国书法家协会、中国杂技家协会、中国电视家协会，可以免予社团登记；二、省、自治区、直辖市文联、作协，可以免予社团登记。由此可见，这些不登记和免登记的组织，虽然性质上属于社会团体，但实际上已经将其纳入准机关或者准事业单位范畴，不属于《社会团体登记管理条例》调整的范围，当然社会团体管理体制及其管理内容和措施对其也不适用（天津市民政局，2013）。

记的基金会近 1200 家，其中在民政部登记的基金会共有 83 家。这些基金会的活动涉及公益事业的许多领域，其中慈善类约占 31.68%，教育类约占 19.14%，文化艺术类约占 18.27%，科技类约占 10.10%，其他类型约占 20.50%。

这一时期，虽然还没有直接关于基金会的法律法规，但涉及基金会、关于社会团体的行政法规相继出台，法制建设逐步推进。1999 年 6 月颁布的《中华人民共和国公益事业捐赠法》确定了基金会的公益事业宗旨；[①] 2001 年 10 月实施的《中华人民共和国信托法》通过定义和范围规定了基金会的基本属性之一就是公益信托[②]性；1989 年 10 月由国务院颁布的《社会团体登记管理条例》规定了基金会为社会团体，和其他社会团体一样，实行登记管理机关和业务主管部门共同负责的"双重管理"体制；[③] 1998 年国务院颁布了新的《社会团体登记管理条例》，除了沿用前两个行政法规的登记制度和"双重管理"体制以外，增设了筹备审批程序，规定社会团体应当具备法人资格，应当经业务主管单位审查同意，并进行登记。[④]

这一阶段，最大的变化是法制化的大幅度推进，即对基金会的法制化管理从行政管理到法人治理，标志性事件是 2004 年 3 月国务院颁布了《基金会管理条例》。《基金会管理条例》与原有法律法规相比，在制度设计上有诸多创新，尤其是在基金会的治理结构及相应的准入规制方面向前迈进了一步。

（1）明确基金会及其财产的公益性质并要求基金会必须遵循公开透明原则。《基金会管理条例》明确规定基金会为公益性质的非营利性法人；基

---

① 《中华人民共和国公益事业捐赠法》第二章第十条第二款规定，"本法所称公益性社会团体是指依法成立的，以发展公益事业为宗旨的基金会、慈善组织等社会团体"。
② 《中华人民共和国信托法》还在第六章第六十条对"公益信托"的定义和范围进行了规定，即为了公共利益目的之一而设立的信托，属于公益信托。该法指出的 7 项公共利益目的为"（一）救济贫困；（二）救助灾民；（三）扶助残疾人；（四）发展教育、科技、文化、艺术、体育事业；（五）发展医疗卫生事业；（六）发展环境保护事业，维护生态环境；（七）发展其他社会公益事业"。
③ 1989 年颁布的《社会团体登记管理条例》第九条规定，"申请成立社会团体，应当经过有关业务主管部门审查同意后，向登记管理机关申请登记"。
④ 1998 年国务院颁布的新的《社会团体登记管理条例》第三条规定，"成立社会团体，应当经其业务主管单位审查同意，并依照本条例的规定进行登记。社会团体应当具备法人条件"。

金会的财产是基于捐赠、从事公益事业的财产；法律保护基金会及其捐赠人、受益人的合法权益；基金会不得使特定自然人、法人或者其他组织从中受益等。为确保基金会及其财产的公益性质，《基金会管理条例》规定基金会必须依照章程从事公益活动，应遵循公开透明的原则。

（2）首次把基金会划分为公募基金会和非公募基金会两大类别，即可以面向公众募捐的公募基金会和不得面向公众募捐的非公募基金会。从准入规制上对不同类别基金会的设立规定了不同的准入标准。

（3）明确基金会的法人治理结构。《基金会管理条例》明确了基金会的理事会制度，规定了基金会的组成、性质和议事决策程序；增加了监事的设置和职能；为了发挥实质性的决策职能，明确将理事会的人数限制在 5 ～ 25 人。

（4）与突出基金会的法人治理结构相一致，强调基金会的独立性与公信力。基金会作为独立的民事主体需要自治与独立，但基金会作为公益组织，在享受优惠政策并集聚公益资源的同时承担公益责任，须严格问责。《基金会管理条例》明确了基金会作为法人主体的独立性，同时通过相关制度安排强调了基金会公信力的重要性。

以上各项构建了一个具有中国本土特征的基金会治理的新的制度框架。不过，《基金会管理条例》对于制约中国基金会设立和良性发展的双重管理体制和基金会的法人定位及其治理模式尚未形成根本的突破（王名、徐宇珊，2008）。

（三）第三阶段（2004 年 3 月～2013 年 4 月）：从"双重管理"到直接登记

如果以有关基金会的法律法规颁布时间或事件为节点，该阶段即从2004 年 3 月国务院颁布《基金会管理条例》到 2013 年 4 月北京市区两级民政部门全面接受四大类社会组织的直接登记申请。

如前所述，我国法律对基金会的调整，始于 1988 年出台的《基金会管理办法》，成形于 2004 年颁布的《基金会管理条例》，两项立法虽有差异，但行政管控的特点一脉相承，奠定了三重管理、双重管理的基调。《基金会管理办法》对基金会的行政管控表现为三重管理体制，即基金会的设立不仅需要业务主管部门的承诺，还须中国人民银行审查批准，最后再经由民政部门许可。[①] 一方面，三重管理的基金会准入门槛，表明我国政府对基金会准入的谨慎态度，事实上极大地抑制了基金会的发展。1986 年，各地利用救灾扶贫建立的基金会尚有 6000 多个，而 1988 年《基金会管理办法》出台后至 2004 年《基金会管理条例》出台前的 16 年间，全国登记注册的基金会仅有 1200 余个，1999 年登记注册的基金会数量甚至为零（葛道顺等，2009）。另一方面，以管控为理念的《基金会管理办法》为基金会设置的高准入门槛与烦琐的设立程序，造成了民间"非法组织"的大量存在。2004 年颁布的《基金会管理条例》虽在规范准入规制和法人治理制度上向前迈出一大步，但对强制性制度变迁的路径依赖，仍未摆脱原有的以防弊为主的规制思路。在准入规制上依旧保持"分级登记、双重管理"的政府控制立场，即设立基金会须先得到业务主管机关颁发的同意许可，再经登记管理机关审查方可注册（李晓倩、蔡立东，2013）。[②] 按照《基金会管理条例》的准入规定，民间存在着的大量社会组织处于非法状态，而要合法化，须先找到所在行业领域的行政职能部门，作为业务主管单位；得到业务主管单位审批，才能到民政部门去登记注册。而如果找不到业务主管单位，这些草根社会组织就无法获得合法身份，难以获得政府购买服务和生存、发展的机会，这也构成了基金会组织发展的最大的制度障碍。

即使如此，值得肯定的是，《基金会管理条例》的颁布仍在相当程度上推动了基金会的发展，为促进社会和谐等方面发挥了积极作用。

[①] 《基金会管理办法》第十一条："建立基金会，由其归口管理的部门报经人民银行审查批准，民政部门登记注册发给许可证，具有法人资格后，方可进行业务活动。全国性的基金会，报中国人民银行审查批准，向民政部申请登记注册，并向国务院备案。地方性的基金会，报中国人民银行的省、自治区、直辖市分行审查批准，向省、自治区、直辖市人民政府的民政部门申请登记注册，并向省、自治区、直辖市人民政府备案。"

[②] 《基金会管理条例》第二章第九条规定："申请设立基金会，申请人应当向登记管理机关提交下列文件：（一）申请书；（二）章程草案；（三）验资证明和住所证明；（四）理事名单、身份证明以及拟任理事长、副理事长、秘书长简历；（五）业务主管单位同意设立的文件。"第二章第六条规定，"国务院民政部门和省、自治区、直辖市人民政府民政部门是基金会的登记管理机关"；"省、自治区、直辖市人民政府民政部门负责本行政区域内地方性公募基金会和不属于前款规定情况的非公募基金会的登记管理工作"。第二章第七条规定："国务院有关部门或者国务院授权的组织，是国务院民政部门登记的基金会、境外基金会代表机构的业务主管单位。省、自治区、直辖市人民政府有关部门或者省、自治区、直辖市人民政府授权的组织，是省、自治区、直辖市人民政府民政部门登记的基金会的业务主管单位。"

（1）基金会，特别是非公募基金会发展迅猛。截至 2007 年底，北京、甘肃、福建、天津、江苏、海南等省份的非公募基金会数量已经超过公募基金会数量。这些非公募基金会，绝大多数由企业或企业家发起并出资设立。从非公募基金会的宗旨和业务范围看，绝大多数关注贫困问题、从事扶弱济困的慈善事业。

（2）基金会法人治理结构逐步得到确立和完善。章程的基础地位增强，基金会的行政色彩淡化。

（3）基金会运作依托公益项目制，逐渐形成特色和品牌，如中国妇女发展基金会的"母亲水窖"工程等。

（4）基金会实力明显增强，社会贡献显著提高。

2013 年 4 月 1 日起，北京市区两级民政部门全面接受四大类社会组织的直接登记申请。其中，四大类社会组织包括行业协会商会类、科技类、公益慈善类、城乡社区服务类。接受上述四类社会组织的直接登记申请，也就是说，无须寻找业务主管部门获得前置审批，即可直接向所在区县民政部门或市社团办提交资料申请登记注册。事实上，各地在推进直接登记方面，已经先行做了许多有益的实践。截至 2012 年底，广东、北京、安徽等 19 个省份都已经开展或试行了社会组织直接登记，其他省份也在现有的政策法规框架内做着积极调整。到本书行至的 2014 年 1 月，民政部仍按照国务院的统一部署，配合国务院相关部门抓紧修订《社会团体登记管理条例》《基金会管理条例》《民办非企业单位登记管理暂行条例》，并完善相关配套措施。社会组织管理制度改革首次被纳入《国务院机构改革和职能转变方案》。该方案明确规定，"行业协会商会类、科技类、公益慈善类、城乡社区服务类等 4 类社会组织可直接登记"，这被视为具有社会组织发展里程碑式的意义。可以预见，随着上述法规及相关配套措施的修订、出台，以及有关直接登记的实践展开，基金会的准入规制变迁进入到了全新的时代。①

第二节　中国基金会法人制度（法律地位）

一　中国基金会法人制度现状

新中国成立后首次对法人的系统性立法，是 1987 年实施的《中华人民

---

① 参见京华时报，2013。

共和国民法通则》第三章关于法人的规定。①《民法通则》第三章第二节、第三节以企业法人和非企业法人作为法人类型划分的基础，对具体的法人类型作了规定。根据《民法通则》规定的法人组织分类，非企业法人包括机关法人、事业单位法人和社会团体法人。对于非企业法人，《民法通则》也只是规定了其取得法人资格的程序条件，对于其性质、形式并未作统一规定，同时，并未采用大陆法系中大多获得共识的财团法人的概念，也没有直接将基金会纳入财团法人的概念之中。而基金会是经过逻辑推论被纳入社会团体法人的概念中的，在 1988 年 9 月颁布的《基金会管理办法》中进一步明确了这种归类逻辑。根据《基金会管理办法》第二条，基金会是指"对国内外社会团体和其他组织以及个人自愿捐赠资金进行管理的民间非营利性组织，是社会团体法人"。也就是说，在中国，基金会是社会团体法人的一种特殊形式。这种社会团体法人的特点是民间性、非营利性和公益性，这些特点决定了基金会的本质，而这也揭示了基金会作为非营利性组织的本质特性。

我国的法律制度属于大陆法系，② 按照大陆法系规范，基金会应归属于私法财团法人，因为《基金会管理办法》和《基金会管理条例》中对基金会的定义③符合大陆法系关于"目的性财产"的两个核心特征，一是目的以非营利、公益为主；二是法人的财产来自于捐助人的捐赠。但是我国的法律并没有采用这种分类，而是把具有"目的性财产"特征的法人定义为社会团体法人和非营利性法人。基金会被划为社会团体法人范畴。这种定义从 1988 年开始经 2004 年一直延续至今。如此分类在法律依据上主要是源于《民法通则》上法人分类的规定。如前面所指出的《民法通则》规定了法人制度，但是并没有采纳传统的大陆法系的民法理论，而是先将法人分为企业法人和非企业法人，然后又将非企业法人划分为政府机关法人、事业单

---

① 《中华人民共和国民法通则》第三十六条："法人是具有民事权利能力和民事行为能力，依法独立享有民事权利和承担民事义务的组织。"

② 参见本书第三章第一节"中国的基金会定义"部分。

③ 《基金会管理办法》第二条："本办法所称的基金会，是指对国内外社会团体和其他组织以及个人自愿捐赠资金进行管理的民间非营利性组织，是社会团体法人。基金会的活动宗旨是通过资金资助推进科学研究、文化教育、社会福利和其他公益事业的发展。"《基金会管理条例》第二条："本条例所称基金会，是指利用自然人、法人或者其他组织捐赠的财产，以从事公益事业为目的，按照本条例的规定成立的非营利性法人。"

位法人和社会团体法人。出现如此分类，一方面是因为《民法通则》在制定时，我国的民事法律理论还处在刚刚起步阶段，对社团法人和财团法人的划分尚难以得到人们的理解和支持，[①] 只能选择人们易于接受的概念；另一方面是因为当时我国的基金会制度也刚刚起步，根据当时政府设立基金会的目的来看，主要是希望基金会能够成为体制内的人民团体，因此对于基金会的性质也主要定位在事业单位和人民团体之间。然而将带有明显的财团性质的基金会归为主要是社团性质的社会团体是巨大的失误（韦祎，2010）。

当然，这种分类和定义是与中国基金会存在的类型混乱、复杂有关。我国的基金会并不能都为大陆法系的私法财团所涵盖。因为，在我国，基金会的存在有其本土的复杂性和特殊性，既有官办的，又有民间办的或非官办的，也有半官半民的。[②] 如国家自然科学基金会（NSFC）[③] 就是完全由政府创办的，经费由国家直接拨款，编制和任务由国务院制定，领导机构由科技部任命，主任由国务院任命，且不受《基金会管理条例》和《社会团体登记管理条例》约束。因此这类基金会属于典型的公法人，不是私法范畴的财团法人。

中国的基金会既然本应属于大陆法系的财团法人，那么为什么不被干脆采用为财团法人，而是被采用为社会团体法人或非营利性法人呢？

有学者认为主要原因在于，在制定《民法通则》的法人定义时，立法者和学界在法人理论和实践方面准备都不充分，并未充分发掘其深刻的理论内涵和规范功能。[④]

有学者指出这种分类乱局与中国法学界和立法者对法人概念的抽象程度偏低、不科学有关（王雪琴，2013）。大陆法系对法人的分类抽象程度很

[①] 梁慧星在立法理由中说："鉴于我国立法未采用社团与财团的概念，已被广泛使用的社会团体概念，与传统民法所谓社团概念并不相同……而财团概念也难为一般人所理解。"（梁慧星，2003）

[②] 也有学者根据基金会与官方的具体关系，把我国的民间基金会分为三种类型：官办民助型基金会、民办官助型基金会、纯民办基金会（参见孟令君，2008）。

[③] 国家自然科学基金会（NSFC）是国务院设立的专门管理国家自然科学基金的副部级单位，其下设行政管理局和科学部、局、处等行政编制。其明显属于公法人，本书不将它作为财团法人讨论。

[④] 徐振增把我国《民法通则》中的法人定义所采用的理论概括为"组织体说"，即"法人之所以能取得法律人格，在于其是适宜为权利义务主体的组织"（徐振增，2006）。

高，也很科学。其立法对法人的分类以《德国民法典》为范式，保持了高度的一致性（马俊驹，2004）。它首先是把法人在性质上分为公法人和私法人，再把私法人划分为社团法人和财团法人，进而把社团法人划分为营利法人和非营利法人。对于非营利法人中的合作社、商会、行业协会、工会、以各种形式成立的团体（如联盟、俱乐部、同乡会、研究会、学会）以及部分采取会员制的证券交易所、期货交易所等，只要获得了法人地位，一般称之为互益法人，即为了大家共同利益而成立的法人。而按照我国法律对"社会团体法人"的界定，私法人和公法人是打乱穿插的，既包含有公法人（政治团体），也包含大量的私法人；在私法人的范畴里，既包含有社团法人（互益法人），也包含有财团法人（基金会法人、慈善法人）。这样的立法是不科学的。不同类型的法人，国家应有不同的立法态度。比如私法人和公法人在法人设立的原则、适用法律规则以及具体的权利义务上都存在很大的区别，而同样作为私法人的非营利法人也存在区别：互益法人为社团法人，基金会法人、慈善法人为财团法人。我国法律笼统地将互益法人、基金会法人和慈善法人以"社会团体法人"之概念规制，不仅不科学，也不利于它们各自的发展。民法典作为民事基本法的范式，其抽象出来的概念就是人类社会生产生活本身，大陆法系做到了这一点，最典型的如从各种各样人中抽象出"自然人"概念，所以大陆法系的民法典历经几百年仍为广大民众和当权者所接受。我们国家的民法典也应该对现阶段已经出现的繁复的社会存在进行更高的归纳和抽象并制定出基本普适的规则。有人认为，社团法人和财团法人的分类是目前为止比较被中国人接受的。但就基金会法人、慈善法人而言，以"捐助法人"[①] 的抽象概念表示更为贴切（王雪琴，2013）。

　　更深层的原因是，虽然我国基金会法人或慈善法人被界定在私法人层面，但具有强烈的公法人倾向。主要是因为，相比其他国家，我国基金会法人、慈善法人具有这样一些特点。①设立的主要法律依据是公法之行政法规，即《社会团体登记管理条例》《基金会管理条例》。②设立原则为行政许可主义，较之于公司法人的准则主义，国家要求更高，管控更严。

[①]　梁慧星在《中国民法典草案建议稿》中，没有使用"财团法人"，而是称之为"捐助法人"（第七十五条第一款），其含义与财团法人的具体规定大致相当。

③相当部分基金会法人由政府直接创设。由于是"双重管理"模式，各种基金会必然与官方（政府）有着千丝万缕的联系，有的简直就是亲密无间。基金会法人有官办型（如国家自然科学基金会）、半官半民型（官办民助型，如宋庆龄基金会；民办官助型，如中华环境保护基金会），还有民间型（如吴作人国际美术基金会）。④多数半官方基金会的法定代表人为国家机关现职或退休高官，法定代表人以外的专职人员是事业编制或公务员编制，工资来源于政府预算，且享有一定的行政级别。⑤由于设立了由业务主管部门和民政部门构成的双重监管体系，使基金会的设立、运营、解散，政府都有权直接干涉（王雪琴，2010）。

一方面，由于没有采用财团法人的概念，这使现实生活中具有财团法人制度功能的基金会不能很好发挥财团法人的制度效用；同时又因基金会等财团法人形态被归入社会团体法人范畴，结果带来了理论上的混乱。另一方面，基金会的财团法人性质是一种客观存在，并不因为某种法律未给予确认便失去它的这一性质。按照大陆法系学者的认识，财团法人只是财产的组合，虽然它没有组织成员，但同样可以成为主体，可以享有权利并独立对外承担责任，这是财产性人格的重要体现。我国《民法通则》及相关民事法律规范虽未明确财团法人制度，但其包括基金会制度仍然与财团法人制度有关。

基金会与其他社会团体相比，更符合财团法人的基本特征，也就是说，应该还原基金会的财团法人的身份。

第一，基金会不是会员制，没有会员。因为不是向社会团体那样的会员制，基金会的设立人将财产权捐赠给基金会后并不是基金会的会员，也无权组成社员大会对基金会进行控制。基金会的设立人对基金会成立后的影响体现在捐助章程上。捐助章程是基金会经许可登记后营运及运作的根本依据。社团法人有会员，并以此为基础构筑其组织机构和管理方法。

第二，基金会的设立人数量没有明确限制。一般社会团体必须由多数人设立，《社会团体登记管理条例》第十条规定："成立社会团体，应当具备的一个条件就是有50个以上的个人会员或者30个以上的单位会员；个人会员、单位会员混合组成的，会员总数不得少于50个。"一般社会团体会因会员数量不足法定人数而被解散，基金会则不存在这样的限制。

第三，基金会的权力机关为理事会，而一般社会团体的权力机关都有会员大会（或者会员代表大会）作为其权力机关。当然，我国民法中的基金会制度与传统的大陆法系财团法人制度也有细微的区别。比如，在设立目的方面，一般来说可以是所有合法的非营利目的，并不局限于公益目的。我国的《基金会管理办法》要求基金会必须以公益为目的。再如，设立者不同。财团法人是民法上的团体，这并不妨碍政府作为出资者。但是在我国，排除了国家机关作为主要设立者的可能性。对于法人的章程的变更以及法人的解散，《基金会管理办法》仅仅规定了相关的行政审批和登记程序，但是对于变更章程、解散法人的决定由什么法人机关或者其他人提出申请和具体作出决定，则没有直接规定。在国外财团法人制度上，由于认为法人没有成员，没有会员大会可以作为最高议事机关，因此并不授予董事会变更章程、解散法人的权限，而是须利害关系人向管理机关提出申请，由管理机关决定（高庆新，2008）。

就基金会法人制度设计而言，根据基金会的本质和基本特征，还其财团法人的身份，是我国法学界、社会学界需要努力的工作。而要完成这项工作，除了上述还基金会以财团法人规定外，还需要做两个工作：一个是还原基金会法人的私法主体地位；一个是在法人制度上区分社团法人和财团法人。

关于还原基金会法人的私法主体地位。首先，基金会产生的法理基础根源于私法自治原理。所谓私法自治，是维护市场自由竞争的基本法律原则，是指在民事生活领域，进行一切民事行为完全取决于当事人自己的意思，不受国家和他人的干预。其实质在于，在民事生活领域的一切法律关系，由独立、自由、平等的个人通过协商决定，国家不做干预。只有在当事人发生纠纷不能解决时，国家才以法院的身份出面裁决，而当事人间的契约为法官据以裁定的规范，不得对当事人的约定任意变更（梁慧星，1996）。其次，基金会的具体创立依赖私法自治的实践，即捐助行为而产生，这种行为本质上属于私法范畴，与行政行为无关。

但是在现实中，基金会法人从设立到运营离不开国家的规制，那么如何看待现实中的政府对基金会的行政管制行为？这涉及现代民法处理私法自治和国家强制的基本态度。进入 20 世纪，随着社会生活的变迁，私法和公法的界限越来越模糊，现代民法中私法自治的范围和内容受到诸多修正，如契约自由、所有权绝对等。许多特别民法本身就是国家管制的辅助工具或替代。广义的民法越来越勾勒出这种相互渗透的图像（苏永钦，2001）。我国的具体立法情况是，至今缺乏一部系统的民事基本法或高位的基金会法，使基金会法人制度中诸多本应由民事法律规范的内容只能让渡给行政机关。加之我国基金会对政府的依附关系以及政府的严格准入规制，也给人们造成基金会并非私法主体的印象。所以，减少基金会的准入规制和弱化行政强制对于基金会设立的遏制作用，同时强化民事基本法对基金会法人主体的引导是建立、完善我国基金会法人制度的重要步骤（韦祎，2010）。

关于在法人制度上区分社团法人和财团法人，我国现行法规在法人制度的法人分类方面的混乱状况的突出表现就是公、私法人不分，界限不清。最直接的现实结果是政府对本应属于私法范畴的基金会法人的准入设立重重障碍，对基金会的运行过程实行严格监管。公益法人、互益法人不分，结果是出现中华慈善总会这类典型的公益法人居然给予其会员优先待遇的怪现象。所以，政府有必要通过社团法人和财团法人的划分来为各种法人作出恰如其分的性质界定。

区分社团法人和财团法人，对法律制度的设计有现实指导意义。各国法律基于二者的本质区别，对其设立、财产、治理、变更和解散都有不同的规定。如在设立方面，社团法人一般采用准则主义，只要符合法定设立条件即可；而财团法人一般采用行政许可主义，必须得到行政机关的批准。再如在变更与解散方面，社团法人一般由其股东决定；而财团法人更多地受主管机关或法院的干预。

二　中国基金会法律地位的形式（设立或获得方式）

从中国基金会法律制度框架的视角看，这个制度体系有两个非常明显的特征。一是，基金会的设立和存在必须经过登记才被允许，不允许不经登记的基金会的存在，未经登记的属于非法民间组织。[①] 二是，基金会要想获得法律地位，必须同时获得业务主管部门和登记管理机关两个政府部门

[①] 《取缔非法民间组织暂行办法》第二条第二项规定："未经登记，擅自以社会团体或民办非企业单位名义进行活动的，属于非法民间组织。"

的同意，即要经过两个程序：先是经过业务主管单位（或称"挂靠单位"）的审查，然后要经过登记管理机关的登记核准。

根据现行《基金会管理条例》的规定，国务院民政部门和省、自治区、直辖市人民政府民政部门是基金会的登记管理机关。国务院有关部门或者国务院授权的组织，是国务院民政部门登记的基金会、境外基金会代表机构的业务主管单位。省、自治区、直辖市人民政府有关部门或者省、自治区、直辖市人民政府授权的组织，是省、自治区、直辖市人民政府民政部门登记的基金会的业务主管单位。①

中国基金会采取的是分级管理、"双重管理"模式。横向上，是业务主管部门和登记管理机关的"双重管理"；纵向上，分为国家级和省级的分级管理。全国性基金会和境外基金会代表机构，由国务院民政部门作为登记管理机关、国务院有关部门或者国务院授权的组织为业务主管单位；地方的省一级基金会，由省一级人民政府民政部门为登记管理机关、省一级的人民政府授权的组织为业务主管单位。

（一）中国基金会设立的条件或实体要件

（1）为特定的公益目的而设立。

（2）符合法定的原始（注册）资金（基金）最低数额。全国性公募基金会的原始基金不低于800万元人民币，地方性公募基金会的原始基金不低于400万元人民币，非公募基金会的原始基金不低于200万元人民币（原始基金必须为到账货币资金）。

（3）有规范的名称、章程、组织机构以及与其开展活动相适应的专职工作人员。

①关于名称。名称是一个基金会法人与其他基金会法人相互区别的最显著的标志之一。我国《民法通则》第三十四条，《社会团体登记管理条例》第十条第二和三项，《基金会管理条例》第八条第三和四项以及《基金会名称管理规定》均对基金会法人作出了规定。

---

① 《基金会管理条例》第六条规定："国务院民政部门和省、自治区、直辖市人民政府民政部门是基金会的登记管理机关。"第七条规定："国务院有关部门或者国务院授权的组织，是国务院民政部门登记的基金会、境外基金会代表机构的业务主管单位。省、自治区、直辖市人民政府有关部门或者省、自治区、直辖市人民政府授权的组织，是省、自治区、直辖市人民政府民政部门登记的基金会的业务主管单位。"

基金会法人在进行公益活动时，同营利组织一样，也同样需要向外界表明身份，需要向外界传达此基金会乃公益性团体，并且此基金会乃此基金会而非彼基金会。同时，由于基金会的公益特征，其名称很容易得到社会的认同，从而形成无形资产和社会资本。

团体组织的名称选择经历了从自由主义到有限自由主义的发展历程。名称的选择起源于欧洲中世纪的意大利及地中海沿岸的诸多城市，由设立人自由选择，并不具有排他性。具有排他性的现代意义的法人名称诞生的标志是 1794 年《普鲁士普通法》和 1807 年的《法国商法典》。此后，从 19 世纪对工业产权的保护开始，国际社会开始了在世界范围内的名称权保护运动。随着《保护工业产权的巴黎公约》《发展中国家商标、商号和不正当竞争行为示范法》等国际条约的问世，法人名称，特别是公司法人名称的选择和保护开始日益完善。

基金会这类非营利组织，与公司相比，兴起的时间比较晚，因而相关的法律法规也相应地比较欠缺，对名称的有关规定也相应地比较欠缺。

在我国法制史上，首次具有现代法律性质的清朝末年起草的《大清民律草案》和北洋政府修订的《民国民律草案》虽都设有法人章节，但均未涉及非营利法人以及名称问题。而在民国初年颁布的《中国红十字会条例》《寺院管理暂行条例》《管理寺庙条例》是最早有案可稽的涉及公益团体的法律文件，但并没有对名称的规范。所以，可以说在相当长的阶段，非营利法人等公益团体名称的选择是自由的（王雪琴，2013）。

1998 年 10 月国务院颁布的《社会团体登记管理条例》和 2004 年 6 月 1 日起实施的《基金会管理条例》首次提出基金会作为非营利法人要有规范的名称。至于什么是规范的名称以及如何规范，并没有详细规定，只是《社会团体登记管理条例》第十条规定，"社会团体的名称应当与其业务范围、成员分布、活动地域相一致"。至此可以说，我国包括基金会在内的非营利法人名称选择采取的是有限自由主义（王雪琴，2013）。

为配合《基金会管理条例》的出台和实施，2004 年 6 月 7 日由民政部通过的《基金会名称管理规定》成为首个对非营利法人名称进行规范的专门性法规。在《基金会名称管理规定》中，对非营利法人名称选择的有限自由主义更加明显。在《基金会名称管理规定》出台之前，我国政府对包括基金会在内的非营利法人名称的具体内容也没有法律规范，因而在现实生活中命名也比较任意，名称中所传达的信息不能很好地向外界描述该法人的基本状况，如行业领域、特点、组织形式等。有的基金会直接以人名命名，如宋庆龄基金会、周培源基金会、吴阶平医学基金会等；有些基金会直接以地区命名，如上海市慈善基金会；有的以事业目的命名，如中国老龄事业发展基金会等。

②关于章程。《基金会管理条例》第十条明确规定，"基金会章程必须明确基金会的公益性质，不得规定使特定自然人、法人或者其他组织受益的内容"，而且，"基金会章程应当载明下列事项：名称及住所；设立宗旨和公益活动的业务范围；原始基金数额；理事会的组成、职权和议事规则，理事的资格、产生程序和任期；法定代表人的职责；监事的职责、资格、产生程序和任期；财务会计报告的编制、审定制度；财产的管理、使用制度；基金会的终止条件、程序和终止后财产的处理"。

③关于组织机构。法人是区别于自然人的社会组织，基金会作为社会组织，必须要有组织机构来形成团体的意志并加以执行，否则就不能作为有意志的独立主体进行活动，也不可能承担义务和享有权利。基金会的组织机构通常有理事或理事会、监事或监事会、执行长、评议员会、会员大会等。在个别国家，理事或理事会也被称为董事或董事会。不过，为了区别营利法人组织机构的董事和董事会，一般都称为理事或理事会。

基金会的组织机构与公司法人一样，可分为权力机关、执行机关和监督机关，但表现出一定的特殊性以与公司等营利法人区别开来。

各国的相关法律几乎都规定基金会法人的执行机关是理事会（或称董事会），而很少在法律条文中见到有关基金会法人的权力机关的相关规定。这是因为权力机关和执行机关被同一化。权力机关，又称作决策机构，是决定法人有关重要事项的内部组织机构。在中国，作为非营利法人的基金会虽然没有会员和股东，但仍有权力机关。正如有学者指出的，"任何法人均有权力机关"（尹田，2003）。对此，我国的《基金会管理条例》将权力机关表述为决策机关。第二十一条规定，"理事会是基金会的决策机构，依法行使章程规定的职权"。该条规定，"理事会每年至少召开 2 次会议。理事会议须有 2/3 以上理事出席方能召开；理事会决议须经出席理事过半数通过方为有效"，对于"重要事项的决议，须经出席理事表决，2/3 以上通过方为有效"，《基金会管理条例》对所谓"重大事项"也作出规定。可见，在宗旨框架内，理事会有权对基金会的重大事项作出决策，决定基金会运作的具体方向。

基金会法人内部的监督机关是监事和监事会。对此，许多国家的立法并不要求基金会法人必须设立内部监督机构，如《德国民法典》就没有要求作为财团法人的基金会设立监事和监事会。^① 我国《基金会管理条例》要求基金会必须设监事，但并不要求设立监事会。《基金会管理条例》第二十二条规定，"基金会设监事，监事任期与理事任期相同。理事、理事的近亲属和基金会财会人员不得兼任监事。监事依照章程规定的程序检查基金会财务和会计资料，监督理事会遵守法律和章程的情况。监事列席理事会会议，有权向理事会提出质询和建议，并应当向登记管理机关、业务主管单位以及税务、会计主管部门反映情况"。

④关于与其（组织机构）开展活动相适应的专职工作人员。各国法规对选聘基金会法人的理事等工作人员都有严格规定。如美国相关法规要求，理事必须是自然人，而理事会必须有"无经济利益关系的大多数"（Financially Disinterested Majority），也就是说，在理事会中允许有"有经济利益关系者"（Financially Interested Persons），但其不得超过理事总人数的 49%。对于"有经济利益关系者"的概念，《美国非营利法人示范法》第八条做出的解释是，指前 12 个月内直接或间接接受了机构因其工作而提供的报酬的人，包括全职或兼职员工、独立签约人、顾问及其他人士，以及上述人士的配偶、兄弟、姐妹、父母和子女。报酬不包括支付给董事（理事）的工资。^②

我国的《基金会管理条例》也有类似严格的规定。《基金会管理条例》第二十三条对基金会的理事长（法定代表人）及理事会成员（理事、副理事长和秘书长）做出如下限制："基金会理事长、副理事长和秘书长不得由现职国家工作人员兼任。基金会的法定代表人，不得同时担任其他组织的法定代表人。来自中国内地的非公募基金会的法定代表人，应当由内地居民担任。因犯罪被判处管制、拘役或者有期徒刑，刑期执行完毕之日起未逾 5 年的；因犯罪被判处剥夺政治权利正在执行期间或者曾经被判处剥夺政

---

① 《德国巴伐利亚州财团法》将财团的监督权力赋予各级政府，并明确规定其较多的监督和审查职能。详见《德国巴伐利亚州财团法》第十八至二十七条（金锦萍、葛云松，2006）。

② 参见《美国非营利法人示范法》第八条（金锦萍、葛云松，2006）。

治权利的，以及曾在因违法被撤销登记的基金会担任理事长、副理事长或者秘书长，且对该基金会的违法行为负有个人责任，自该基金会被撤销之日起未逾 5 年的，不得担任基金会的理事长、副理事长或者秘书长。"《基金会管理条例》第二十四条还规定，"担任基金会理事长、副理事长或者秘书长的香港居民、澳门居民、台湾居民、外国人以及境外基金会代表机构的负责人，每年在中国内地居留时间不得少于 3 个月"。

对于什么是基金会的专职工作人员，目前并无官方的权威解释。相关的官方的解释是："专门从事社团工作，由社团以自有资金解决其工资、保险和福利待遇，没有其他正式工作的人员。根据其业务活动的需要及规模、经费、财产状况，应配备相应数量、专业知识结构、工作经验的专职工作人员，以保障其业务活动的正常开展。"① 对于什么是"与其（组织机构）开展活动相适应"，官方的解释强调了两点，一是数量上足以进行业务活动，二是在能力上足以胜任其业务活动。即使官方做了如上解释，但还显模糊，在实际操作中难以把握，所以作为基金会成立的必要条件之一，这一条缺少可操作性，也形同虚设。

（4）有固定的住所。与营利法人一样，包括作为非营利法人的基金会也必须有自己的住所，以确定法律行为的活动区域、确定诉讼管辖等。原则上，法律对营利法人住所的规定适用于基金会，包括主要活动场所地、行政管理部门所在地、业务执行地等。我国《台湾地区民法典》第二十九条规定，"法人以其事务所之所在地为住所"。我国《民法通则》第三十九条规定，"法人以它的主要办事机构所在地为住所"。尽管有这样的法律规定，但在实际生活中，基金会所从事的公益慈善活动与公司的营利性活动的本质性差别使它的活动范围呈现出独特的情况，其活动可以扩展到全国各地乃至世界各地，并不局限于某个特定的区域，所以住所地对于基金会这样的非营利法人并不会起到实质意义的影响。尤其是随着互联网、移动互联网技术的突飞猛进，手机、短信、博客、微博、微信等通信、交际手段的日新月异，现代公益慈善活动日益呈现出网络化、虚拟化、一体化趋

① 《〈社会团体登记管理条例〉、〈民办非企业单位登记管理条例〉释义》中"编者的话"介绍说，这本书是国务院法制办公室政法劳动社会保障司、民政部民间组织管理局直接参与条例起草、审查、修改的有关领导和工作人员共同编写。故，其内容基本上可以反映政府立场（国务院法制办政法司、民政部民间组织管理局，1999）。

势，无论是在国外还是国内，网络上的虚拟空间（网站）不再虚拟，是实实在在的存在，它们正成为公益慈善活动的重要枢纽，具体的地域和办公场所越来越失去其原有的意义。实际上，由于公益慈善组织的募捐行为和捐助人的捐款行为均可以通过互联网来完成，非营利法人参照营利法人所采用的主要办事机构所在地作为法律意义上的住所地正在日益显现出局限性。

（5）具有独立承担民事责任的能力。有学者将以上条件概括为要取得作为基金会的非营利法人资格所必须具备的三大要件：第一，名称、住所要件，这是该团体区别其他团体的标志；第二，财产要件，即符合法律规定的独立财产；第三，组织机构要件，即能使法人统一行动的机关。这些构成了我国作为非营利法人的基金会人格的形成条件和要件（王雪琴，2013）。

（二）中国基金会设立的程序或程序要件

也有学者把以上要件概括为与程序要件相对应的实体要件①。按照实体要件和程序要件的说法，当发起人具备了以上实体要件之后，要获得作为基金会的非营利法人资格，必须在具备了上述实体要件的基础之上，进一步具备下面的程序要件，即按照《基金会管理条例》第九条之规定，发起人申请设立基金会，应当向登记管理机关提交下列文件。

（1）申请书。申请书应载明拟设立基金会的名称、类型和申请设立基金会的具体理由，并由申请人签名和盖章。

（2）章程草案。章程草案应依据《基金会管理条例》和民政部制发的《基金会章程示范文本》来拟定。

（3）验资证明和住所证明。验资证明用来证明拟设立的基金会拥有与其类型相称的原始基金；住所证明用来证明拟设立的基金会有固定住所，须载明住所的具体地点。住所证明的形式依具体情况有所不同：归基金会自有的情况须出具房产证书；由基金会租赁的情况须出具租赁合同；借用或由其他个人或组织、机构免费提供的情况，须由房产所有者出具相应的

---

① 实体要件包括：须有法律规范为依据，须有法人财产，须有依法制定的活动章程，须有相应的组织机关和人员以及须依法从事设立行为。程序要件包括：须为许可申请或许可决定或设立申请登记，须为合法设立行为，须为申请设立，须为审查核准程序以及须为申请登记成立（罗玉珍，1992）。

书面证明，并载明使用期限。

（4）理事名单、身份证明以及拟任理事长、副理事长、秘书长的简历。

（5）业务主管单位同意设立的文件。《基金会管理条例》第十一条对登记管理机关，也提出明确的时限要求，"登记管理机关应当自收到本条例第九条所列全部有效文件之日起60日内，作出准予或者不予登记的决定"。准予登记的，发给"基金会法人登记证书"；不予登记的，应当书面说明理由。基金会设立登记的事项包括名称、住所、类型、宗旨、公益活动的业务范围、原始基金数额和法定代表人。第十二条规定，如果基金会拟设立分支机构、代表机构，"应当向原登记管理机关提出登记申请，并提交拟设机构的名称、住所和负责人等情况的文件。登记管理机关应当自收到前款所列全部有效文件之日起60日内作出准予或者不予登记的决定。准予登记的，发给"基金会分支（代表）机构登记证书"；不予登记的，应当书面说明理由。基金会分支机构、基金会代表机构设立登记的事项包括名称、住所、公益活动的业务范围和负责人。基金会分支机构、基金会代表机构依据基金会的授权开展活动，不具有法人资格"。

三 中国基金会法人设立或取得的现状

我国基金会的设立，与其他国家和地区相比较，表现出这样几个特点，即设立原则的限制性、设立程序的繁复性、设立过程的模糊性。这些特点也同时构成了中国基金会法人设立或取得的现状。

（1）设立原则的限制性。我国作为非营利法人的基金会设立原则有自己的特点，属于混合式设立原则，包括特许设立主义和行政许可设立主义，但都体现了对基金会设立进行严格限制的基本特征。

对特许设立。中国红十字会总会就是在这样的原则下设立的。我国《民法通则》第五十条第二款规定，"具备法人条件的事业单位、社会团体，依法不需要办理法人登记的，从成立之日起，具有法人资格"。《中华人民共和国红十字会法》第十一条规定，"中国红十字会总会具有社会团体法人资格；地方各级红十字会、行业红十字会依法取得社会团体法人资格"。由于《中华人民共和国红十字会法》是全国人大常务委员会通过的，所以中国红十字会总会社会团体法人资格不是按照《社会团体登记管理条例》取得的，也不需要登记，所以在性质上是明显的特许设立。

对行政许可设立。这种设立方式适合除中国红十字会以外的社会团体型慈善法人和基金会型的非营利法人。《民法通则》第五十条第二款规定，"具备法人条件的社会团体……依法需要办理法人登记的，经核准登记，取得法人资格"。这里对财团法人性质的基金会未作规定。《社会团体登记管理条例》《基金会管理条例》分别对这两类法人的设立给予了规定，社会团体法人和作为非营利法人的基金会的设立都须经过业务主管部门的审查同意，并向登记注册机关申请登记，才能取得法人资格。

从上述的原则来考察，我国采用的设立方法较其他国家和地区更为严格，为严格的审批登记许可主义。

（2）设立程序的繁复性。我国的基金会设立程序极为繁复。《社会团体登记管理条例》《基金会管理条例》都规定了基金会设立的步骤和程序。

《社会团体登记管理条例》第九至十九条规定的基金会设立的步骤和程序大致为四步：第一步，向业务主管单位申请筹备；第二步，向登记主管单位申请筹备；第三步，完成筹备工作；第四步，向登记机关申请成立登记。①

《基金会管理条例》第六至十九条规定的基金会设立的步骤和程序大致为两步：第一步，取得业务主管单位同意设立的文件；第二步，向登记注册机关申请。②

（3）设立过程的模糊性。从基金会设立的有限的有关法规上看，很多规定都非常模糊，如针对不予批准的理由有"某社会团体必须遵守宪法、

---

① 《社会团体登记管理条例》第九条："申请成立社会团体，应当经其业务主管单位审查同意，由发起人向登记管理机关申请筹备。"第十一条："申请筹备成立社会团体，发起人应当向登记管理机关提交下列文件。"第十四条："筹备成立的社会团体，应当自登记管理机关批准筹备之日起6个月内召开会员大会或者会员代表大会，通过章程，产生执行机构、负责人和法定代表人，并向登记管理机关申请成立登记。筹备期间不得开展筹备以外的活动。"第十六条："登记管理机关应当自收到完成筹备工作的社会团体的登记申请书及有关文件之日起30日内完成审查工作。"第十七条："依照法律规定，自批准成立之日起即具有法人资格的社会团体，应当自批准成立之日起60日内向登记管理机关备案。"
② 《基金会管理条例》第七条："国务院有关部门或者国务院授权的组织，是国务院民政部门登记的基金会、境外基金会代表机构的业务主管单位。省、自治区、直辖市人民政府有关部门或者省、自治区、直辖市人民政府授权的组织，是省、自治区、直辖市人民政府民政部门登记的基金会的业务主管单位。"第九条："申请设立基金会，申请人应当向登记管理机关提交下列文件：（一）申请书；（二）章程草案；（三）验资证明和住所证明；（四）理事名单、身份证明以及拟任理事长、副理事长、秘书长的简历；（五）业务主管单位同意设立的文件。"第十一条："登记管理机关应当自收到本条例第九条所列全部有效文件之日起60日内，作出准予或者不予登记的决定。"

法律、法规和国家政策""不得反对宪法规定的基本原则",这些规定的含义和指向均不明确,特别是对于什么是基金会法人应当遵守的国家政策,不仅不明确,至今也无一个统一的认识。从设立实务方面看,很多由各个机关下发的各种文件并没有制度化的公布方法,大量的文件是不公开的。模糊的结果,一方面是不易理解或造成歧义,另一方面是容易使行政机关取得特别大的自由裁量权。

四 中国基金会的变更和注销(退出)

(1)基金会的变更。基金会的变更主要涉及章程的修改和登记备案事项的变更。[①]

(2)基金会的注销(退出)。《基金会管理条例》第十六条规定,"基金会、境外基金会代表机构有下列情形之一的,应当向登记管理机关申请注销登记:按照章程规定终止的,无法按照章程规定的宗旨继续从事公益活动的,由于其他原因终止的"。

第十七条规定,"基金会撤销其分支机构、代表机构的,应当向登记管理机关办理分支机构、代表机构的注销登记。基金会注销的,其分支机构、代表机构同时注销"。

第十八条规定,"基金会在办理注销登记前,应当在登记管理机关、业务主管单位的指导下成立清算组织,完成清算工作。基金会应当自清算结束之日起15日内向登记管理机关办理注销登记;在清算期间不得开展清算以外的活动"。

第十九条规定,"基金会、基金会分支机构、基金会代表机构以及境外基金会代表机构的设立、变更、注销登记,由登记管理机关向社会公告"。

① 参见《基金会管理条例》第十五条第一款。

第六章　中日基金会准入规制比较

第一节　社会学的视角

基金会准入规制实质上是社会公益慈善组织从事社会公益慈善行为的制度化，表现为法律条文的准入规制是制度化的最集中、最稳定、最规范的表现形式，所以讨论这个准入规制需要从法律制度、法人制度入手并加以展开。

基金会作为社会组织或社会公益服务组织[1]，固然是社会学的研究对象，但绝不仅仅是社会学独有的研究对象，它作为一种广泛服务于公众的、既不同于企业组织又不同于政府组织的第三极组织（第三部门），在世界大多数国家的社会生活中都起着至关重要的作用。因此，基金会可以从不同的角度、不同的学科视角来进行研究，从而得出不同的结论，形成不同的研究成果。

社会学的视角，是一种个体—社会结构—社会变迁自如穿梭的思维方式和心智品质（米尔斯，2005）。

前文[2]已经指出，基金会准入规制是指某一特定国家的政府准许民间非营利组织参与社会公益慈善的程度，即政府对民间非营利组织及个人参与社会公益慈善的制度安排，这种安排即国家对基金会主体资格的确立、审核和确认的法律制度，包括基金会主体资格的实体条件和取得主体资格的程序条件。其表现是国家通过立法，规定基金会资格的条件、标准及取得

---

[1] 美国学者莱斯特·M.萨拉蒙（Salmaon）指出，社会公益服务组织是指，"直接提供服务，致力于提升社区福利或服务于广泛的公共或教育目标"的组织（参见萨拉蒙，2008）。

[2] 参见本书第三章第三节"基金会准入规制的含义"部分。

程序，并通过审批和登记程序执行。从社会学的视角看，基金会作为第三部门①的重要组成部分，具有与市场（企业）组织、政府组织不同的功能，它体现了国家为弥补市场失灵和志愿失灵、调节和维护社会秩序而采取的对准备进入社会公益慈善领域的组织的干预或控制。

从社会学的视角来观察和分析基金会的准入规制，呈现在我们眼前的是一个不同于其他学科专家眼中的现象。这个作为基金会的现象，不同于管理学家眼中的基金会：管理学家关注基金会准入规制的管理主体——管理者、制定者，即政府的理念和作为。社会学家当然要研究管理主体，但相对于管理学家，社会学家研究基金会准入规制的设立和管理主体（管理者、制定者）及其行为，规制中所反映的国家与社会、人与社会、组织与政府的关系，是为了客观地描述和解释社会良性运行和协调发展的条件和机制。

政治学家之于基金会及其准入规制，所关注的是，作为社会政治现象的社会组织（团体），是否与国家（统治集团）的本质和利益相一致，以及探究国家政治权力通过准入规制对社会团体或个人的支配、影响和控制。而相对于政治学家，社会学家所关注的是，作为政治主体的基金会的自由结社权力及其在与国家权力的博弈中的互动、互构关系，以通过合法的设立/准入规制和秩序不断推动市民社会进步和政治民主目标的实现。

经济学家之于基金会及其准入规制，所关注的是"准入规制"作为原本的"政府规制经济学"的思想方法，如何把它应用于社会管理和社会控

---

① "第三部门"概念是由美国学者 Padorn（1987）依据社会三元结构理论提出的，指社会是由三大组织构成的，其中第一部门是政府（政府组织），第二部门是企业（营利组织），这两大组织之外的剩余组织全部属于第三部门。根据萨拉蒙提出的著名的确认第三部门的五大标准（①组织性；②非政府性；③非营利性；④自治性；⑤志愿性），第三部门组织主要有以下三个分类体系。第一，欧共体经济活动产业分类体系（NACE），将第三部门划分为 5 类（18 项）：①教育；②研发；③医疗卫生；④其他公共服务；⑤休闲和文化。公益慈善机构包括在④中，与社会工作、专业组织、工会、宗教组织、学会、旅行社并列其中。第二，美国慈善统计中心的免税团体分类体系（NTEE），包括 25 大类（每类又有若干小项）：教育、保健、精神保健、特殊病症保健、医学研究、犯罪与法律、就业、食品与营养、住房与收容、公共安全与灾难防御、休闲与运动、青少年辅导、社会服务、文化艺术、环境保护、与动物有关的组织、国际问题、民权与推促、社区改造、慈善事业、科学研究、社会科学研究、其他公益活动、宗教相关活动、互惠组织。第三，第三部门国际分类体系（ICNPO），为 12 大类 22 小类（各小类下面被分为近 150 个小项）：文化与休闲、教育与研究、医疗与卫生、环境、发展与住房、法律、推促与政治、慈善中介与志愿行为、国际性活动、宗教活动和组织、商会及专业协会和工会、其他。

制，通过权衡公共物品、公共服务的价值和质量，以及通过发放许可证，即通过特许权和配给权的方式实现对民间非营利组织参与社会公益慈善的程度的控制，目的是为实现良好的经济效益创造和谐的社会组织条件。相对于经济学家，社会学家所关注的是用最小的成本、最简单易行的条件和程序获得制度合法性和以何种身份获得税收优惠，以在经济和社会效益之间获得平衡，实现社会效益和价值的最大化。

历史学家之于基金会及其准入规制，所关注的是基金会准入规制的纵向演化，以及将这种演化与社会本身所经历的各种变化联系起来，并试图在这种联系的背后发现作为社会控制的法律规制的一般规律性。相对于历史学家，社会学家虽然也研究基金会及其准入规制的纵剖面，但目的是横向地描述和说明其当下现状，从法律秩序的角度关注基金会及其准入规制如何成为社会良性运行和协调发展的条件和机制。

法学家之于基金会及其准入规制，从功能角度看待准入规制，所关注的是纳入法律规章的基金会准入规制的律令要素或法律运作、历史沿革。相对于法学家，社会学家所关注的却是制定基金会准入规制的主体/人（与那些适用规范的人相区别）的需要，以及规制的内容。"社会学法学家所关注的是法律运作（即法律秩序的运作、指导审判之权威性原则体的运作，以及司法过程和行政过程的运作），而非权威性律令的抽象内容。分析法学家在律令要素（亦即指导审判之权威性原则体中的律令要素）的意义上使用'法律'这个术语。"①

总之，社会学家面对成为法律条文的基金会准入规制，并不关注规制本身的条文、逻辑联系、语义、能指和规范的逻辑分析和历史沿革，而是始终把目标投射到社会良性运行和协调发展的条件和机制上，关注和考察准入规制的条件和运行的过程及变迁轨迹对社会良性运行和协调发展的条件和机制的作用和意义。对基金会准入规制具体而言，关于"条件"，关注经济条件中作为第三部门的资源合理配置；关注政治条件（经济的集中表现）中的从"大政府、小社会"到"大社会、小政府"的转变和变迁。关于社会运行机制，关注准入规制的"带规律性模式"（机构、功能、过程和

----

① 比如说，Vinogradoff, Outlines of Historical Jurisprudence（1921）119（转引自庞德，2003）。

作用原理）；关注准入规制在社会运行中对动力、整合、激励、保障各种机制的作用；关注和研究制定规制的主体、适用规范的客体的需要，规范的内容、目的和要达到的效果。在这其中，包含了两层关系：国家和社会的关系，社会和个人的关系。关于社会关系，关注构成如上需要、内容、目的、动机、手段、效果、社会认同、关系的诸社会现象、社会事实的原因（历史、文化、民族性）和现实环境（政治、经济、法律、社会的结构与运行），以便在历史与现实的意义关联中找到"带规律性模式"。作为社会学家，同时还要关注活法①，即基金会准入的内在规则和秩序，以对社会生活中法律条文以外的真实规制做出自己的解释。

第二节　中日基金会准入规制的异同

通过前面章节对中日基金会准入规制的介绍和讨论，可以从对基金会法人设立的法律基础、基金会准入规制的准入条件、基金会准入规制的准入程序三个方面比较、分析中日两国的基金会准入规制的相同点和不同点。

一　中日基金会准入规制的相同点（相似点）

（1）法律基础：中日基金会准入规制都建立在大陆法系基础上。基金会法人获得方式与国家法律文化传统和法律基础，即所属法系是密切关联的。与以判例法为基础，注重法的精神和由此推演出原理的特点的英美法系相区别，大陆法系国家一般采取成文法律规范，具有制度体系理论完备、概念清晰、结构严谨、逻辑严密、内容完备的特点。

《日本国宪法》采取了大陆法系的德国民法典体系，规定了公民的自由结社权。《日本民法典》在《日本国宪法》的统辖下，顺理成章地经过比较大陆法体系和英美法体系的优劣，根据本国国情，采取了大陆法体系。后来日本又在比较了大陆法体系中的《法国民法典》和《德国民法典》的优劣后，毅然采取了德国民法典体系，确立了公益法人制度，从而建立了非营利组织法律框架。《日本民法典》将法人分为公益法人和私益法人，又把

---

① 尤金·埃利希（Eugen Ehrlich）在《法律社会学基本原理》（*Grundlegung der Seziologie des Rechts*）一书中提出"活法"的概念。他认为，复杂的社会事实乃是隐含在那些构成人类社会的各种各样的联合体和关系之中的，群体、联合体和各种关系中的内在秩序乃是法律秩序的基础并为我们提供了活法（the living law）（转引自庞德，2003）。

公益法人分为社团法人和财团法人。社团法人是人的组合；财团法人是财产的集合。基金会属于财团法人，因为是"以公益性为目的的财产的集合"。二战后，针对出现了一些新的组织类型（如医院、私立学校等领域的组织）的情况，制定了大量（近200个）相应的特别法，如私立学校法人、医院法人等，赋予了这些组织以公益法人身份。1995年发生了阪神大地震后，基于NPO在赈灾救助中的突出贡献和市民运动的推动，日本改革原有公益法人制度。为降低公益法人准入门槛，在1998年颁布《特定非营利活动促进法》，针对众多以公益活动及联谊活动为中心的民间团体，设立了一个新的非营利法人形式——特定非营利活动法人。于是，在日本，非营利法人具有了广义和狭义之分：狭义的公益法人是指依据《特定非营利活动促进法》设立的特定非营利活动法人；依据《日本民法典》建立的公益法人、特别法人、特定非营利活动法人等可以统称为广义的公益法人。以上的法人及其准入规制，虽经120年的变迁，但一直没有离开依据大陆法系所确立公益法人制度这条主线，且非常清晰、明确。

我国的法律制度也属于大陆法系，按照大陆法系规范和国情，制定了《中华人民共和国宪法》和《中华人民共和国民法通则》，规定了公民的自由结社权，建立了法人制度。但是并没有采纳大陆法系获得共识的财团法人的概念，也没有直接将基金会纳入财团法人的概念之中，而是先把基金会规定为社会团体法人（《基金会管理办法》），后又把基金会规定为非营利性法人（《基金会管理条例》），基金会被划入社会团体法人范畴，这种定义一直延续至今。其依据是我国《民法通则》对法人的分类：先将法人分为企业法人和非企业法人，然后又将非企业法人划分为政府机关法人、事业单位法人和社会团体法人。从法理上说，基金会仍然是属于大陆法系所规范的公益法人中的财团法人范畴的。我国的许多学者一直在为基金会能够"名正言顺"（成为私法意义的财团法人）而不断呼吁。①

（2）准入条件：中日基金会准入规制条件苛刻。从社会运行的角度分析，基金会准入规制就是国家（政府）通过这种对民间非营利组织及个人参与社会公益慈善的制度安排，是社会相关个体和群体组织能有效地遵从社会规范，从而达到维持社会秩序、实现社会控制、促进社会良性运行的目标。

---

① 参见本书第五章第二节"中国基金会法人制度现状"部分。

在这里，国家对社会的控制手段是制度或规制，它是具有普遍意义、相对稳定、有一定强制性和正式的社会规范。控制对象是中观层次的基金会，如规定基金会的法律地位、社会权利和社会义务等。控制过程是基金会进入法人系统的运作条件和过程。作为调节和控制国家与社会的一种制度安排，日本在1998年《特定非营利活动促进法》颁布之前和中国至今为止，对于基金会的准入，都采取了高设进入门槛、设置严格苛刻条件的方式。

仅从二战结束到1998年《特定非营利活动促进法》颁布之前，日本政府主管机关对NPO管控过多，监管过于严格，民间公益组织入门艰难。例如在法律的设置数量和领域上，针对社会上出现的医院、社会福利组织等新的组织类型，就制定了大量（近200个）相应的特别法，而且几乎是一种类型一个法律，有法可依的另一面是纷繁复杂、眼花缭乱，使想设立法人的组织望而生畏、不得要领。众多的民间公益组织由于缺乏合法身份，无法签署合同、雇用员工或开设银行账户，无法开展正式的公益活动。次如即使《特定非营利活动促进法》大幅度降低了准入门槛，但相对于英美法系的自由设立模式国家，NPO法人设立的条件仍然是严格、繁复的。根据《特定非营利活动促进法》，NPO法人的设立条件概括起来包括"团体必须有10人以上会员"等9项条件。[1] 再如关于设立条件中"章程"部分的"关于负责人员的事项"一条，就需提供包括"每位负责人员的同意任职信，以及内阁府令所规定的证明其住所或者居所的文件"、名册、誓约书等诸项文件。[2]

相比较而言，中国基金会准入规制所设立的准入条件更加严格。首先面对双重管理体制，设立人必须提供《基金会管理条例》第九条第五项[3]所规定的"业务主管单位同意设立的文件"。这一条件就将无数挂靠无门的民间社会公益组织拒之门外。《基金会管理条例》第八条第二项中关于基金会设立资金的规定是："全国性公募基金会的原始基金不低于800万元人民币，地方性公募基金会的原始基金不低于400万元人民币，非公募基金会的原始基金不低于200万元人民币。"另外还考虑到注册费等其他设立成本，数量众多的民

---

① 参见本书第四章第三节"日本基金会设立的条件或程序要件"部分。
② 参见本书第四章第三节"日本基金会设立的条件或程序要件"部分。
③ "申请设立基金会，申请人应当向登记管理机关提交下列文件：（一）申请书；（二）章程草案；（三）验资证明和住所证明；（四）理事名单、身份证明以及拟任理事长、副理事长、秘书长简历；（五）业务主管单位同意设立的文件。"参见本书第四章第一节"基金会法人及其设立原则"。

间组织最终选择了放弃法人登记。设置如此高而难的门槛的结果是，无数多的民间组织难以获得登记，而要开展活动就必须游离于政府的监管，从事虽是有利于社会的良性运行、协调发展但在法律意义上仍然是非法的活动。这种奇怪而尴尬局面的结果必然是双输：民间非营利组织无法获得生存和发展；政府无法进行有效监管和控制，治理目标无法获得实现。

（3）准入程序：中日基金会准入规制的设立原则都是许可主义。基金会法人设立是指依照法律规定的条件和程序，使设立人获得法律人格的全部过程。法人及其准入规制的设立原则，并不是简单划一和一成不变的，它在各国因法人的类型不同以及时代的演变而有所差别。

行政许可主义，又称为核准主义，指法人在设立时除了应符合法律规定的条件外，还要经过行政主管部门的审批。行政许可主义又可细分为两类，一类是行政审批许可主义；一类是行政审批登记许可主义。一般在实行行政许可主义的国家中，许可是非营利组织合法存在的前提和基础，没有进行法定的许可登记的社会组织就是不合法的组织或非法组织。中国和日本基金会法人及其准入规制的设立原则都是采用行政许可主义，但又略有不同。

日本是典型的审批许可主义国家。特定非营利法人的设立要经过主管部门的批准许可始得设立，无须登记。需要指出的是，在日本，并非一定要经过登记而获得法人身份才能合法成为 NPO，没有进行法定的许可登记的非营利组织并不违法，因为《日本国宪法》第二十一条规定保障公民的自由结社权。这些在社会生活的方方面面存在着大量未经登记、由公民自发组成并开展活动的组织被定义为任意社团，即不受法律约束的自由结社。

中国基金会法人及其准入规制的设立原则也属于审批许可主义，但与日本一般审批许可主义所略有不同的是，它在设立的条件和程序上更加严格，被称为"严格的审批登记许可主义"，主要表现在以下几个方面。

①不登记即为非法。基金会的设立和存在，必须经过登记才被允许，不允许不经登记的基金会存在，未经登记的属于非法民间组织。①②

---

① 《取缔非法民间组织管理暂行办法》第二条第二项规定："未经登记，擅自以社会团体或民办非企业单位名义进行活动的，属于非法民间组织。"

② 《社会团体登记管理条例》第三十五条规定："未经批准，擅自开展社会团体筹备活动，或者未经登记，擅自以社会团体名义进行活动，以及被撤销登记的社会团体继续以社会团体名义进行活动的，由登记管理机关予以取缔，没收非法财产；构成犯罪的，依法追究刑事责任；尚不构成犯罪的，依法给予治安管理处罚。"

②"双重管理"体制。要想获得法律地位，基金会必须同时获得业务主管部门和登记管理机关两个政府部门的同意，即要经过两个程序：先是经过业务主管单位的审查，然后要经过登记管理机关的登记核准。这种将政府部门的审查与登记职能分开的准入规制的设计为民间组织的设立多设置了一道关卡，构成了我国基金会准入规制最难逾越的一道门槛。同时，审批登记部门与社会组织之间的法律关系不甚明确，处于信息不对称状态，使民间组织的设立过程如入五里雾中，成败难以预测。截至 2013 年 4 月 1 日，北京、广东等 19 个省份都已经开展或试行了社会组织直接登记，民政部门全面接受四大类（行业协会商会类、科技类、公益慈善类、城乡社区服务类）社会组织的直接登记申请。"双重管理"或"双头管理"准入规制正在部分废止中，令民间组织看到了希望。

③限制竞争。我国的立法和政策倾向于控制包括基金会在内的民间组织的发展。在准入环节对竞争实施限制，对基金会等公益社团组织的业务和规模实施限制。《社会团体登记管理条例》第十三条和《民办非企业单位登记管理暂行条例》第十一条均规定，在同一行政区域内已有业务范围相同或者相似的社会团体和民办非企业单位，没有必要设立的，对于非营利组织的设立申请不予批准。另外，两个条例还规定，社会团体不得设立地域性的分支机构，民办非企业单位不能设立分支机构。因此，从程序上来讲，登记机关和业务主管机关要对组织进行至少两方面的实质性审查，其中不仅包括对业务内容、发起人资格等方面的审查，而且还要审核在同一行政区域内是否存在其他业务范围相同或者相似的组织。至于有没有必要设立，则由审查机关自由裁量。这与立法者将民间组织视同为政府的补充和附属有关，因此以社会功能为区分对其业务范围和组织规模从准入源头上进行限制。

（4）从准入规制的变迁趋势看，都从严到宽，逐步走向自由、宽松、开放。有意思的是，中日两国的基金会准入规制的这种变化，都来自其本国发生的巨大天灾。1995 年发生的阪神大地震，引发日本政府和全社会对以 NPO 为代表的民间力量的尊重和反思，直接成果是在民间力量的大力推动下设立了《特定非营利活动促进法》，大大降低了民间非营利组织的准入标准。2008 年发生的汶川大地震，引发全中国人民的慈善热情和对民间非营利组织的空前关注，间接成果是促成了公益慈善类社会组织的直接登记政策的出台。

二 中日基金会准入规制的不同点

（1）法律基础的差别。虽然中日基金会准入规制都建立在大陆法系基础上，但是在法律基础上仍然存在着巨大的差别。《日本国宪法》和《日本民法典》都采取了大陆法系中的德国民法典体系，确立了公益法人制度。在新中国成立之初使用的是《中国人民政治协商会议共同纲领》，这个纲领起到了临时宪法的作用。1954年，颁布了由毛泽东亲自起草的《中华人民共和国宪法》。这个宪法虽然也是建立在大陆法系的基础上，但它更倾向于大陆法系中的法国宪法[1]，同时还受到苏维埃宪法[2][3]和中华法系的影响。对于基金会法人或社会团体法人来说，宪法影响的直接结果是，对于日本，通过《日本民法典》建立了财团法人制度和相应的准入规制；对于中国，通过《民法通则》和其他法律法规初步建立了社团法人制度和非营利法人制度，以及相应的准入规制，从而形成了不同的准入规制内容、形式等

---

[1] 有学者考证，"在宪法起草期间，毛泽东阅读了有关宪法的许多资料和法学理论著作，包括社会主义宪法与资本主义宪法。在几个资本主义国家宪法中，毛泽东比较看重1946年法国宪法，认为它代表了比较进步、比较完整的资产阶级内阁制宪法"（韩大元，2004）。

[2] 有学者考证：早在1949年7月刘少奇访问苏联时，斯大林建议中国制定宪法（师哲，1991）。斯大林建议制定现阶段的宪法（指不是社会主义宪法），并指出："敌人可用两种说法向工农兵进行宣传，反对你们，一是你们没有进行选举，政府不是选举产生的；二是国家没有宪法。政协不是选举的，人家可以说你们是用武力控制了位子，是自封的；《共同纲领》不是全民代表通过的，而是由一党提出，其他党派予以同意的东西。你们应从敌人手中拿掉这个武器。我同意你们的意见，把《共同纲领》变为国家的基本大法。宪法的内容应当是：第一，全民普选；第二，承认企业主、富农的私有财产；第三，承认外国在中国企业的租让权。"1950年初，毛泽东访问苏联时，斯大林就新中国的建设提出的三点建议中也提到召开全国人民代表大会和制定宪法问题。1952年斯大林对中国宪法制定问题的谈话与建议是经过深思熟虑的，他在重复1949年基本观点后建议1954年搞选举和宪法，并进一步提出："你们现在的政府是联合政府，因此政府就不能只对一党负责，而应当向多党派负责，你们很难保密。如果人民选举的结果，当选者共产党占大多数，你们就可以组织一党政府。各党派在选举中如果落选了，你们不应当使统一战线破裂，你们应继续在经济上和他们合作。"（林蕴辉，1953）对斯大林提出的有关制定宪法问题的建议，刘少奇同志及时向毛泽东和党中央做了汇报。中共中央认真考虑了斯大林提出的制宪建议，于1952年底作出决定：尽快召开全国人民代表大会和制定宪法，并按规定向全国政协提议，由全国政协向中央人民政府委员会提出定期召开全国人民代表大会的建议。斯大林的制宪建议提出了政权合法性与政府构成问题，使中共中央开始思考以正式宪法确认政权基础的必要性（韩大元，2004）。

[3] 《中华人民共和国宪法·序言》（1954）指出："我国同伟大的苏维埃社会主义共和国联盟、同各人民民主国家已经建立了牢不可破的友谊，我国人民同全世界爱好和平的人民的友谊也日见增进，这种友谊将继续发展和巩固。"

特征。

（2）准入规制内容不同。主要表现在对法人的制度安排上。《日本民法典》规定了公益法人制度，将法人分为公益法人和私益法人，又把公益法人分为社团法人和财团法人。基金会属于私法财团法人。社团法人由会员构成，财团法人由财产构成。二战以后的特别法和1998年颁布的《特定非营利活动促进法》都从根本上一以贯之沿袭了这一制度。2006年颁布的《一般社团法人和一般财团法人法》规定了区别于《特定非营利活动促进法》所规定的特定非营利活动法人的新的法人形式——一般非营利法人。随着该法和作为配套的《公益社团法人和公益财团法人认定法》《相关上述法律实施的整备法》的出台，《日本民法典》中公益法人的相关条款被废止，原有的公益法人和中间法人体制都被终止，它们都被吸收到新的非营利法人中。如上法人变迁对基金会准入的影响是，现存的公益法人全部将被视为具有公益属性的非营利法人，NPO准入门槛更加易于跨入。

我国现行法规在基金会法人的制度安排方面，尤其是法人的分类方面极为混乱，公、私法人不分，界限不清。在1988年颁布《基金会管理办法》之前，从1949年建立到1979年前后大约30年间，我国的基金会事业处于空白状态，当然更无基金会法人及其准入规制。从大约1978年开始至1988年这十年间，可以称为前基金会准入规制时期，这期间基金会的设立依赖行政（党务），甚至依赖行政（党）领导人意志；基金会的批准机构依赖党政不分的混合体制——中央书记处；基金会设立的组织系统依托社团，即认为基金会是作为社会团体而存在的。这个时期，唯一依赖的法规是1986年颁布的《民法通则》。按照《民法通则》规定，基金会是社会团体，它和其他社会团体一样，实行登记管理机关和业务主管部门共同负责的"双重管理"体制。根据《民法通则》规定的法人组织分类，非企业法人包括机关法人、事业单位法人和社会团体法人。对于非企业法人，《民法通则》并未采用大陆法系大多获得共识的财团法人的概念，也没有直接将基金会纳入财团法人的概念之中。而基金会，是经过逻辑推论被纳入到社会团体法人的概念中的。《基金会管理办法》首次确定基金会是社会团体法人，而基金会是社会团体法人的一种特殊形式。① 于是，绝大部分基金会按照社

---

① 参见本书第五章第二节"中国基金会法人制度现状"部分。

会团体登记成立，而若干基金会虽然也被作为社会团体而存在，但实际上被纳入准机关或者准事业单位范畴，并被排除在国务院法规调整范围之外。①《基金会管理条例》首次规定基金会为私法意义上的公益性质的非营利性法人，并首次把基金会划分为公众募捐会和非公募基金会两大类别。即便我国法律对基金会的分类正在逐步接近正统，被归到它本应置于的私法财团法人地位，并不能都为大陆法系的私法财团所涵盖，如我国的基金会的存在类型极为复杂、混乱，既有官办的，又有民间办的或非官办的，也有半官半民的，它们并不受《基金会管理条例》《社会团体登记管理条例》约束，因此这类基金会属于典型的公法人，于是我国的相当一部分基金会法人制度具有很强的公法倾向。

（3）准入规制的形式不同。具体表现在中日基金会设立的条件或条件要件及设立的程序或程序要件不同（略②）。

（4）准入规制的监管策略不同。通过制度安排，设立基金会准入规制，实质上是在入口设置对基金会的监管功能，那么首要面对的问题就是对一切基金会或非营利组织进行制度化管理，还是只对其中一部分进行制度化管理？如果只是针对一部分，那么是哪一部分基金会能够进入政府监管的视野？监管的边界在哪里？

与中国相比较而言，二战后，日本政府开始逐渐放宽了对非营利组织的管制，为了让一些有利于重建日本的社会救助机构等新型社会组织合法化，规避与《日本民法典》的矛盾，给予这些组织公益法人地位，政府制定了一些相应的特别法。《特定非营利活动促进法》实施后，对基金会更是采取了宽松的准入规制，设立人很容易就能成为NPO法人。日本政府采取的是"宽进严管"的监管策略，即非政府组织可以选择通过登记而成为法人形式的组织，也可以选择不登记而作为任意法人进行活动。这种选择并不违宪，但是由于不具备法人地位，就难以筹资，也无法享受政府的税收优惠。对于选择通过登记而成为法人形式的组织，一经登记，其存在和运营的每个环节都要受到政府的监管，从设立到变更、到撤销都要纳入国家的相关法规中。

和日本相比，中国政府对基金会采取的是"窄进严管"的监管策略，

① 参见本书第五章第一节"中国基金会（NPO）准入规制的变迁"部分。
② 参见本书第四章第三节"日本基金会法律地位的形式（设立或获得方式）"部分和第五章第二节"中国基金会法律地位的形式（设立或获得方式）"部分。

根据《社会团体登记管理条例》《基金会管理条例》规定，社会团体法人和作为非营利法人的基金会的设立都须经过业务主管部门的审查同意，并向登记注册机关申请登记，才能取得法人资格；而没有取得法人资格的社会组织则是非法组织。经过千辛万苦有幸通过登记而成为法人形式的组织，则更是需要在每个环节接受来自业务主管机关、登记机关的约束和监管。需要说明的是，在中国，因创办和提供资金的主体不同，分为民间基金会与政府基金会等。对不同类型的基金会，尽管面对同一法规，但在设立和监管的裁量上是不同的，对民间基金会的准入和监管相对严格，对政府基金会的准入和监管相对宽松，如涉及红十字会的"郭美美事件"① 就充分暴露了这种情况和问题。

第三节　中日基金会准入规制特征的原因分析

通过前面所述中日基金会准入规制的变迁、法律框架、法律形式与程序及其异同等内容，在一定程度上已经能够了解到中日基金会准入规制既有的共同特征，也有更多不同之处。而对于形成这些相同之处和不同之处的原因，可以从两方面寻找到答案：一方面是传统，即中日两国政治－法律文化传统、民族文化传统；另一方面是现实，即中日两国政治经济制度、民间力量的崛起。

一　传统：中日两国政治－法律文化传统；民族文化传统

（1）法律传统。中日基金会准入规制具有共同特征与中日两国现行法

---

① 指"郭美美炫富事件"：2011 年 6 月 21 日，新浪微博上一个认证身份是"中国红十字会商业总经理"、网名为"郭美美Baby"的网友自称是"住大别墅，开玛莎拉蒂"的 20 岁女孩，炫耀其奢华的生活方式，有网友称她是中国红十字会副会长郭长江的女儿，由此引发网络和全社会对中国红十字会的非议。"郭美美事件"发生后，社会捐款数以及慈善组织捐赠数额均出现锐减。当年民政部统计数据显示，全国 7 月社会捐款数为 5.2 亿元，和 6 月 10.2 亿元相比，降幅近 50%；慈善组织 6～8 月接收的捐赠数额降幅更是达到 86.6%。和 2011 年同期相比，2012 年全国上半年社会捐款数额为 100.5 亿元，2012 年较 2011 年减少了 74 亿元，降幅达 73.6%。此后首先从微博爆出的中华慈善总会的"尚德诈捐门"（2011 年 9 月），再到中国青少年发展基金会的"中非希望工程"（2011 年 10 月）、河南省"宋庆龄基金会"（2011 年 11 月）等微博事件，使慈善信任风暴愈演愈烈，慈善组织成为众矢之的。

律同属大陆法系有关。大陆法系以成文法为基础，制度体系完整，逻辑严密。在大陆法系下，多数国家对于非政府组织采取登记设立模式，因其人和财产的构成要素不同，将公益法人区分为社团法人和财团法人，并分别规定法人准入的条件和程序。对于非营利组织，多数大陆法系国家的法律制度比较宽松，只要符合法律规定无须审批就可以登记从而获得法人地位，如瑞士。在这些采取登记设立模式的国家中，比较严格的是以中国和日本为代表的，统一的特征是法律规定非政府组织（包括基金会）设立人必须依据法律规定的准入标准，履行一定的法律手续并获得审批后获得相应的法人地位，进而才能获得税收优惠。日本和中国都实行登记许可制，区别只是严格的程度不同。相比之下，中国比日本更加严格。日本有任意法人制度，这种法人即使不登记也并不违法，而在中国，必须都要登记审批，否则就被视为违法，组织就会被视作非法组织，其活动则被视为非法活动。

（2）民族文化传统——"公"与国家主义。为什么中日两国近现代法律（以宪法为例，中国宪法、日本宪法）最终选择了大陆法系而不是英美法系？对于这一点，如果仅仅从当时两国所处的政治经济条件（如中国实行以公有制为基础的社会主义国家制度；日本实行以天皇为象征性基础的君主立宪的资本主义国家制度）和国际环境与影响（中国：受苏维埃宪法及斯大林、共产国际和法国宪法的影响。[①] 日本：明治宪法先是移植法国宪法后又移植德国宪法，1946 年《日本国宪法》受美国影响[②]）的角度进行分析，恐怕还不能完全说明选择大陆法系与其各自的文化历史传统有着什

---

① 原宪法草案中曾指出"这是我国的第一个宪法"，毛泽东认为不妥，中国过去有 9 个宪法，要尊重历史，不能背叛历史，并强调说此句不改不行（许虔东，1994）。"1954 年 1 月 15 日，毛泽东同志给在京的刘少奇等中央领导同志发电报，通报了宪法起草小组的工作计划，并开列了必读参考资料清单。……为了便于政治局讨论宪法草案，工作计划要求在京的各中央委员抽暇阅读有关宪法的参考资料，共十种，包括：（1）1936 年苏联宪法及斯大林的报告、1918 年苏俄宪法；（2）东欧民主国家宪法，如罗马尼亚、波兰、民主德国、捷克斯洛伐克等国宪法；（3）旧中国宪法，如 1913 年天坛宪法草案、1923 年曹锟宪法、1946 年蒋介石宪法；（4）法国、德国等欧美主要资本主义国家宪法。"（韩大元，2004）

② 1946 年 11 月公布了《日本国宪法》，并于翌年施行。半个世纪以来（指至 1997 年），日本宪法未经一次修正。这部宪法是美国人起草的，不可避免受到美国的影响。例如，该法规定，最高裁判权可就其他法律是否违宪进行审理，并可作出该法是否无效的判决（植村荣治，1998）。

么样的联系。

中日两国共同的文化历史特征是，两国是一衣带水的邻邦，地缘上共处在东亚地区，文化上共处于儒家文化圈中，都有受儒家文化及固有文化的统辖和影响的悠久历史。由于这些关联的一致性，必然使其在国家的法律制度以及对待民间组织的价值取向（或更高概念层次上的国家与社会的关系）上有其共通性。

日本著名汉学家沟口雄三先生对中日两国的"公"与"私"进行了深刻的研究，对于分析、理解中日两国的文化传统在公私文化上的异同及弄清它与中日选择近现代法律制度的关系极有启发价值。沟口先生认为，中日公私概念的特征是不同的。"厶"的"公"有"'公为平分''私为奸邪'所显示的道义性内涵"；由于公私"全部都是以分配上的均平、公正为其伦理性核心的，因而可以推测，这种伦理性是以共同体的共同伦理为基础的"，这种"共同体内的均平、公正等规范性的通用观念可能是后来产生'平分'之解释的根源"（沟口雄三，2011：252～253）。他主要通过对东汉前的《诗经》、《说文解字》（许慎著）和《韩非子》等文献研究，发现"厶（＝私）中，在《韩非子》中，'自环'，即'自围'之意。在《说文解字》中解为'奸邪'之意。与之相对，'公'分为两组：第一组是《韩非子》的所谓'背厶'，即'解开围圈'的意思，由此产生与众人共同的共，与众人相通的通，在《说文解字》中，是作为'私，自环'的反义——'公，平分也'；而第二组，是从《诗经》的例子推出的：'公'是对于'共'所表示的众人共同的劳动、祭祀场所——公宫、公堂，以及支配这些场所的族长的称谓，进而在统一国家成立后，'公'成为与君主、官府等统治机关相关的概念"。（沟口雄三，2011：6）

"日本的'公'即'おおやけ'①，则正像'大家'或'大宅'所标示的，是大的建筑物及其场所地。……从与众人相关的社会的、公开的事物到官方、朝廷的诸事务，都用了'公'字，可能是起源于'おおやけ'这个原意。……就是说，日本的'公'即おおやけ的原意根本就不包含第一组的概念，特别是'通''平分'的部分。本来おおやけ含有'共'（军事、

---

① 现代日语的"公"，音读为"こう"，训读为"おおやけ"。为区别中日文的"公"和"私"，沟口在原文中以"おおやけ"表示日文的"公"，用"わたくし"表示日文的"私"。

祭事、农事等的公共性）的含义，但这一概念的重点却在于包含这一'共'概念的统治机构。大和朝廷的政治意识形态的要求也增加了这一倾向［在平安时代，公（おおやけ）甚至成为指称天皇个人的语汇］。"（沟口雄三，2011：6－7）

在日本，与"公"相对应的是"私"（わたくし，被用做第一人称，写成"私"，是代词"我"的意思）。"私"位于"公"之下，从属于"公"，以"公"为前提，具备"秘密的""个人的""自家的"这些属性（沟口雄三，2011：242）。

沟口雄三在上述考证的基础上，对中日公私概念的内容进行了整理。第一，中国的"公"有三个意义群：①首领性，指公家、公门、朝廷、官府等政治性的"公"；②共同体性，指共同、公开等的社会性的"公"；③均平、反利己的"公"和偏私、利己的"私"等伦理性、原理性的"公"。第二，上述伦理性、原理性的"公"是天的绝对的公平无私性的投影。第三，日本的おおやけ（公）将天皇、国家设为最高位，即作为おおやけ（公）的领域的极限；与此相对，中国的"公"意指，在皇帝、国家的上面还拥有普遍性、原理性的天之"公"。第四，中国的"私"和日本的わたくし（私）一样，有相对于官方的民（私家）或自家之事的隐私等含义，但也许是由于有曲私、利己等反伦理的含义，而没有成为第一人称（沟口雄三，2011：258）。

在上述三个意义群中，③是中国公私概念中独有的特征，这一特征决定了两国公私根本不同的文化属性，进而从本源意义上影响了两国对政治－法律制度的不同的选择和特征。但问题是，影响中日法律制度及其本书所探讨的非营利组织（基金会）的准入规制的共同特征，在文化传统方面究竟是什么？或者说，是什么中日两国共有、共通的文化属性决定了它们在政治－法律制度方面的相似的选择和特征？我认为，这个影响甚至决定的文化因素就是中日两国共有、共通的公私观念，即首领性的政治性的"公"和共同体性的社会性的"公"。沟口先生认为，中国的"这两群与日本的おおやけ原意相似，因此被吸收到日本おおやけ（公）的意思里"（沟口雄三，2011：258）。

图6－1清晰地表示了中日公私概念的区别和联系。中日两国共有、共通的公私观念体现在现实社会结构中，就具体地表现为国家－社会的关系

（另种表述为君 – 臣关系、官 – 民关系、君 – 民关系等），其核心特征是儒家政治文化家国一体的官重民轻的国家主义。

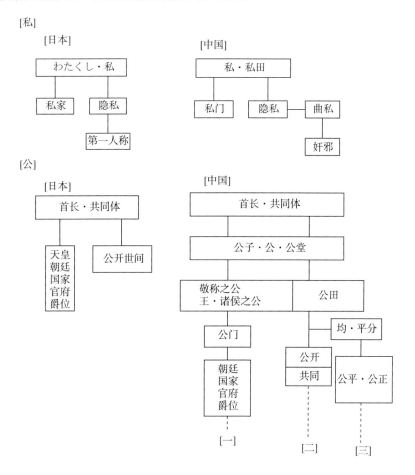

图 6 – 1 中日公私概念内容比较

资料来源：沟口雄三，2011：259。

这种官重民轻的政治文化构成了长期影响日本民众的因素，在他们的"公"的概念中只有天皇、国家统治、权威机构的含义。具体说就是，以天皇为代表的朝廷、官府、国家、政府是它高高在上的存在，而庶民们只有对它仰慕和遵从。直至今天，日本人仍沿用了"公"的原意，"公"更多是指向政府、官方机构及与政府有关系的人和机构，如政府官员以及公立学校、公立医院等，并带有主流、正式的含义。更深的一层含义是，这种现实中的"公"的理念又构成了牢固统摄日本国民精神的集团主义文化，它广泛渗透于各个社会组织内部和社会关系之中。它决定了每个人的社会类属是其权力依附的实体，在传统社会中，集团表现为以绝对主义的家长制为特征的家族、村落、作坊等共同体；[1] 在现代社会中，集团表现为职场。这些可以依附的实体在集团主义的系统里被视为"家"（如会社的社员便有社奴之称）。在一定意义上，这种集团主义成为国家主义赖以存在的重要基础。二战后，建立在国家主义模式基础上的"行政指导型"的战后政治体制，不但使现代意义上的公共、公众意识十分薄弱，更使社会的第三部门缺乏生成的深厚土壤。"这也是日本进入产业化社会以来，以横向联系为特征的纯民间的、志愿的、非营利组织远不像西方发达国家那样活跃、成熟的重要原因。虽然伴随着生活方式、生命周期以及人的精神需求的变化与更迭，基层社区市民的自主性、自治性需求不断产生，但直到1998年通过的有史以来第一个非营利组织法之前，在所有发达资本主义国家中，日本是对非营利组织限制最多最严格的国家。"（田晓虹，2004）以上特征具体到与日本基金会准入规制的关系，由于天皇是至高无上的"公"，基金会等非营利组织是与天皇正相反和没有必要存在的"私"，而这正是国家必须加以严格限制的。

按照沟口先生的说法，在中国，"公"在原意上与日本的"公"的相同、相通之处是首领性的政治性的"公"和共同体性的社会性的"公"。这种公私观念也体现在中国古代国家－社会的关系之中（在今天仍深刻影响着中国的政治－法律制度），其核心特征是儒家政治文化家国一体的官重民轻的国家主义。在古代中国人眼中，君权是神授的，权力是至高无上的。在政治制度上，古代中国是东方专制主义（君主专制主义）的发祥地和法律制度上国家主义的代表。君主专制主义的最核心特征是皇帝拥有至高无上的权力，实行对民众和国家的个人独裁统治，皇帝既是最高立法者，又是最高审判官，历代法律都以皇帝个人意志的形式表现出来。统治的原则

---

① 作为国家主义根基的日本家族主义文化直接影响法律制定的经典案例是1892年延期派对断行派的争论的胜利。"旧民法典的人事编，遭到激烈批评，以倾向于历史法学的英国法学派的延期派认为，旧民法典无视日本的'固有的淳风美俗'，特别是破坏了绝对主义的家长至高无上的家庭制度，不符合《大日本帝国宪法》的精神，动摇了日本的立国之本。法典论争的最后结果是，帝国会议于1892年通过《民法典及商法典延期实行法律案》，旧民法典被否定，以延期派的胜利而告终。"参见本书第四章第二节"日本基金会准入规制的变迁"部分。

和方式是，在秦朝是"以法治国"，从西汉初期大体上是"霸王道杂之"，自汉武帝"罢黜百家，独尊儒术"以后，儒家思想成为主导的政治思想，以其为基础逐步形成了以礼法合流为基本特征的封建法律思想体系。维护皇权专制、封建家长制的伦理基础的三纲五常成为封建法典的核心内容，德主刑辅、礼刑并用成为法制的原则。与维护皇权专制统治相应，由于秉持官重民轻的国家主义原则，中国古代法律从维护等级制度出发，赋予贵族官僚以"刑不上大夫"等各种特权。[①] 唐之后，宋、元、明各代法典均将其作为重要内容加以肯定。在封建专制主义制度下，皇帝是最高统治者和司法官，直接控制司法大权。地方的审判权完全归属各级行政长官，中央虽设有专门司法审判机关，但其活动为皇帝（君权）所左右，监察、行政机关也可审理案件，审判机关往往不能独立行使职权。封建社会并无独立审判权，审判机关只是皇帝及受皇帝控制的行政机关的附庸。这种行政兼理司法的制度，在中国延续了几千年。以上这些特点，即使在提倡依法治国的现代中国，仍能通过"以德治国""官本位"等理念和现象看到政治－法律文化传统的影响。

以上特征具体到与中国基金会准入规制的关系，决定了官重民轻的国家主义特征。表现在基金会准入规制上，如中国基金会法人带有很明显的公法人的倾向；在双重管理制度严格规制的另一面，是不可避免地与官方、政府有各种各样的联系，出现官方、民间、半官半民等不同背景的基金会；也由于这种官重民轻的基金会准入体制，无数民间社会组织被置于门外，成为非法组织。

关于传统，本部分重点分析的角度是它如何构成了中日基金会准入规制共同特征的原因，即中日对于"公"的相同面成为影响甚至决定了两国在法律制度上的选择，并进而决定了基金会准入规制的基本特征。但传统是整体，我们在现实生活的社会现象中是无法清晰地区分出哪些是由传统造成的，或者哪些是由什么传统造成的。

事实上，中日"公"的区别面，即"均平、反利己的公和偏私、利己的私等伦理性、原理性的公"，是日本传统"公"的概念中所没有的，同时

①　如西周法律有"凡命夫命妇，不躬坐狱讼"的规定；汉代有"先请"之制，对犯罪的贵族官僚的审理，要先奏请皇帝；魏律根据《周礼》的"八辟"规定了"八议"；至隋、唐，封建特权法因沿袭又不断发展，《唐律》规定了"议""请""减""赎""官当"。

也是中国所独有的。正是这一点影响和决定了中日法制思想和制度以及对非营利组织的价值取向及社会控制的基本倾向，这些取向和倾向在法律上最终又通过准入规制体现出来。由于中国的"公"是公共，是重分配之公，所以在逻辑上，对非营利组织的限制是就对"公家"所认为的公共利益的保护。由于儒家政治经济思想中本来的"均"（大同）思想很难与资本主义的自由竞争原理相结合，同时，又产生了对专制加以监督的中国独有的"天下为公"的思想（沟口雄三，2011：205），对非营利组织（基金会）的准入规制的影响表现在限制竞争的原则上。

这个区别还决定和影响了中日两国政府对基金会的基本认识、基本态度和 NPO 前行的基本走向。这一点在日本"新公共性"问题上表现最为突出。"在日本，伴随着 20 世纪下半叶现代化的高速发展，整个社会进入以'欲望和感情解放'为主题的个人主义时代，利己主义风行，价值体系崩坏，地域发展不平衡，旧的公共性开始被破坏，建构'新公共性'的问题应运而生。"（田毅鹏，2005b）在理论层面，其主要内涵在于，"与欧美'公共性论'强调'舆论'和'言说'的'言说系公共性'不同，日本'新公共性'论更强调将公共性实践建立在个体志愿的基础上，实现由'灭私奉公''灭公奉私'到'活私开公'的转变"（田毅鹏，2005b），主张通过挖掘东亚的思想文化资源，超越西方社会传统的"国家—社会"二元模式论，在批判公私一元论、克服公私二元论的基础上，提出相关性三元论，即在相互关联中把握"政府的公（制度世界）—民的公共（公共世界）—私人领域（生活世界）"这三个层面，通过公私对话、公私协动、公私开新这三个层面的互动，倡导全面贯彻"活私开公"理念（山胁直司，2000），以此构建出全新的公共性。由于日本传统的"公"的概念中只有首领性的政治性的公和共同体性的社会性的公，所以在实践方面表现出了公共空间意义上的政治性的"公"。

1997 年 12 月，日本政府发表行政改革会议最终报告，在文中曾多次提及"公共性空间"的表述：①"公共性空间绝不是中央政府的垄断物"之认识是日本行政改革最基本的前提；②坚持以上述前提为原则，在国家与地方自治体之间实施彻底的地方分权；③将原来由政府独占的公共性空间最大限度地向包括 NPO、市民和市场在内的全体社会开放。2001 年初，日本开始实施中央省厅（相当于我国中央部委）的大规模改革和重组，把原有的 1 府 22 省厅重组为 1 府 12 省厅。针对这一机构精简改革，在日本行政学界与行政实践界均拥有重要影响力的今村都南雄教授专门指出：地方分权改革时代的政府体系重组，不能仅停留在原有公共空间的重组，还应面向每个市民进行公共空间重组，否则行政改革将无法取得实质性成效（今村都南雄，2002）。对于日本共同体性，指共同、公开等的社会性的公在"新公共性"问题上的体现，是民间与政府作为共同体的"协动"，经过 20 年的官民共同努力，已大致构建起契合本国国情并成为指导 NPO 发展乃至国家公共治理的新理念——"新公共性"。一言蔽之，日本"新公共性"主张"实现由传统以'官'为主体的公共性转变为多元的公共性诸形态，力图摆脱战前以来'国家＝官＝公'的一元'公观念'，代之以立足于公众基础之上的'新公共性'，公共性由'垄断'走向'扩散'"（田毅鹏，2005b）。为此，日本在实践领域通过实施以 NPO 政策为核心的相关措施，致力于推动原由政府垄断的公共服务供给体系向政府与 NPO 等民间力量携手合作的公共服务供给体系的转变。这一实践做法在日本被称为"协动"①，目前已成为日本实现"新公共性"的基本措施。

　　中国除了在"公"的第一、第二意义群上与日本相同，还有其独特的第三意义群，即"③均平、反利己的公和偏私、利己的私等伦理性、原理性的公"。这一点影响甚至决定了中国政府在伦理意义上给予非营利组织以空间和建立政府和民间组织的合作互动关系。如 2013 年 4 月开始逐渐在全国 19 个省份放开的四类社会组织中取消双重管理，准予其在民政部直接注册的政策，这四类组织都是公益慈善类社会组织；而对于其他类型的社会组织，包括基金会并没有放开，仍处于严格的双重管理体系之中。再如，相对于日本在"新共同性"中对官民的"协动"关系，中国更强调基金会等社会组织作为第三部门，在社会财富的第三次分配和其他社会资源的合理有效配置中的作用，更强调它在社会治理中对促进社会公平正义的作用。

---

① 1990 年熊本县立大学教授荒木昭次郎发表题为《参加と協働》的学术论文后，"协动"一词开始在日本被广泛接受与使用。"協働（きょうどう）"一词，原意为"为实现相同目标而共同合作"，现主要被用来表述日本公共行政服务供给的一种新手段，旨在强调政府与 NPO、企业等民间力量进行对等合作并共同提供公共服务的新理念，基本等同于"パートナーシップ（partnership）"。目前，"协动"已成为日本学界尤其是日本行政学界的研究热点。

二 现实：中日国家－政治制度；民间力量的崛起

毫无疑问，一个国家的政治制度从现实性上决定了一个国家的法律制度，进而决定具体的社会关系结构。

明治维新使日本"脱亚入欧"，走上了近代资本主义道路，建立了以天皇制为基础的君主立宪国家。这就决定了日本的近代法律制度对先进的资本主义制度的效法，先是效法和移植法国宪法，后来又结合本国国情移植同是君主立宪制的德国宪法，并迅速发展为继受型宪法。对德国宪法及《德国民法典》成功的创造性移植，使日本对非营利组织及其准入规制的制度安排形成了鲜明的资本主义法的特征，如任意法人之于结社自由权、社团法人与财团法人的分类等。二战结束后，日本作为战败国全面接受美国的接管和监护，和平宪法出台，但并没有改变日本的政治制度，仍实行以大型财阀为基础的资本主义政治－经济制度，所以民法典等基础性法律制度也没有进行修改。从这时起到1998年，日本以《日本民法典》为依据，针对社会上涌现出的新型社团组织制定了近200个特别法。直到1995年阪神大地震爆发，大量志愿者和民间非营利组织显示出独立的力量和不可替代的作用，使政府、企业和NPO构成了新的社会－经济结构，于是在NPO的推动和政府的互动下，于1998年诞生了《特定非营利活动促进法》。

中国则是另一种情形。"中国人民经过一百多年的英勇奋斗，终于在中国共产党领导下，在1949年取得了反对帝国主义、封建主义和官僚资本主义的人民革命的伟大胜利，因而结束了长时期被压迫、被奴役的历史，建立了人民民主专政的中华人民共和国。中华人民共和国的人民民主制度，也就是新民主主义制度，保证我国能够通过和平的道路消灭剥削和贫困，建成繁荣幸福的社会主义社会。"①这种政治－经济制度决定了这部带有过渡时期特点的宪法对苏联宪法的借鉴。加之政治统帅一切等种种原因，决定了民法对于法人的分类中并不包括非营利民间组织。进入新时期和社会主义市场经济阶段以后，各类民间社会组织涌现，为了规范和控制非营利领域并促进其健康发展，国家出台了《基金会管理条例》，所以直到2013年一直对基金会采取极为严格的准入规制。

---

① 《中华人民共和国宪法·序言》（1954）。

　　民间力量的崛起，从现实性上更主要决定了中日基金会准入规制的不同之处。民间力量是指相对于政府而言的从自发到自觉的积极推动社会良性运行和协调发展的民间志愿者个人和组织、非营利组织及其行动。

　　日本部分参见第四章第二节"日本基金会准入规制的变迁"部分，中国部分参见第五章第一节"中国基金会准入规制的变迁"部分。

第七章 社会互构论视野中的基金会及其准入规制

第一节 社会互构论视野中的社会 - 国家

一 何谓"社会互构论"

社会互构论是以郑杭生先生为代表的学术团队从 21 世纪初开始创建的中国特色社会学理论，它和社会运行论、社会转型论、学科本土论"四位一体"，一起构成了既有世界眼光，又有本土特质的社会运行学派的基本理论。社会互构论，"以现代性之全球化与本土社会转型为背景性视域，着力理解和阐释多元社会行动主体间的相互形塑、同构共生关系"（杨敏、郑杭生，2010）。

社会互构论首先在社会学元问题层次和基本问题层次上对"个人和社会的关系"问题进行了系统梳理，从而形成了自己的基本理论预设：在理论上不主张对于"个人与社会"其中一方的优先性或排斥性选择；在实践中不赞成具体的个人与社会关系及其展开的设问形式（如自由与秩序、权益与权力、私欲与公益、自主与规范、个性与准则、自主行动与公共制导等）的经典的二元对立，即主导或从属、支配或服从、强制或被制的观念，社会与自然、个人与社会的关系不是一种简单的客观因果对应关系，也不是主观建构的结果，主张这种关系是实践中的关系系统。

社会互构论通过主张实践中的"个人和社会的关系"这一关系系统确立了自己的框架性理念。

关于社会互构关系。将社会与自然、个人与社会之间在实践中形成的同构互生、互构共变（特别是互构谐变）视为新型现代性应当确立的基本关系，它有别于西方文化价值观主导的旧式现代性，它是对当代中国快速转型期个人与社会的关系，更为确切地说，是对快速转型期个人与社会的行动关联的一种理论概括。

关于社会互构类型。根据社会互构共变的"向度"和"量级"，将社会互构划分为三种类型：其一，正向谐变，主要是指和谐、协调、一致，也指相应、偕同、共时性变化等；其二，逆向冲突，意味着互构各方在变化过程相应地朝着差异、疑虑、分歧、不认同等趋向发展，不和谐的向度和量级随之扩展和升级；其三，悖向同变，所谓"悖向"即指一个变化过程中同时存在着正向和反向这两种并立、同行而悖逆的运动趋向，悖向同变也可称"正向－反向同变"。

关于社会互构过程。社会互构过程是多重意义的统一：行动主体间的交互形塑、构建与社会行动意义的"效应"的统一；主观行动意义赋予与外在行动意义的实践化统一；实践意义的生成、往复调适与反思性监控的行动延展的统一；等等。在社会互构论看来，在多元主体共同参与和行动意义效应中，不同社会主体以积极谋划和行动，在各种可能性中"争取一个最佳值"，通过努力来"赢得"某种事实。由于当今社会生活中的复杂变数在不断增加，社会互构论重视多元主体共同参与的行动过程的非确定性和不可预料性。社会互构过程不是简单的线性链条，不是必然的因果性结局，其间出现的各种互构状态是流变的，其互构结果也具有可变性和可修复性。社会互构过程强调参与者的协商合作，以构建出可以共同分享的前景。

关于社会互构机制及条件。社会互构的机制是指互构实践过程的综合创新机制，一般而言有情性调节机制、智性逻辑机制、意志驱动机制、实践反思机制等。由于社会生活本身存在着各个不同的"互构域"，因而还有更为具体的"互构域机制"。社会互构论关于"社会与国家的互构"的法理机制、解释机制，"国家与利益群体的互构"的结构性机制、体制性机制（力量）等讨论，涉及对具体"互构域机制"的探索。社会互构的条件包括多元性参与、主体性资格认可、互构情境、互构资源（意义、权力、结构、机会），等等。

社会互构论主要通过以上现代社会不同主体的互构关系、互构类型、互构过程、互构机制及条件的探索，促成多元社会主体的求同存异、因异而和、和而兼之、兼而谐之，对于不断增进社会生活的和谐，具有重要意义。

社会互构论还以"个人与社会的关系"为中心，面向世界和本土拓展更加开阔的研究视野，在摒弃了关于社会与自然、个人与社会、社会与国家、市场与国家、西方与东方、世界与中国、全球与本土的二元对立或相互排斥、压制、支配、制衡的眼光的基础上，通过不同社会现象及过程的相互依赖、相互制约，着力理解和阐释多元行动主体间的相互形塑、同构共生关系（杨敏、郑杭生，2010）。

二　社会互构论视野中的社会－国家关系

在社会互构论视野中，社会与国家是人类共同生活过程的两种不同的共同体，同时又是相互关联的两个侧面。社会是各个财产所有者的权益的集合体，国家是对个人及其群体的权益做出政治性安排的权力系统。正如马克思指出的，在"我们面前"有"两种权力"，一种是财产权力，也就是所有者的权力；另一种是政治权力，即国家的权力。①

社会与国家的互构是社会互构的重要过程和重要方式。社会形塑国家，国家也形塑社会，通过这个过程，既构建了社会，也构建了国家。这种互构是通过两者在行动过程中建立起的互构机制来实现的。社会互构论重点从利益共同体与权力系统的互构及其法理机制、非制度性行动与制度性行动的互构及其解释机制方面对社会转型加速期的社会与国家的互构关系给予了更为具体的分析。

利益共同体与权力系统的互构。一方面，社会成员对社会普遍利益的认同，以公共意志形式体现出来，这种公共意志又成为社会成员对社会生活进行共同参与的基础，也是现代国家政治及其权力运作的实践依托。权力系统需要公共意志的认可而使其具有权威性、合法性，在现代法治社会，公共意志正是立法的前提。这样，合法性的权力就意味着权力责任的法制化，国家以法律的名义向社会利益做出承诺，政治权力运用的目的在于满足社会中所有成员的集体利益，因而政府所做的一切必须是社会成员所普遍期待的。

---

① 参见《马克思恩格斯选集》（第二版）第 1 卷，1995，人民出版社，第 170 页。

另一方面，作为具体的社会成员（如个人、群体、局部社会）总是有其特殊利益，并以特殊意志表现出来。但只有符合社会普遍利益的特殊利益和与公共意志一致的特殊意志才具有合理性和合法性，才能进入一种政治安排之中，被社会的法律秩序系统视为有效。所以，在特殊利益的合理性和合法性中，既确定了社会成员的自由度，也包含了法制规范的强制性。

以上两方面决定了作为利益共同体的社会与权力国家处在同一个法理的框架之内。由此决定了社会与国家的相互契合是社会与国家互构关系的一个基点，这正是法理机制的重要作用所在。

非制度性行动与制度性行动的互构。社会互构论把国家和社会的关系看成在社会行动中展开的关系，指出利益共同体和权力国家的特质总是通过社会行动过程来表现和展开的。社会是众多个人及其组群的行动的关联体，这些行动关联体总是遵循一定的规范秩序，因而社会也是个规范秩序的行动系统。国家是制度性的规范秩序体系，它通过整治规划和制度安排向社会提供秩序，以法理形式对各种利益行动进行引导和规范，使社会中与普通利益和公共意志相抵触或冲突的利益行动受到限制。

社会行动方式有两种类型：一种是社会主体自觉设计的制度安排；另一种是从生活中生发出来的经验习性。前者是制度性行动，后者是非制度性行动。这两种行动是人类行动过程中相互依存的两个侧面，对社会生活发挥着不同的功能。制度性行动（制度、规则、法律等）呈现社会表层结构，非制度性行动（习惯、风俗、礼仪、乡规民约等）呈现社会深层结构，它们共同构成了社会合作体系，这个体系涉及它所产生出的利益分配和社会正义问题。

政治安排总是离不开占支配地位的社会主体的意志，表达了对社会利益的解释，是支配着的社会利益的意志表象。制度行动作为社会普遍认可的行动模式，又成为社会的集体意志表象。非制度性行动在社会中有时表现为各种"非正式的结构力量"，在某些情形下对制度性的政治安排进行"干预"，产生"压力政治"或者"分赃制度"（杨敏、郑杭生，2010）。

制度性行动和非制度性行动都具有共有性，即政治权力即是国家的强制性权力，同时也是自由和平等的公民权利（罗尔斯，2002：67）。这种共有性构成了社会和国家的互构机制——解释机制的基础。解释机制是双向的、相互的机制，即政府与社会、官方与民间双方互为解释的主体和客体，相互阐释各自的合法性和合理性依据。

三　社会组织与社会 – 国家互构

人类社会的产生和发展都离不开社会组织。人类社会的变迁史，在某种意义上，是社会组织的变迁史。从以家庭、非正式群体和村社占统治地位的农业社会，向以大规模正式组织出现为特征的工业社会的过渡，都体现了社会组织的作用。社会组织取代初级群体成为占据主导地位的群体形式，是现代社会的一个显著的特点。在社会运行论看来，社会组织有广义和狭义之分。广义的社会组织，泛指一切人类共同活动的群体，包括家庭、家族和村社等初级群体；狭义的社会组织，是指相对于初级群体的次级组织形式，也可称之为正式社会组织，是人们为了实现某种共同目标，将行为彼此协调与联合起来所形成的社会团体。现代组织及其活动与传统的人类活动和初级群体相比的显著特征是：第一，非人格化，在组织中，人与人之间是普遍的关系，组织规章的目的是限制人类行为的随意性，否定个人的自主性和个性，个体行为需要符合组织的要求，从而把一个社会人转变为"组织人"；第二，现代组织的整体合理性与个体非合理性；第三，现代组织的道德性与非道德性的两重性（郑杭生，2003）。

社会组织与社会的关系是：社会从根本上说是由社会组织构成的；有组织的社会又为社会组织的存在和发展创造了条件。按照马克思主义的观点，社会是人类生活的共同体，不是单个个人的简单相加，而是人们在生产、分配、交换、消费的经济交往中结成的全部社会关系的总和。① 按照这种观点，社会具有这样几个特点：第一，社会是由人群构成的；第二，社会以人与人的交往为纽带；第三，社会是有文化、有组织的系统；第四，社会是以人们的物质生产活动为基础的；第五，社会系统具有心理精神上的联系；第六，社会系统是一个具有主动性、创造性和改造能力的活的机体（郑杭生，2003）。上述六个特点，无一不是与社会组织相联系。所以说社会不是单个个人的简单相加，而是由有组织的个人组成的；人与人的交往，本质上是处于生产、分配、交换、消费中的经济交往，那么这种交往就是一种组织性的交往，随着社会分工程度的加深，这种组织联系交往的

---

① 参见《马克思恩格斯选集》（第二版）第 4 卷，1995，人民出版社，第 532 页。

程度也在加深；组织化的人类社会不同于动物结群，社会在生产中创造出了包括组织在内的自己的文化体系，社会也便按照一定的文化模式而组织起来；人们首先在物质生产活动中所结成的生产关系构成了组织化的社会系统的基础和本质；社会系统的心理和精神的联系特征决定了社会组织内部不仅仅是物质利益之间联系，组织化了的人类社会创造了语言、文字、符号、信息及各种非本能通信、交流的方法，它们反过来又大大加强了组织化的人们之间的精神互动和联系；是组织起来的人——社会的主体才具有主动平衡组织之间以及人与自然之间的功能和能力。总之，从社会互构论的观点看，社会是由众多个人之间的关系结成的整体，是存在于个人和群体组织关系过程的共同体（杨敏、郑杭生，2010：448）。

人类社会一时一刻也不能停止以物质生产为核心的社会实践活动，这种活动体现在社会运行之中。社会运行指社会有机体自身的运动、变化和发展，其表现为社会多种要素和多层次系统之间的交互作用以及它们多方面功能的发挥。在社会纵向运行所表现出的社会变迁和发展中，人类社会的文化作为广义的社会组织的创造物获得传承或继承；同时，狭义的社会组织也在运行中得以继承、变异或中断。在社会横向运行所表现出的社会诸要素、社会诸系统的交互作用中，更是主要表现为组织之间的交互作用。在现代社会，这种组织间的作用主要表现为三大部门之间的交互作用，即政府、企业、社会组织。

在社会互构论看来，国家是集中的、公共的、组织化和制度化的、具有强制性和一致性的社会组织；在一定的社会生活中，那部分集中的、公共的、组织化和制度化的、代表统治阶级意志的社会组织构成了国家。

社会和国家的关系一直是现代性过程的重大问题之一。在古典社会学中，关于社会和国家的关系，有两个基本思路和理论。一个是马克思代表的"分离理论"。根据马克思的经典解释，国家权力是从社会中升华出来的。国家是阶级矛盾不可调和的产物，它随着阶级的产生而产生，而且国家权力一经形成便凌驾于社会之上。这一思路把社会和国家的关系置于现代性变迁的历史进程之中，与这一进程中现代工业阶级兴起与冲突的展开联系在一起。另一个是韦伯代表的"依存理论"（韦伯，1997）。韦伯通过现代国家权力和权威的合法性以及理性化、技术化的官僚科层机构透视了现代性的历史变迁。这一思路强调社会与国家的彼此依存，重视国家在社会现代性变迁过程中的推动作用。

围绕社会－国家的关系，现代社会科学进行了大量的探讨，经济学和社会学的思考代表了不同的路向。

在"经济学路向"对社会与国家的关系研究中，更直接的表现形式是"市场与国家""市场与政府"的关系。古典经济学派在"市场与国家""市场与政府"的关系上坚持主张把"自由放任"作为经济领域的基本原则，反对国家干预和政府管制，如斯密（Smith）的"看不见的手"和"放任自流"理论。现代新古典宏观经济学、货币主义、供应学派、新自由主义经济学等都坚持反对国家和政府对市场和价格进行干预的立场。如哈耶克认为人类社会的和谐秩序是自发形成的，国家干预和计划经济导致极权主义，只会妨碍竞争性市场的自动调节，自发成长的制度是"有用的"（哈耶克，2003：85）。

"社会学路向"在对社会与国家的关系的研究上，主张国家是主权性的政治实体，是具有最高权威的政治单位，也是普遍性的民族生存的共同体形式。如哈贝马斯认为，近代以来的市场与政治权力系统分离的趋势在19世纪末开始出现逆转，国家和经济的相互融合剥夺了资产阶级私法和自由主义宪法关系的基础，国家干预政策的结果是国家和社会之间分离趋势的消失。这一逆转趋势是新社团主义的"国家的社会化"和"社会的国家化"（哈贝马斯，1999：11～12）。埃利亚斯意识到了民族国家对市民社会的压倒性胜利，认为社会体系实际上是从民族国家的想象中抽象出来的（埃利亚斯，1998）。吉登斯认为，资本主义社会之所以成为一个"社会"，就是因为它是一个民族国家。他论述了现代"社会"是立存于民族－国家体系中的民族－国家，民族－国家就是社会学家所说的"社会"（吉登斯，1998a）。

用社会互构论的观点看，国家和社会分别代表了人类生存共同体相互联系的两个侧面。社会是一个以人为终极单位，由众多个人之间的关系结成的整体，是存在于个人及其群体关系过程的共同体；国家是拥有最高权力的政治单位，是最具权威的政治共同体，是以科层制为组织形式的行政管理系统，代表了现代社会的公共秩序体系，其主要特征是集中的、公共的、组织化和制度化的、具有强制性和一致性的权力系统。社会则是体现了分散的、个人的、自治的、多元竞争的权益领域。社会和国家构成了互构关系，在互构中，社会和国家相互形塑，相互构建，从而推动了人类共同生活的现代转型与变迁。

根据社会互构论，社会组织是社会－国家互构的中间环节。社会和国家总是存在于特定的相互关系结构之中，任何具体的社会和国家都是其互构过程的结果。一方面，社会通过社会组织形塑国家。国家通过社会组织构成国家，更主要的是在一定的社会生活中，通过那部分集中的、公共的、组织化和制度化的、代表统治阶级意志的社会组织构成国家，在这种意义上，国家是社会中的国家，国家作为社会的代理人行使强制性权力，因而国家通过以社会组织为主要内容的社会的构成要素系统（包括地缘、人口、生态环境、生产方式和发展水平等）构成了国家权力运作的基本前提，同时也构成了制约和限制。另一方面，国家通过社会组织也形塑社会。国家通过社会组织的运作实现国家权力的获得和统治，如通过社会组织（如代表政党、社会团体、非营利组织、派别、制度化的机构等）的运作（如公开选举、社会运动、密谋等）实现国家制度（如国家政治体制、国家经济体制、组织方式、法制化和制度化程度等）对社会的形塑。

社会组织是一个有生命的人类生存共同体，它不是静止不动的，一经产生就处于不断地变动之中，因而它能够有资格成为永远处于动态中的社会与国家互动关系的中心环节。从社会行动的角度看，社会与国家的互构关系是一个相互形塑的行动过程，这种过程离不开社会行动主体与其客体对象的相互作用。无论是社会，还是国家，他们的构成本质上都是社会组织，都是作为社会组织的社会共同体。它们作为社会行动的主体具有行动的自主性，从而通过特定的社会行动在社会和国家互构过程中呈现相应的变化状态，表现形式或是"正向谐变"，或是"逆向冲突"。

利益共同体与权力系统的互构机制中社会组织的作用。利益共同体与权力系统的互构，反映的是社会与国家互构关系的法理机制。一方面，处于一定群体、组织中的社会成员对社会普遍利益的认同，以公共意志形式体现出来，这里所谓的公共意志就是代表不同利益群体或社会组织通过协商或斗争的社会行动达成的意志平衡或不同意志间相同意志的最大公约数。这种公共意志在现代国家最终通过制度化的宪法、法律体现出来。

另一方面，社会成员（如个人、群体、局部社会）是具体的，因此总是有其特殊利益，并以特殊意志表现出来。在特殊利益的合理性和合法性中，既确定了社会成员的自由度，也包含了法制规范的强制性。在这种情形下，政治权力系统决定了社会组织的性格，社会组织或者作为权力系统的对立面而出现，或者作为权力系统的协力面而存在，或者二者兼有，但无论是何种面貌，社会组织都作为核心的环节促成了社会和国家的互构关系，不断推动国家的现代性转换。

以上两方面决定了作为利益共同体的社会与权力国家通过社会组织这个中间环节的作用而处在同一个法理的框架之内。

非制度性行动与制度性行动的互构中社会组织的作用。非制度性行动与制度性行动的互构，反映的是社会与国家互构关系的解释机制。一方面，非制度性行动虽然表现为习惯、风俗、礼仪、乡规民约等，但它呈现社会组织结构和共同意志，是家庭、阶级、阶层、组织的行动，也只有这些习惯、风俗、礼仪、乡规民约等通过群体组织的形态表达时，才会对制度性行动产生实际的影响，如以父权为中心的家庭制度在构成社会共同意志后才会影响权力系统，形成法律形式的社会表层结构。另一方面，非制度性行动通过社会组织与制度性行动共同构成了社会合作体系，这个体系在现实社会真实地反映着利益分配和社会公平正义问题。

在现代社会，从依附理论看，社会组织作为与政府、市场（企业）相并列的第三部门不可能是绝对独立的，它之所以能够存在，是因为拥有政府和市场两种资源。政府资源主要是机会、亚权力、政府管理的网络系统、信息等；市场资源主要是资金、人力资源等。社会组织的权力和生存空间的获得在于政府向它进行的权力让渡；同时，它的经济资源的获得在于社会财产与它的信托关系。

于是，在社会互构论看来，社会、市场、国家共同构成了"合作的三维"关系，或者说"政府－企业－社会的合作三维"关系。这是一种与传统的社会－国家关系不同的新型关系的基本形态。"这里所说的'基本形态'包括组织构架、作用模式和运行机制。首先，政府、企业、社会的各种组织、群体及个人之间能够产生某种框架，使得'国家－社会'的上下联通、融合一体具备结构性条件。其次，政府、企业、社会三大部门应促成制度化的行动方式，使其组织、群体及个人的互动过程能够相互促进、制约和规范，以达到预期的合作愿景。再者，政府、企业、社会各个组成部分能够根据能力优势原则，各自扬长避短，以彼之所长弥补己之所短，这种有效的联动将使良好的合作产生现实的结果。""概括而言，就是结构上互动、功能上互补、机制上互联。在实践中，三方的这种互动、互补、互联关系可以增强社会的整体优势，共同应对各种可能出现的社会问题和社会风险。"近年来，这种新型的合作关系在中国很多地方和基层都有各具特色的探索实践，它们在政府服务与社会治理发面发挥了重要作用，并具有现实意义。①

第二节　基金会：国家与社会利益群体 互构的社会组织样板

一　当代社会的结构性变动与基金会

二战以后，在全世界范围内，现代性进入狂飙突进时期，社会结构、社会关系、利益格局都在发生巨变，而且这种变化随着经济全球化，通信、交往网络化使国际资本、社会资源的流动和转换在全球范围内进行配置成为现实，这种流动和转换使各种物质的和非物质的最广泛意义上的社会资源以新的方式进行组合与转移。社会劳动体系在这种变化中也出现了结构性巨变，以往的以规模化劳动、充分就业、稳定工作岗位为特征的"福特主义"劳动制度趋于崩溃，以"稳定的雇员"（服务部门）和"不稳定的工人"（物质生产及管理）构成的"双重分裂"为特征的"后福特主义"劳动时代到来（张世鹏、殷叙彝，1998）。在这个过程中，社会利益本身的协调机制也逐步形成，社会群体（社会组织）的利益表达和行动也上升到了一个体制的层面，改变了国家和社会利益群体（社会组织）互构的面貌。同时，随着经济全球化和科学技术的爆发式发展，地球生态环境急剧恶化，全球性公共卫生事件频发，人与自然的关系也发生了巨变，人类处于前所未有的困境之中。在这种双重的巨变下，人类社会劳动体系的结构性转变必然带来社会组织政治行动的转变。传统针对资本家阶级和国家政权的社会抗议运动催生出的现代社会组织是政党、工会和其他社会团体。在当代，社会组织政治运动所针对的目标朝着多元化、分散化的方向发展，如和平

---

① 参见郑杭生，2011，《"大民政"的理论和实践与"中国经验"的成长——夯实中国特色世界城市基础的"北京经验"》，中国社会出版社，第 8 页。

运动、绿色运动、妇女权益运动、反核运动、人权运动，等等。社会运动的焦点转到了涉及个人自由与社会生活、权利和义务的"生活政治"方面（科恩、肯尼迪，2001：439～440；吉登斯，2000）。在这些政治运动中作为社会组织的基金会都扮演了重要角色。

当然，在全球性的现代性转型中，基金会无论是在某个国家，还是在全世界范围内，其作用还不止如此，即还不只是作为政治反抗的社会组织出现并发挥其作用；另外，基金会等社会组织在上述的转化中对其合法性也主动做出回应，采取新的形式来实施社会动员。在美国，基金会在社会日常生活中的作用表现出两个方面的变化：一方面，公益慈善类基金会越来越成为平衡社会财富配置系统的重要力量；另一方面，从20世纪80年代早期里根政府开始的通过政府为非营利机构让路来帮助非营利部门以来，政府与基金会等非营利部门之间的合作变得越来越重要（萨拉蒙，2008：3）。在日本，民间NPO和志愿者组织通过在阪神大地震中的突出表现，获得了政府和全日本市民的尊敬和信任，其后主要是通过NPO的推动，实现了政府出台《特定非营利活动促进法》的社会政治目标。

二　国家与当代中国社会利益群体互构和基金会

通过当代中国社会利益群体类型的研究可以大致了解当代中国社会利益群体的基本状况。李强（2000）曾以利益获得和利益受损的状况作为划分标准，将当代中国社会利益群体划分为四种类型或"四种模式"：特殊获益者群体，即改革开放以来获利最大的人，如公司董事长、高级经理等；普通获益者群体，即改革开放以来在经济及各种社会资源方面获得了明显利益的群体，如知识分子、干部等；利益相对受损群体，即在改革的现阶段利益受到了损害的群体，如城镇下岗、失业人员；社会底层群体，即边远山区特困人口、城市乞丐群体等。

我国社会学家对社会阶层状况的大量研究成果，能够帮助我们进一步把握当代中国社会利益群体的如下基本状况：当代中国社会阶层和群体的总体变化趋势是贫富差距扩大；不同社会阶层和群体的收入差别显著；社会阶层和群体内部的分化加剧；社会阶层和群体间差距呈区域化趋势；社会阶层和群体意识呈清晰化；社会阶层和群体呈低组织化；权力和财富构成社会阶层和群体间的冲突或对抗倾向。①

　　由于社会互构论产生于中国本土，当代中国社会转型又是社会互构论研究的"互构域"，因此它更关注中国转型过程中现实问题的本土个性和时空特点，强调分析解释的具体性和经验性（郑杭生、杨敏，2010：485）。在这样的背景和方法下，我们看到，在当代中国，国家具有新的意义和使命：面对社会主体和价值取向的多元化，利益主体之间的诉求和行动方式也出现分化，个性化、差异化和专业化倾向明显，同时又面对着数目众多、分类复杂的社会群体，因而作为权威性政治共同体的国家在解决突出问题、化解不同主体之间的矛盾、协调各方利益等方面的作用是任何社会组织所无法替代的。当代中国社会阶层结构的变化形成了新的利益格局，这一点是通过"利益群体"表现出来的。各利益群体围绕着经济、政治、文化资源和财富分配展开行动，他们通过组织形式、行动方式和制度化程度等展现了自己的特点；同时，国家和不同的利益群体构成了不同的互构形式。

　　社会互构论在纷繁复杂的当代中国国家与利益群体的互构现象中发现了主要和趋势性的互构形式和机制，并把它概括为"协议型模式"（郑杭生、杨敏，2010：509）。"协议型模式"是指对于社会资源配置和财富分配方式，形成各利益主体间建立在对话、交谈、协商基础上的现代社会利益结构。社会互构论认为，这种"协议型利益结构模式"由于反映了社会成员、社会群体具有共同一致性的利益要求，因此能够形成社会行动的整合。在利益结构和社会结构总体的状态下，物质性的强制手段也可以看作是对协议的保护，也是"协议"的必要部分和特征（杨敏，2005）。

　　当代中国在经历从前现代性社会向现代性社会转变的同时，还面对着旧式现代性与新型现代性的冲突。在这种急剧的冲突性转型过程中，中国出现了一些社会问题：贫富差距过大、"三农"问题积弊加重、区域差别扩大、环境日益恶化、诚信体系崩塌，等等。

---

① 参见郑杭生，2004，《中国社会结构和社会关系研究》，中国人民大学出版社，第17页；郑杭生、李路路主编，2005，《中国人民大学中国社会发展研究报告2005：走向更加和谐的社会》，中国人民大学出版社，第31~32页；郑杭生、杨敏，2010，《社会互构论：世界眼光下的中国特色社会学理论的新探索——当代中国"个人与社会关系研究"》，中国人民大学出版社。

基金会在这种当代中国国家和利益群体之间的协议关系结构中具有特殊的意义。它可以作为一种社会体制，涵盖企业和社会群体、政府和社会群体、社会群体之间的协商、对话，引导企业、政府和社会群体间的协议过程。我国政府降低对"四类公益慈善类社会组织"准入的门槛，推行直接登记的政策正是反映了这种趋势。

三 国家与基金会的互构

基金会不仅是社会与国家互构的中间环节或力量，也是社会多元主体中的一个重要类型，其本身与国家构成了一种复杂的互构关系。

20世纪80年代以后，以基金会为代表的非营利组织在世界范围内迅速崛起，第三部门、非营利组织由一个在社会生活的"共同话语中消失"（萨拉蒙，2008：1）了的部分演变为与国家、企业平行的第三部门并拥有"第三方治理"的功能参与整个社会的三边或多边治理，承担着弥补政府和市场失灵后的制度空间的重任。在社会转型中面临巨大贫富差距的中国，基金会作为第三部门还承担着实现社会资源合理配置、公平促进财富第三次分配的重大使命，这一切都表明它与政府、市场的协变互构关系，它以独特的身份发挥着与政府不同，同时又促进政府成为"好政府"，对国家、社会实现"良好管理"（萨拉蒙，2008：17）或"善治"（俞可平，2001）的使命。于是，它由国家管理、管制、控制、治理的对象演变成了与国家同构互生、协力治理的合作伙伴。

这种相互关系的变迁意味深长。这种演变意味着国家和基金会等非营利部门的关系由固有的政府和基金会的冲突范式转变为协力互动、同构共生的互构范式，形成了在这种互构模式基础上建立起来的"第三方治理"的全新治理制度体系。正如萨拉蒙所指出的："流行的观念强调，一个界限分明的联邦政府，替代了其他的社会机构，而实际存在的状况是，国家政府与许多公共和私人机构——其他层级的政府、私人企业、银行、保险公司、私人非营利机构——之间形成了日益扩大的联盟网络。从某种意义上说，公共行政问题已经超出了政府作用的边界，把大量的第三方包含进来，与政府大量分享对公共出资服务的自由裁量权。"（萨拉蒙，2008：2）而基金会能否在现实中真正地处于与政府的互动共生和协力合作的互构模式中，成为决定基金会生存和发展能力的重要因素。"决定第三部门这方面能力的重要决定因素之一，是它能够加强与政府的关系。""这些都表明，政府与非营利组织的关系，已经成为第三部门发展的最关键的决定因素及非营利组织中重要的挑战。第三部门组织的任务，是在保持重要的独立和自治程度的基础上，与政府在提供足够的法律和资金支持方面达成一致。"（萨拉蒙，2008：282~283）

在当代中国，国家和基金会的关系正处于重大转型之中，这种转型并不同于美国1980年以前和日本《特定非营利活动促进法》颁布以前的国家与非营利组织的"冲突范式"①向"合作范式"的转型，这种转型是从基金会对国家的"依附范式"②到"互构范式趋势"的转型。

本书之所以采取"互构范式趋势"这种比较审慎的说法，是因为中国的基金会等第三部门还相当弱小，还处于"初级阶段"，无论是质（性质、功能、机制等）上，还是量（数量、规模、种类）上，在参与公共政策、制约政府权力、促进政治民主化等方面还不能与西方相比，也不能与日本相比，远不具备与政府平等合作、相互形塑的力量，还只是一种趋势。但"橡树的种子包含了橡树的全部"，这种趋势意味着基金会与国家在现实性上有合作和互构的可能性。

这种现实的可能性在于基金会具有影响公共政策的功能和提供社会服务的功能，也正是在这两个领域，基金会和国家找到了共同行动的结合点。基金会影响政府公共政策的制定和执行，一方面体现了社会制约权力的思想；另一方面体现了公共治理的思想。在西方，基金会的这一功能的目的在于弥补"政府失灵"，通过第三部门参与公共政策的制定和执行的方式来制约政府

---

① 由于中国的基金会等民间非营利组织的设立被纳入"双重管理"的准入规制之下，凡正式注册成立的基金会都必然与政府有某种关联，必须接受作为业务管理机关（"挂靠单位"）和注册登记机关的"双重管理"、监控、指导，因此基金会并不能构成与政府的"冲突"关系。而绝大多数的民间非营利组织（"草根组织"）和境外在华非营利组织由于准入规制的限制，并不能如愿注册设立基金会，因而被迫成为企业或"非法组织"，部分这类以绿色环保等为宗旨的民间非营利组织与政府的关系可纳入"冲突范式"。但因本书研究对象限定在注册登记的基金会，所以这类民间"草根组织"不在本书的讨论之列。

② "依附范式"，是指基金会等非营利部门对国家的依附性关系结构。康晓光将处于这种关系结构中的第三部门概括为"依附式发展"；刘鹏等学者把这种结构概括为"嵌入式控制"，指出第三部门不是一个自足的系统，而是嵌入由政治、经济、社会、文化构成的"母体"之中，它深受这个"母体"的影响，同时对"母体"也起着反作用。第三部门的现状和命运在很大程度上取决于"母体"，即外部环境的状态（康晓光等，2011）。

行政权力的过度膨胀，引入竞争机制促使政府提高制定和实施公共政策的效率，实现"善治"。

在中国现阶段，基金会等第三部门只是一部分实现了这一功能。如免于登记的人民社团、基金会在参政方面拥有一定的权利，一些行业协会、商会也通过一定的方式起到了影响公共政策制定和执行的作用。

提供社会公共服务是基金会等第三部门最主要的功能，其目的是弥补政府在提供服务方面的不足，既服务弱势群体以缓解政府在公共服务领域里存在的不公平问题，又满足少数人的个性服务的需要。在这方面，中国和西方发达国家一样，基金会的作用日益增强。但总体上看，中国的基金会等第三部门处于"二元化"状态：官办的基金会因为能够拿到"政府购买服务"的资源，所以这方面的工作主要由政府、官办社团、基金会，以及事业单位来完成；而民间的基金会等第三部门绝大多数处于边缘状态，并不能获得这一方面的资源，所以这一功能还有待政府公共权力进一步向民间让渡（康晓光等，2011）。

基金会和国家关系的互构体现在相关法律法规的制定过程中。在日本，民间 NPO 运动推动《特定非营利活动促进法》的颁布和实施是最为经典的基金会与国家的互构案例。在这一 NPO 社会行动（运动）中，NPO 和国家双双获得了构建和形塑，极大地改变了社会结构面貌。在中国，2008 年汶川大地震所引发的民间公益慈善力量的大爆发极大地推动了公益慈善事业的发展，大量民间公益慈善组织、志愿者以令人惊喜的姿态出现在社会公益慈善领域，成为政府和全社会不可忽视的力量，影响到政府对公益慈善组织直接登记政策的制定。遗憾的是，我国政府并没有像日本政府那样，在大灾难后抓住全社会公益热情高涨的大好时机，及时形成与基金会等民间非营利组织互动、协力的局面，出台相关促进基金会等民间非营利组织准入和发展的法律法规，为基金会的发展提供制度性保障。3 年后出现的以"郭美美事件"为代表的一系列令几家著名基金会和慈善机构卷入的网络事件，使中国的公益慈善事业跌入低谷。不过，这又构成了中国特色互构的另一种范式，即"民间倒逼范式"。这一范式一方面促使政府痛下决心，革除体制积弊，进行洁身自好的"退守式"变革和转型，如对红十字会等官办慈善机构的"去体制化""去行政化"改革探索等，加强信息公开和监管力度①；另一方面，主动创新政府对基金会等非营利组织的管理，首先试点放松对公益慈善、社会服务类社会组织的准入规制，无须"挂靠单位"，直接在民政部门进行登记注册。所以，基金会和政府的互构趋势，还体现在基金会准入规制的变化之中。这充分表明，我国民间非营利组织及个人参与社会公益慈善更加容易了。

第三节　基金会准入规制的双重关系结构

一　基金会准入规制的社会与国家关系

本书研究基金会的准入规制，显然它所体现的是基金会作为代表社会群体利益的社会组织与国家的关系。根据基金会准入规制的概念，它是指政府对民间非营利组织及个人参与社会公益慈善的制度安排，这种安排即国家对基金会主体资格的确立、审核和确认的法律制度，包括基金会取得主体资格的实体条件和程序条件。"准入规制"是政府对民间非营利组织及个人参与社会公益慈善活动的一种约束或许可。对于这种关系，如果仅仅从法学的"国家中心的视角"看，显然更主要的表达的是国家是关系的主体，基金会是关系的客体。国家作为主体，在面临治理转变、提升治理能力的过程中，认真权衡利弊得失，对特定类型的民间组织采取阻挠或允许，甚至鼓励推动的态度。但是这种视角无法解释这种规制何以成为可能，也无法理解准入规制实质上是互为主体和互为客体的。本书采纳社会学的"社会互构"视角，认为社会与国家是一个相互形塑、共生建构的关系。这种视角在一定程度上吸纳了"社会中的国家视角"的精华，认为在民间组织的发展过程中，体现出国家和社会相互建构和赋权的过程。这种视角也被称为"合作模式"。

二　基金会准入规制的个人与社会关系

基金会准入规制，指政府对民间非营利组织及个人参与社会公益慈善的制度安排，所谓的民间非营利组织是由民间的一个个人组成的，在这个

---

① 如民政部、北京市民政局对基金会 2013 年度的年检严格程度强于以往任何一年，要求所有基金会的年检报告全文在民政部门官方网站上进行公示，以接受全社会的监督。

意义上，基金会的准入规制在本质上是对个人参与社会公益慈善的制度安排；另外，基金会作为代表某一社会利益群体的存在又反映着超越个人的社会公益慈善的群体性及制度化特征，在这个意义上，基金会的准入规制又是对"社会"的一种制约。

基金会准入规制的个人与社会的关系根源于基金会概念中所包含的个人和社会的关系。在社会互构论看来，个人和社会分别表现了人类生活共同体相互关联的二重含义：个人是社会的终极单元，社会则是个人的存在方式；从共同体的构成而言，社会是众多的个人；从众多个人之间的关系上看，个人就是社会。基金会作为人类生活共同体，它本身的发展过程就是个人与社会互构关系的演变过程。在基金会这个独特的社会组织中呈现个人与社会两大行动主体的多种二重性关系，即他们之间既是差异、对立和冲突，也是适应、协调和整合的关系。也正是基金会内部的丰富性，使它能够展示和发挥其独特功能，成为与国家、市场一起实现"治理"的"第三方力量"或"第三部门"。

第四节　以中日基金会设立为例

一　关于中国某基金会设立情况的参与观察

（一）背景情况

某基金会是社科类非公募基金会，于 2011 年 10 月下旬注册设立；登记管理机关是某市民政局，业务主管单位是某市社会科学界联合会（简称某市社科联）；宗旨是促进社会良性运行和协调发展，推动××学进步，支持××学教育与研究事业，开展敬老院及老少边穷等地区的支助。

笔者从 2010 年末开始接受某基金会设立人的委托，正式介入设立前的准备工作。笔者作为直接操作者（行动者）参与、亲历了该基金会注册的全程。从这时开始到设立完成（取得基金会法人登记证书），历时大约 11 个月；加上办理完毕所有证件（包括公章、组织机构代码证、银行开户证明、税务证），历时整整一年。

某基金会设立人（理事长）是××学界有影响的学者，对××学的发展做出过重要贡献，在某市社会科学界联合会任顾问，该机构领导表示该机构愿意成为某基金会的业务主管单位。同时，由于设立人与某市的民政系统有过良好的业务合作关系，民政部门的领导也表示支持该基金会的设立。

（二）文本及其取样意义

选择某基金会为研究案例，主要因为这一案例有下面几个特点。第一，因为笔者全程介入、参与，可以展示基金会的设立全貌，有助于加深对本书主题的理解，特别是对于中国基金会设立的具体情况的理解。第二，在某基金会设立过程中，民政部和某市民政局正在研究"直接登记"的方案，距离2013年4月开始的政策已经为时不远。某基金会正是在这一时期设立，对它的研究有助于理解政策开化期的基金会设立情况；同时，某基金会也基本是某市在"直接登记"政策出台前最后一批登记设立的基金会之一，具有知识考古学价值。第三，某基金会的设立突破了两个最重要的制度障碍：一个是理事长年龄障碍（按《基金会章程示范文本》的设计，理事长的年龄不能超过70岁，而某基金会理事长的年龄已经超过70岁），一个是同业竞争禁止的障碍（某市已有一个××学界的基金会）。那么通过对本案例的研究，有助于人们了解设立人和政府是如何实现协商、互动、双赢、互构的。

本书对于这一案例的介绍采用如下文本：有关信件、谈话记录、纪实材料、制度性文件。

（三）设立过程描述

不算酝酿的时间，某基金会从开始正式准备到设立完成，历时一年有余。申请设立过程由专人负责，主要设立人负责与业务主管机关和登记管理机关的高层联系，具体操作者从技术层面负责与"双重管理"机构沟通，突破一道道障碍，通过一个个程序。某基金会由于是以个人的名字命名，名字的选取严格依据《基金会名称管理规定》（2004）。在设立条件方面，除了根据《基金会管理条例》的规定进行了认真准备外，还在咨询阶段与民政局基金会管理处和社会科学界联合会社团办围绕设立问题进行了多次沟通、探讨、协商；在设立程序方面，除了根据《基金会管理条例》各项相关规定外，还针对《基金会章程示范文本》①的一些具体问题与民政局进

---

① 民政部根据 2004 年 3 月 8 日国务院颁布的《基金会管理条例》和其他有关法律法规制定此章程示范文本。参见本书附录二。

行沟通、讨论，如理事长年龄、监事人数等。在设立程序阶段，如在审批时间上，规定是递交材料后 10 个工作日就能审批下来。但问题不在 10 个工作日上，而是在递交之前的难度上，主要是准备齐全递交材料的难度。据民政局工作人员说，某基金会是历年来注册最快的，因为得到了领导的高度重视。

当基金会法人登记证书下来以后，理事长感慨地说："成立个基金会比生个孩子还难啊！"笔者的感受更加直接，感到设立基金会如过关，而且每一步都是一道难关。能注册成功，首要的条件并不仅仅是制度因素，如是否符合《基金会管理条例》《基金会章程示范文本》的规定，同样重要的还有非制度因素，即主要发起人（理事长）与"双重管理"机构的互动、信赖程度以及"双重管理"机构对主要发起人的认知、认可程度，甚至尊敬程度。就某基金会而言，这种互动、信赖、认可等，并不是指在私人关系意义上的认可、认知，而是主要在政治立场（德）、业务能力（能）方面对发起人的认可和信任。此外，还有具体操办人的办事能力，文件的起草以及与"双重机关"的具体经办人员之间的沟通、协商技巧，等等。

笔者在这个基金会设立的过程中，明显感到了政府"双重管理"对基金会准入的管控立场和态度。在民政局咨询时笔者得知，很多基金会设立者由于种种原因被"挡在门外""胎死腹中"，如缺乏注册资金，没有丰富的公益经验，没有可行的公益项目，缺少机构、项目运作团队，缺少成型的基金会宗旨和明确的业务范围等无法通过咨询阶段。当通过了咨询阶段，便感觉进入了"体制的顺畅"和"程序的艰难"的矛盾感之中。"体制的顺畅"感，是指在这一阶段进入了"门里"，被"双重管理"机构认同为"自己人"，可以就设立条件的理解和材料的填写、提供等进行技术性的协商，也会得到管理机构办事人员的积极建言，推进时"如沐春风"。"程序的艰难"感，是指"进门"以后，由于制度安排上的双重管控、程序上的烦琐复杂，以及行政作为的习惯、惯性、节奏等与设立人之间期待不一致而出现的落差和艰难感。

（四）关系结构

（1）行动者

行动者分为三个层次：第一层次，某基金会发起人；第二层次，某基金会的发起群体，包括 9 名理事、1 名监事、5 名秘书处成员；第三层次，经办人（同为发起人）。

行动者由以上个人和群体构成。具体行动者（经办人）代表某基金会（筹）群体的意志，来执行完成注册登记的任务。行动者反映了作为人类社会共同体的民间自组织力量，一方面由一个个人构成，另一方面作为社会组织又构成了社会。

（2）行动关系者

行动关系者指作为"双重管理"的业务主管机关和登记机关代表及其相关工作人员，具体指作为业务主管机关的某市社会科学界联合会及其相关工作人员。他们反映了作为人类社会共同体的国家组织力量。

（五）行动进程与行动者构成

从 2010 年 12 月开始，经某基金会筹备组研究决定，开始了有计划的筹建基金会的行动。

第一步：准备阶段（2010 年 12 月~2011 年 4 月）。

一方面，由理事长沟通业务主管单位和登记注册机关领导，获得他们的口头支持；另一方面，研究并根据《基金会管理条例》准备各方面要件，包括注册资金准备、章程起草、组织安排、机构设计等。笔者根据《基金会管理条例》了解到下列设立的条件和流程。

一、依据

《基金会管理条例》（中华人民共和国国务院令第 400 号）。

二、条件

（一）为特定的公益目的而设立；

（二）公募基金会的原始基金不低于 400 万元人民币，非公募基金会的原始基金不低于 200 万元人民币，原始基金必须为到账货币资金；

（三）有规范的名称、章程、组织机构以及与其开展活动相适应的专职工作人员；

（四）有固定的住所；

（五）能够独立承担民事责任。

三、提交材料目录

（一）申请书

见《基金会设立申请书》（1，2 页）。

（二）章程草案

见《基金会章程示范文本》。

（三）验资证明和住所证明

见《基金会设立申请书》（4，5，6 页）。

（四）理事名单、身份证明以及拟任理事长、副理事长、秘书长简历

见《基金会设立申请书》（7，8 页）。

（五）业务主管单位同意设立的文件.

见《基金会设立申请书》（9，10 页）。

（六）基金会登记事项表

见《基金会登记事项表》。

四、程序、期限

（一）申请；

（二）受理（自收到申请之日起 5 个工作日内做出是否受理的决定）；

（三）审查与决定（自受理之日起 60 个工作日内做出是否准予登记的决定）；

（四）颁发登记证书（自做出决定之日起 10 个工作日内，准予设立登记的，向申请人颁发"准予行政许可决定书"和"基金会法人登记证书"）；不准予设立登记的，颁发"不予行政许可决定书"）。（根据有关法律法规自制）

第二步：咨询阶段（2011 年 5 ~ 7 月）。

这一阶段并不是法定的注册程序，但极为重要。这一阶段就是一道关口，对于绝大多数设立者来说，基本在这个阶段，就被政府"拒之门外"；对于极少数设立者来说，这一阶段同样是一个关口，但可以获得来自政府方面最有价值的通关指引，为下一步受理申请注册做准备。这一阶段对于某基金会来说最大收获是获知了实际的设立程序。

基金会实际设立程序

咨询阶段（时间不好计算）

把咨询资料（复印件）递交给民政局社团处基金会咨询办，进行

当面咨询，目前民政局方面认为资料比较完备；

填制会议表和人员一览表并发给民政；

负责人查看办公地点；

民政局内部5级审批（15天）；

民政局开处长办公会研究；

通过后电话告知；

办理验资证明（民政局介绍指定会计师事务所）；

拿验资证明和资料递交社科联；

将验资报告、社科联的红头文件和纸质材料交到民政局；

填写网上申报；

进入审批阶段（10个工作日）；

待批/审批；

以上整个过程需一个半月到两个月。（引自咨询记录）

对于注册登记单位而言，这一关是基金会"准入规制"实现现实控制的第一关。它像一个制度的筛子，根据制度性规制和非制度性规制，把大多数社会组织或准社会组织筛选出去，留下规制所认为的"精华"，然后进入审批阶段。这一阶段是民间力量和国家力量的交锋。但这种力量是不对称的。政府拥有权力和丰富的政策信息，以及事先与业务主管部门、本单位领导沟通，决定了它对咨询者的判断和态度；而对于多数设立人而言，由于对有关法律法规的生疏和有关信息了解不足等，这一阶段便成为它们迈向基金会门槛的第一步，也是最后一步。

第三步：审批阶段（2011年8～10月末）。

这一阶段还分为两个小阶段：第一小阶段是业务主管单位审批阶段；第二小阶段是登记管理单位审批阶段。在第一小阶段，如何填写和申报申请材料，有一个设立人与业务主管单位经办人讨论、商量，以及业务主管单位会议讨论、形成决议的过程。在第二小阶段，主要是设立人根据《基金会管理条例》和《基金会章程示范文本》准备申请文件和登记管理机关依法审批。在审批阶段，最突出的特点是在设立人和业务主管单位、登记管理单位的具体负责人之间构成了一个行动上的三角关系，三方的信息、态度、立场、意见处于统一的状态下才能够使审批顺利推进。最微妙之处在于业务主管单位和登记管理单位的具体负责人之间的沟通，这对于设立人来说是不清楚的，但业务主管单位和登记管理单位都是政府部门，它们之间是保持业务沟通的，其顺畅的程度决定了审批的流畅程度。

（六）制度突破与有限互构

某基金会设立的过程也是与政府协议、互动、互构的过程。所谓"制度突破"，是指对原有关基金会设立的政策、规定的超越和突破。所谓"有限互构"，是指设立人与政府之间在基金会设立阶段的互动、协力、形塑。"有限"是指，这种互构并不是无限的，是在总体上政府占支配地位和社会对政府依赖的前提下的设立人与业务主管单位和登记管理单位之间的互构关系。这种状况反映了中国基金会准入规制正处于从社会对国家的依附关系向社会与国家互构关系的转换阶段。

某基金会在业务主管单位审批阶段，针对基金会是否可以采取"会员制"，与业务主管单位的具体负责人充分交换了意见。经过讨论，设立人接受了对方的意见，重新递交申请材料，最后通过了审批。

根据民政局的指导，在最初向某市社科联递交的申请材料《基金会章程》第四章第二十九条，写道：

> 本基金会为非公募基金会，本基金会的收入来源于：（一）发起人注入、会员费、国内外法人组织和个人自愿赞助或捐助（并非公募）；（二）基金和资产增值；（三）在业务范围内开展活动、提供服务所获收入；（四）其他合法收入。（引自 2011 年 6 月 5 日给某市社科联的申请材料）

社科联具体负责人就"会员费"提出质疑：

> 第二十九条（一）中"会员费"如何收取？如何吸收会员？方便时还要请您讲一讲。（引自 2011 年 6 月 22 日社科联×先生给经办者的回信）

2011 年 7 月 1 日，社科联的×先生又来电话，主要就《基金会章程》（第四章第二十九条中所提）和经办者在 6 月 26 日起草的《会员管理条例》中的"会员制"提出质疑。他说会员制是协会、学会等社团采取的方式，而基金会具有金融运作性质，所以采取发展会员的方式有待商榷。经办者在给理事长的工作信件中写道：

　　周五（7月1日）×××来电话，主要是对《基金会章程》（第四章第二十九条中所提）和《会员管理条例》中的会员制提出质疑。说会员制是协会、学会等社团采取的方式，而基金会具有金融运作性质，所以采取发展会员的方式有待商榷，等等。

　　我的根据是《社会团体登记管理条例》（1998），模式是从国际、中国香港的基金会管理运作模式过来的（如××爱心基金会明确招募会员、会员机构），所以并没有注意这个问题，在《基金会管理条例》中也没有对会员禁止的有关条款。

　　我这几天对这个问题进行了认真研究（如宋庆龄基金会、南都基金会、万通公益慈善基金会、浙大教育基金会、吴作人艺术基金会等），并咨询了几个在其他基金会工作的熟人，确实在我国境内注册的基金会没发现采取会员制的。

　　我删掉了《基金会章程》中有关内容，并不再使用《会员管理条例》。（引自2011年7月3日致理事长信）

经过和理事长研究，7月6日经办者给社科联的×先生致回信：

　　关于"会员"的事情，很感谢您的提醒！我们原考虑"会员制"，是参照内地社团和香港的基金会运作模式（如××爱心基金会）。经您提示后，我们认真研究了国内的非公募基金会，确实没有发现采用会员制的。

　　经研究，我们放弃会员制的设计，在《基金会章程》中取消有关的内容，同时在给您的材料中，也取消《会员管理条例》。

　　将修改过的《基金会章程》发给您，红字部分是改动的部分（第二十九条"本会聘设特别顾问、名誉理事长、副理事长、理事、理事单位若干"；关于资金来源，第三十条"发起人注入、国内外法人组织和自然人自愿赞助或捐助"）。（引自2011年7月6日致×先生信）

最终，在 7 月 20 日递交的《基金会章程》第四章中关于收入来源部分，放弃了"会员会费"，改为如下：

第二十九条　本基金会为非公募基金会，本基金会的收入来源于：
（一）发起人注入、国内外法人组织和自然人自愿赞助或捐助；
（二）基金和资产增值；
（三）在业务范围内开展活动、提供服务所获收入；
（四）其他合法收入。

在登记管理机关（某市民政局）审批阶段，经过充分沟通和协商，它们接受了基金会的申请，实现了两个制度突破。

一个是突破理事长"70 岁"的年龄限制。《基金会章程示范文本》第二十三条：

本基金会理事长、副理事长、秘书长必须符合以下条件：
（二）理事长、副理事长、秘书长最高任职年龄不超过 70 周岁，秘书长为专职。

但是，在《基金会管理条例》中，并没有对理事长年龄进行限制。就这个问题，经办者向民政局基金会管理处进行了电话咨询：

问：理事长年龄 70 岁的规定是怎么回事？《基金会管理条例》中并没有此规定。

答：范本是国务院出台的，可以看作是一种依据。但确实需要超出 70 岁的人员出任的情况，可以协商。（根据 2011 年 6 月 14 日电话记录）

在某基金会设立成功以后，某市民政局工作人员对 70 岁的限制是这样解释的：

理事长限制到 70 岁，主要是限制从国家部委退下来的年过 70 岁的领导到基金会、社会团体出任法人，同时给 70 岁以下的退下来的领导提供更多的任职岗位。

也正是在这样的背景下，某基金会理事长尽管年龄已经超过 70 岁，但仍因为他的威望、影响力，以及与民政局的良好互动、协作，而实现了对这一政策的突破。

再一个是突破"竞业禁止"的限制。《社会团体登记管理条例》第十三条和《民办非企业单位登记管理暂行条例》第十一条均规定，在同一行政区域内已有业务范围相同或者相似的社会团体和民办非企业单位，没有必要设立的，登记管理机关对于非营利组织的设立申请不予批准。

某基金会属于社科类基金会。其在设立之前已经有一个同类基金会，而且是同一学科。一般而言，登记管理单位不会通过审批，但经过设立人与两个管理机构的协商，在基金会的宗旨和业务范围设计上，与另一家基金会拉开了细微的差距——另一家基金会的宗旨是"推动××学的学科建设和发展"；某基金会的宗旨是"促进社会良性运行和协调发展、推动××学进步"。另一家基金会的业务范围是"奖励××学领域教、学、研优秀成果；资助××学领域学术研究、培训、调研、考察、出版等方面的公益活动"；而某基金会拟核准业务范围是"支持××学教育与研究事业、开展敬老院及老少边穷等地区的支助"，从而使某基金会实现了第二个政策突破。这种突破尽管反映了审批机关的自由裁量度，但也反映了"双重管理"机关与设立机关的良性互动、协力和互构，符合社会发展的趋势，有利于基金会的建设，有利于促进社会良性运行和协调发展。

（七）发现和感受到的问题

笔者通过参与观察基金会设立的过程，发现和感受到如下几个制度性问题。

第一，民间基金会设立的制度之难。对于设立者来说，在诸多的"难"中，最大的"难"是"双重管理"制度。我们看到，由于这个制度安排，绝大多数的设立者在咨询阶段就被"拒之门外"。制度之难还表现在"白纸黑字"制定的法规条例上以及相对应的现实的"挂靠单位"寻找上。民间的基金会设立者，很难在政府中找到愿意担当"挂靠"的业务主管单位。政府部门之所以不愿意成为"挂靠单位"，主要是因为担心对被挂靠的基金会的管理"失控"，不愿意承担可能发生的经济、政治、名誉等方面的责任。

第二，民间基金会设立的非制度之难。非制度之难虽看不见摸不到，但又真实存在，且没有标准。于是对于双重机构，则可能反映在对政策的自由裁量权和度上；对于基金会的设立者，则可能反映在无依据、无所适从上。如在准备阶段，不知道注册设立的起点从何开始；在咨询阶段，不知道如何应对询问而使申请被受理；在审批阶段，不确知哪个细节不符合规定。设立者的命运、自由裁量权掌握在政策的解释者手中。

第三，成立前后矛盾之难。在咨询阶段，民政部门向设立者要了解的内容基本是已经成熟的社会组织所具有的内容，如成员构成、资金准备、都做过哪些公益项目、有什么从事公益事业的经验等。笔者在给双重机构的"汇报表"中有关"成立的可行性"这样写道：

> 我们具有优质的××学科背景，理事会成员多为著名××学家；有良好的基金会运作经验，有多位理事从事过基金会工作；具备相应的设立与运行条件，有公益目的设立宗旨；原始基金200万元人民币的货币资金已经到账；具有规范的名称、章程、组织机构以及与其开展活动相应的专职工作人员；有固定的办公住所；能够独立承担民事责任。

而这些内容从逻辑上说，应该是基金会成立以后才能够有的属性。但这个"汇报表"是审批时必须提供的文件。

第四，基金会法人身份之难。成立从事社会公益事业的基金会需要在民政部门注册，并需要事先找到"挂靠单位"，这已经是常识，所以在认知上并无困难。困难也不在于把将要成立的社会组织定位为基金会还是协会，尽管社会上还有多数人分不清公益基金（非营利性基金）与私益基金（以营利、投资回报为目的的基金）的区别。困难在于基金会在法律上的法人定位。《中华人民共和国民法通则》把基金会定义为社会团体法人，《基金会管理条例》把基金会定义为非营利性法人。由于没有区分社团法人和财团法人（按大陆法系，基金会属于财团法人），因此当否认基金会"会员制"（如日本、中国香港、美国基金会就是会员制）时，并没有相关的法律依据。在国际上一些国家，社团法人就是"人团"组织，是允许有会员的。把基金会定义为非营利法人，并没有区分开公益和共益（如协会、同学会），结果共益性社会组织干着基金会非营利的事，基金会可能干着共益性社会组织营利的事。更奇怪的是，由于法律制度的不完善，由民政部门核发的某基金会的法人证书上却印着"基金会法人证书"，而这并没有相关的法律来作为依据。特别是在办理税务登记时，税务机关由于找不到基金会的分类，不得不把基金会纳入小企业中。凡此种种，亟须我国给予基金会以财团法人的定位，同时修改、完善现行法律框架体系。

二　日本奥斯维辛和平博物馆设立的情况[①]

（一）背景情况

日本奥斯维辛和平博物馆（アウシュヴィッツ平和博物館，http://www.am-j.or.jp）于 2003 年 4 月在福岛县白河市白坂三轮台建成开馆，同年 11 月取得特定非营利活动法人资格，2004 年 3 月获得认可、认证。该馆的目的是"除了与国内外人权保护以及和平推进有关团体进行信息交换、合作研究，还通过讲演、学习会活动、文化活动为和平社会的实现贡献力量"；主要内容是展示波兰国立奥斯维辛博物馆所藏的有关奥斯维辛集中营的资料，为了呼吁和平及尊重人权，展示遇难者的遗物、资料和纪实照片，以及图书的搜集、保存、调查研究、普及活动等；主要教育展示对象是国内外中小学生。奥斯维辛博物馆的前身是日本市民发起的"永铭奥斯维辛巡回展（心に刻むアウシュヴィッツ全国巡回展）"。这一巡回展曾得到波兰政府的支持，从 1988 年开始，在日本各地巡展了很多年，观众达到 90 万人。2000 年 4 月在波兰国立奥斯维辛博物馆的协助下，奥斯维辛相关资料常设展示馆在栃木县盐谷町开馆，后迁至福岛县。2003 年 4 月在福岛县白河市正式开馆。在开馆时，该博物馆的正式会员达到 150 人。

（二）文本及其取样意义

选择日本奥斯维辛和平博物馆为研究案例，主要因为：第一，日本奥斯维辛和平博物馆的法人形式是在 1998 年日本颁布《特定非营利活动促进法》以后成立的特定非营利活动法人，与中国基金会的活跃同处现代性的

---

① 笔者于 2014 年 3 月 2 日在北京新桥饭店对山田正行先生（现为大阪教育大学教授，60 岁）进行了访谈。山田正行教授在 2003～2010 年任日本奥斯维辛和平纪念馆理事长，主持并参与了该 NPO 的设立全过程。本次访谈围绕日本 NPO 的设立与准入规制进行。

一个时期，而且正是与中国基金会最相对应的法人形式，所以具有很强的可比性；第二，日本奥斯维辛和平博物馆从 1988 年开展全国巡回展开始到 2004 年正式建馆、开馆并法人化，在数年间，该馆参与市民运动、与日本政府的互动等的历程有助于了解日本 NPO 与政府是如何实现协力、互构的；第三，笔者与该 NPO 的理事长相熟，他的热心配合有助于深入了解该 NPO 的设立情况。

本书对于这一案例的介绍采用如下文本：以访谈记录为主，辅以图书资料、网站资料、制度性文件。

（三）设立过程描述

2003 年 11 月，山田正行在设立总会（筹委会）上当选理事长，小渊真理馆长和藤田龙文当选副理事长。

> 我们在 20 世纪 80 年代就开始以 "奥斯维辛与世界和平" 为主题在全日本进行巡回展，直到 2004 年设立特定非营利活动法人，在这个时期的身份是民间的任意团体法人，就是任意 NPO。任意 NPO 并不违宪，《日本宪法》保障公民有结社自由权。经过 10 多年的多方的艰苦努力，包括发展会员、筹资、扩大影响等，奥斯维辛和平博物馆终于在 2003 年选址在福岛县白河市，并开始建设永久性场所。2004 年完成博物馆的建设后，我和我的伙伴们开始办理特定非营利活动法人手续。申请特定非营利活动法人并获得认证的目的是向提供捐赠的市民和会员有个交代，毕竟他们信任我们，对我们又有较好的期待。我们是认证（认可制），不是 "认定 NPO"，对于全国性的 NPO，才是认定，认定后可以获得税收优惠，具体多少我不太清楚。我们是在地方（福岛县）申请的特定非营利活动法人，并没有税收方面的优惠，所以我们申请特定非营利活动法人的目的并不是获得税收优惠，不过法人化可以获得县政府的补助金或项目助成金。（引自对山田正行教授的访谈记录）

（四）关系结构

（1）行动者（社会利益群体）。行动者分为三个层次：第一层次，NPO 设立总会（筹备会）；第二层次，日本奥斯维辛和平博物馆的发起群体，包括理事长、副理事长及全体会员；第三层次，具体经办人。

行动者由以上个人和群体构成。NPO 设立总会（筹备会）和具体行动者（经办人）代表该博物馆发起群体的意志，经设立总会委托授权，代表设立总会办理设立手续。行动者反映了作为人类社会共同体的民间自组织力量，一方面由个人构成，另一方面作为社会组织又构成了社会。

（2）行动关系者。行动关系者指作为登记主管机关代表及其相关工作人员，具体指作为登记主管机关的福岛县厅总务课 NPO 合作室及其相关工作人员，反映了作为人类社会共同体的国家组织力量。

（五）行动进程与行动者构成

> 巡回展，在 10 年间从北海道到冲绳，我们的脚印遍布了全日本 100 多个地方。不久便有志愿者提出应该考虑建设常设的博物馆。从那时开始我们就有了建馆的设想。在大家的努力下，2000 年在栃木县盐谷町建立了常设展示馆。但开馆一年左右，我们遇到了双重打击，一个是土地产权人的公司破产而不得不迁移，一个是任意团体代表人青木先生患癌症晚期（一年后去世）。在走投无路之际，我们得到了社会各界的声援和支持，呼吁保存博物馆。尤其是承蒙 NHK 对博物馆的报道，我们获得了来自全国的声援和支持。我们接受了福岛县白河市提供的搬迁地，在 200 多个志愿者的通力协作下，终于在 2003 年 4 月开馆。（引自小渊真理《私有制随想》，2008 年 3 月 8 日，《福岛民友新闻》）

日本奥斯维辛和平博物馆从正式准备在福岛县设立特定非营利活动法人到取得特定非营利活动法人资格、获得认可，分为下面两步。

第一步：准备阶段（2004 年 11 月 ~ 2004 年 12 月）。
研究并根据《特定非营利活动促进法》准备设立文件，包括：
（一）章程；
（二）负责人员的下列文件：
1. 负责人员名册（指关于每个负责人员的姓名、住所或者居所的名册）；
2. 每位负责人员的同意任职信，以及内阁府令所规定的证明其住所或者居所的文件；

3. 每位负责人员做出的关于符合规定的誓约的书面誊本；

4. 领取报酬的负责人员的名册；

（三）记载了 10 名以上社员的姓名及其住所或者居所的书面文件；

（四）确认《特定非营利活动促进法》有关规定被遵守的书面文件。

这个阶段，与福岛县厅总务课 NPO 合作室有沟通，主要是县厅具体办事人员指导我们如何根据《特定非营利活动促进法》进行文件的填写、准备。（引自对山田正行教授的访谈记录）

第二步：审批阶段（2004 年 1～3 月）。

这个阶段，对于开展市民活动（运动）的团体，审批非常简单，能够轻而易举地登记注册，获得法人资格。设立人除了提交一份申请和提供《特定非营利活动促进法》所明文规定的文件，不再需要准备其他文件。县厅也严格按照《特定非营利活动促进法》规定的设立程序进行资格的审批认可。

我们完全依据《特定非营利活动促进法》第十条规定，准备了申请书和全套文件并递交给福岛县厅。在实际设立过程中，所准备的文件与法律规定的条件是完全一样的。

县厅方面也完全遵照《特定非营利活动促进法》第十二条规定，对我们的申请进行了认可。在设立时经历的程序与《特定非营利活动促进法》申请认证的法律程序也是完全一样的。

博物馆的业务主管部门是福岛县厅的知事，具体办事机关是福岛县厅总务课 NPO 合作室。我们向县厅总务课 NPO 合作促进室递交了申请书和全套申请文件，由总务课 NPO 合作促进室把申请日期、法人名称、代表者姓名、主要办事处所在地、章程记载的目的在福岛县公报上公告，县厅将《特定非营利活动促进法》规定的章程等文件放在 NPO 合作室公示两个月供公众查阅。在供公众查阅完毕后，还有一次对申请文件的检查，要求做些技术上的修改，如修改错别字、错误计算等。经过两个月的时间，期限届满后，县厅做出了认可的决定。特定非营利活动法人就此设立。（引自对山田正行教授的访谈记录）

（六）感受及问题

第一，设立本身并没有什么困难，申请递交后，2~3个月就下来了。与设立相比，最困难的是，应该如何根据捐赠和会费进行全年的活动和运营的计划及财务预算，然后按预算和活动计划去实施；还有如何向会员交代。奥斯维辛和平纪念馆是会员制，在成立时，并没有具体的资金要求，法律对NPO的设立条件也比较宽松，如会员有三人以上就行。我们的资金主要是两个来源：一个是民间的捐赠，一个是会员的会费，这部分有个人，也有企业。

第二，在日本地方，对NPO进行管理的部门只有一个，就是县厅总务课NPO合作促进室。在设立上，与政府沟通、商量的地方就是我们的申请文件的写法，也就是依据《特定非营利活动促进法》的有关条件的规定来填写和准备。当然非常细致、烦琐，需要一丝不苟地准备《特定非营利活动促进法》第十条所规定的全部文件。在其他方面没有与政府方面的任何沟通。对于如何才能通过申请，县厅方面没有提供任何法律规定之外的指导。

第三，非营利组织的设立与否与政府没有关系，因为是民间组织，是否设立完全由民间设立人自己决定，如果得到政府的介入，会受到媒体的监督批评，所以政府不会介入。

现在，日本政府和NPO是一种相互协力、合作的关系。《特定非营利活动促进法》是NPO促进法，政府鼓励和促进民间非营利组织的诞生和发展，所以自从这个法规颁布后，出现了大量的特定非营利活动法人。

也有政府与NPO对立的情况，但这种情况并不多。比如反对建设核电站的NPO，就是和政府处于对立立场的非营利组织。不过，在这类组织也可以依法（《特定非营利活动促进法》）设立，如果不依法设立而从事反政府的活动，也是会受到政府的打压的。当然，这一点对于与政府处于相互协力关系的NPO也是一样的。从事活动也需要事先递交文件。

可见，政府对于与政府不同关系的NPO，在设立管理上严厉程度是不一样的。对于黑社会性质的社会组织，设立的要求更加严厉，所以成立也比较难。

　　政府和NPO的关系只是"报告"的关系，就是每年政府对NPO进行一次"干预"，NPO参加一年一度政府要求的"年检"。（引自对山田正行教授的访谈记录）

　　在日本，按照日本的财政年度，每年3月31日前NPO必须完成年检，主要内容是检查NPO在上一年度的决算是否符合在年初时的活动预算。如果一年不相符，政府一般不会对这家NPO进行"干预"；如果连续几年处于赤字状态，政府主管部门就会要求NPO进行改正，并要向市民进行说明。"干预"的另一种情况是，政府要求NPO所实际从事的活动范围要和提交的设立文件所设定的范围相一致，如果不相一致，政府也会进行干预，要求NPO改正。总之，政府是按照法律所要求的与NPO发生关系，政府不会做超出法律规定的事情。

第八章 结论与讨论：中国基金会 准入规制的未来

第一节 比较的维度与研究结论

全书至此，有必要进行两方面的总结性的梳理：一是对中日基金会准入规制比较的维度进行梳理；二是对本书的结论进行梳理。

先看维度。本书是从以下四个维度进行比较的。

第一，时间维度。这涉及中日两国基金会及其准入规制可比性的问题。本书在比较的时间维度上是限定在现代性的第三波浪潮的意义上，二者共同面对如何化解现代性内在冲突，如何减缩自然代价和社会代价，实现人和自然双盛、人和自然双赢的问题；同时，两国的民间力量都获得了巨大释放，使基金会在国家和社会的关系上获得重构。中日基金会在这一时期轨迹基本是一致的，尤其是将20世纪90年代以后作为比较的重点。

第二，空间维度。本书的研究空间既包括地理意义上的空间，即作为国家的中国和日本，也包括社会意义上的空间，即处于旧式现代性向新型现代性转型过程中的中日历史文化传统和国家政治法律制度等。

第三，对象维度。本书的研究对象，即基金会及其准入规制。在中国，主要指非公募基金会；在日本，指广义公益法人（重点是 NPO）。

第四，制度维度。中日基金会的法人制度，包括：法人制度的内容，即基金会准入规制的法律基础（法律地位）；法人制度形式，即基金会设立条件与设立程序。

下面再对全书的主要内容和结论做如下梳理。

本书通过在现代性的第三波浪潮的时间意义上，对中国非公募基金会和日本广义公益法人的比较研究，指出了中日两国基金会准入规制在法人制度，即法律基础（法律地位）、法律内容、法律形式、价值取向、监管策略五个方面的不同，探索了决定和影响以上不同点的原因主要是国家政治法律制度和民间力量；同时指出了中日两国基金会及其准入规制的四个相同点，即大陆法系的法律基础、严格的准入条件、许可主义的准入程序、从严到宽的变迁趋势，分析了中日两国基金会及其准入规制相同点的原因主要是政治－法律文化传统——同属相同的大陆法系和民族思想－文化传统。

用社会互构论的视角对中日基金会及其准入规制进行研究，会发现中日基金会在国家与社会、社会与个人的互构中，形成了共有的范式性结构——基金会准入规制"双重关系结构"。

在现实中，这种"双重关系结构"与中日两国具体历史国情相结合，会发现这样的基本事实，即在旧式现代性向新型现代性转型过程中，这种"双重关系结构"决定了两国不同的转型模式：日本是从"冲突范式"向"合作范式"转型；中国是从"依附范式"向"互构范式"转型。

第二节　日本基金会准入规制的基本经验

基金会准入规制主要反映了作为社会利益共同体的基金会与国家两个社会行动主体之间的关系，在这个关系系统中，国家作为权力系统处于优势地位，关于基金会的准入规制体现了政府对基金会的管理理念、态度、方式、目标。

中国和日本一样，基金会准入规制都体现了政府对民间非营利组织及个人参与社会公益慈善的制度安排，这种安排即国家对基金会主体资格的确立、审核和确认的法律制度，具体表现是国家通过立法，规定基金会资格取得的条件、标准及程序，并通过审批和登记程序执行。其目的是：使宪法所保障的公民结社权约束在国家意志所许可的政治秩序之内；使基金会依照法律规定的条件和程序实现其自己设立的组织目标。

一　基金会准入规制相关法律体系完善

（一）法律框架完善

日本法律极为细致，针对基金会及其准入规制建立了完整、严密、稳定、有可操作性的体系：这个体系由保障公民结社自由权的《日本国宪法》

（1889、1947）和其他法律构成，包括《日本民法典》、特别法、《特定非营利活动促进法》、《一般社团法人和一般财团法人法》、《公益社团法人和公益财团法人认定法》和《相关上述法律实施的整备法》、《中间法人法》、《信托法》，以及与上述法律配套的《法人税法》。

《日本国宪法》表达了国家对民间结社的基本立场和态度，规定了NPO准入的制度逻辑起点。《大日本帝国宪法》和《日本国宪法》都表明了保障公民结社自由权的基本立场、态度，并严格依法对NPO进行管理。

值得一提的是，日本二战失败后进行了修宪，但并没有改变《日本国宪法》中的公民结社权，尤其是没有对法律框架的次级法律《日本民法典》进行修订，保持了在NPO准入规制方面的统一性。

与采用大陆法系的德国民法典体系有重要关系，日本有关基金会准入规制的框架体系极有历史连续性和严整的逻辑性：《日本民法典》将法人分为公益法人和私益法人；公益法人又分为社团法人和财团法人。二战后，针对一些新的组织类型不能依据《日本民法典》设立而获得公益法人身份的情况，日本制定了一系列特别法（大约有200种）作为民法的辅助。为降低公益法人准入门槛，日本颁布《特定非营利活动促进法》，确认了公民自己创造的NPO法人形式。对于非公益（共益）同时又是非营利性质的团体，制定《中间法人法》。到2006年，施行110多年的《日本民法典》中的公益法人制度被废止。原有的公益法人和中间法人体制都被终止，它们都被吸收到新的非营利法人中：《一般社团法人和一般财团法人法》用来约束管理一般社团法人和一般财团法人的建立条件和程序，《公益社团法人和公益财团法人认定法》用来认定公益社团法人和公益财团法人公益资格。

严整的逻辑性还表现在对国家基本大法——宪法权威的尊重上：一切法律、法规、命令、诏敕及有关国务的其他行为都不得与宪法条款相违反，违反者一律无效。根据这个逻辑，公民自己成立非营利组织即使没有依照相关的法律申请登记为法人，也并不违宪，这类组织被称为任意团体法人。

有关基金会及其准入规制法律框架的完善，是基金会社会行动的逻辑起点，也是国家对基金会进行管理的根本依据。所以，国家对基金会进行管理，首先需要从根据宪法来健全完善法律法规开始；同时，宪法、法律、法规等一经颁布实施，就要严格执行，不得朝令夕改。《日本民法典》，一经实施就一以贯之近120年，不能不令人感叹和深思。

（二）　NPO 法人地位明确

日本法律对非营利组织法律地位的定位非常明确。NPO 是否登记并不是该组织是否合法的前提，登记的目的是获得法人地位。是否获得了法人地位是是否具有税收优惠资格的前提。所以无论是广义 NPO 还是狭义 NPO，要获得税收优惠，必须获得相应的法人资格。日本作为大陆法系国家，首先在《日本民法典》中给予非营利组织公益法人身份，又将公益法人分为社团法人和财团法人。随着社会组织形式的多样性变化，在《日本民法典》之外还细化出多种非营利组织形式，如特定非营利活动法人、社会福利法人、公益信托基金、共同组合，等等。

通过法律明确 NPO 的法人地位，从国家的角度看，有利于国家释放 NPO 的能量，从而弥补政府在公共领域投放社会服务资源的不足；从 NPO 角度看，有利于根据自身的情况选择不同的法人形式，以实现社会组织的价值目标。

（三）　分类清晰

《日本民法典》根据《德国民法典》的分类方法，将法人分为两大类：公益法人和私益法人。非营利法人被明确划归到公益法人领域；又进一步把公益法人划分为共同利益（互益性）法人和广义公益法人；又把广义公益法人细分为需要认定的一般社团法人和一般财团法人，需要认证的特定非营利活动法人，以及需要认可的社会福祉法人、医疗法人、学校法人、宗教法人、职业训练法人、更生保护法人。

各类 NPO 及其准入，由于有明确的准则可依据，既保证了 NPO 的合法性诉求，又确保了政府对 NPO 进行管理的有效性。

（四）　可操作性强

NPO 准入规制涉及登记的具体条件和程序，还涉及变更和终止（退出、撤销）等各个方面，每个方面又都有详细的规定和措施。这些具体规定和措施都体现在一整套法律法规之中。如此，无论是对于政府主管部门还是对于 NPO，都有了可以依托的操作性规章。

二　基金会与国家在公共领域实现协动

（一）　服务导向

由于日本政府充分认识到了 NPO 在市场和国家之外的不可替代的作用，

从 20 世纪 90 年代中后期开始对以往的社会与国家的关系进行认真检讨，并通过改革设立《特定非营利活动促进法》来重新安排 NPO 的准入规制，最大幅度放宽 NPO 准入的条件，突出国家和 NPO 在公共领域的合作关系的构建，从而实现从国家对 NPO 的"管制导向"向"服务导向"的转换。

（二）入门简易

基金会与国家的合作程度首先表现在有关法律法规对基金会准入规制的约束程度上。日本《特定非营利活动促进法》的颁布是一个转折点。因为国家对 NPO 采取了促进和鼓励的立场和态度，所以国家向 NPO 进入公共领域最大限度地敞开了大门。《特定非营利活动促进法》的目的就是使有志从事志愿者活动的社会群体和开展市民活动的团体能够轻而易举地登记注册、获得法人资格，从而促进市民的公益参与。而区别于《特定非营利活动促进法》的《一般社团法人和一般财团法人法》的颁布，使这两种法人也能够轻易入门，只要公证人认证申请者提供的章程满足法律规定的要件，无须政府机关审查，申请者便可以登记成为一般社团法人和一般财团法人。

（三）协动互构

日本政府在与民间 NPO 和市民运动的互动合作中收获了积极的成果并受到了启发。政府从 20 世纪 90 年中后期开启了积极与社会互动合作的进程，从中央到地方，出台了一系列相关促进、支持政策，积极主动扶持、支持 NPO 发展，给予 NPO 资金、行政、环境等方面的支持。如面对东日本大地震这样复合性的巨灾，政府和民间都意识到，没有完善、综合而有计划的防灾体系，不可能维护社会秩序和保障公共福利。在防灾救灾方面，一方面是以政府为主导的自上而下、责任明确地通过国家、地方公共团体及其他公共机关建立的必要防灾救灾体制；另一方面是以民间力量为重要补充的自下而上、来自成熟的市民社会救援体系的能动呼应。两者的综合协调、良性互动，才使日本能够在东日本大地震中从容应对。

第三节　日本基金会准入规制的主要启示

由于中日两国国情、政治制度、历史文化、国民性格不同，日本在基金会及其规制建设方面的长处不一定适合我国。但比较研究同处东亚社会共同体的中日两国基金会及其准入规制，从可比之处可获得新知和自知，从不可比之处可收获启发和借鉴。

一　从完善法律制度入手，放松准入规制

对基金会进行有效管理，首先依赖于完善的制度体系，特别是要完善关于基金会准入规制的法律体系。现代社会生活和各种利益共同体的多样性、复杂性，决定了在任何国家都不可能靠一部法律就能覆盖对基金会等各种非营利组织的管理，所以，完善有关基金会的法律体系首先需要对各类非营利组织进行分类，如区分为公益类和共益类两大类；然后再对公益类非营利组织进行分类，如区分为公益性社团法人和共益性财团法人；再把基金会划入公益性财团法人类。这样清晰划分的好处是，政府便于对基金会进行管理和提供服务，以及进行互动合作。

有关基金会及其准入规制的法律是存在于国家的相应法律框架之中的，这个框架一般由宪法、法律、政府规章和规范性文件构成。因此，完善有关基金会及其准入规制的法律还必须考虑宪法、法律、政府规章等各组成部分之间的衔接和配套，要相互兼容，逻辑一致，尤其不能违背宪法。

国家正如守门人，它与基金会形成良性互动的最实质性一步就是放松限制基金会发展的准入门槛，而这一步就是通过法律法规来加以强制性规定。

二　基金会准入规制需结合本国国情、民情

基金会准入规制的设计，反映了法律制定者对于社会与国家关系的理解，所以在国家制定有关法律法规时总是反映着这一国家的基本国情。日本国民一般对国家（天皇）绝对信赖。在这样的国情下，在社会和国家的关系体系里，国家自然处于主导地位，在 NPO 准入规制上自然持比较严格的行政审批许可主义。

民情决定着社会公众对制度的感受和认可程度。日本国民认同集团主义和国家权威，认同秩序和等级，倾向保守，所以即使在 20 世纪 90 年代中期开始了蓬勃的市民运动并推动了 NPO 立法，在对基金会准入规制上仍然呈现显著的国家主导特征。

三　国家（政府）要顺应社会、国民的意愿促进 NPO 发展

随着日本市民运动的崛起，民间力量在社会生活中日益壮大，国民参与社会公共服务和政策的热情和行动已经成为现代日本社会生活的一部分。日本政府尊重市民的意愿，作为社会与国家关系系统的主导一方，积极与 NPO 等民间力量合作和协动，支持 NPO 立法，并通过这个立法，放松对 NPO 的准入规制，大量吸纳民间力量进入社会公共领域，并在立法后严格依法办事，为 NPO 提供服务，促进 NPO 的发展。

四　对法律传统需要进行建设性批判反思和继承

《日本民法典》是开创性地向德国民法典学习的结果，当时之所以毅然放弃依据《法国民法典》制定的日本"旧民法"（《德国民法典》比起《法国民法典》来说，晚了将近 100 年，所以也是当时最先进的民法典），主要是因为它与日本以家庭为中心的传统相冲突。在 1947 年和平宪法颁布后，民法典并没有修改，在社会生活领域维持它的权威，对保持日本社会的稳定和战后日本社会经济的突飞猛进起到了重要作用。中国第一部民法典（1931）是明显抄袭《日本民法典》的一部法典，但这时已经比日本落后了 30 年。新中国成立后又耽误了 30 年。新中国成立后第一部民法典（《中华人民共和国民法通则》）在 1987 年才颁布实施，不仅颁布得晚，而且基本是推倒重来，民国时期的民法典内容也几近绝迹。这是不得不承认的客观事实，不能不引起我们深深的反思。

五　基金会应有国际视野、世界胸怀

按照萨拉蒙对 NPO 所给出的定义，NPO 的民间性、自治性、非宗教性、政治性以及不分配利益等规定决定了它必然是超越国界、超越民族、超越种族、超越信仰的，其本身就应该是具有国际性的社会组织。在中国的语境下，基金会具有这种超越性的潜质。如果把日本基金会作为参照，就会发现这种潜质十分明显。日本的基金会是"内外有别"的，NPO 指以国内地方作为活动基础的民间非营利组织，而 NGO 则特指在境外从事公益救援等活动的民间非营利组织。日本的 NGO 在海外灾害救援、公益资助、民间外交等方面做出了突出的贡献，为日本正面国家形象的塑造发挥了巨大作

用。而中国的基金会概念并没有这种区分，它的相对性是针对政府和企业的，即相对于政府时叫非政府组织，相对于企业时叫非营利组织。这个概念的另一面是它的国际化构成了基金会的内在规定。

第四节　中国基金会准入规制的发展障碍

一　法律体系

尽管我国关于基金会及其准入规制的法律框架基本构建起来了，但法律体系并不完善，总体设计欠缺。

一是基金会立法层次低。到目前为止，关于基金会相关的立法，最高层次的是在法律框架中处于法规层次的《社会团体登记管理条例》《基金会管理条例》，并且主要呈依靠大量政府规章、规范性文件、政策，甚至领导人讲话来进行管理的局面。至今还没有一部正式法律，如"基金会法"。其结果是，现有相关法规权威性差、配套性不强，适用法律的范围狭窄。

二是操作性不强。现行相关基金会及其准入规制方面的法规缺乏纲领性的基本法律，造成实际管理中法律依据和援引上的困难；由于过于原则性，特别是在准入规制的掌握和理解上难以把握，因此形成基金会发展上的制度性障碍。

二　双重管理

目前，中国基金会发展的最大障碍仍然是在准入上存在的"双重管理"体制。这种所谓的"归口登记、双重负责、分级管理"的体制在基金会设立和发展上，作用越来越负面：第一，设立人寻找业务主管单位，即"挂靠单位"的规定，就形成了基金会入门登记的高门槛，结果是将大批本来会促进社会良性运行和协调发展的民间组织拒之门外；第二，行政的高门槛造成了注册资金的高垄断和高门槛，如对非公募基金会注册资金的规定是不少于 200 万元人民币，这又将大批民间组织挡在了门外；第三，前两项的结果是在民间形成了大量"非法组织"和被迫在工商局注册却从事非营利组织活动的"不伦不类"的营利性法人；第四，限制竞争的规定使已经获得登记的民间组织在享受垄断利益的同时，可能因缺少竞争而丧失生命力；第五，严格的规制使两个管理机构可能成为权力寻租的平台。

尽管"直接登记"制度的即将出台使"双重管理"制度出现重大松动，但还远远不够，因为还只是针对有关社会服务的四个领域，绝大多数领域的开放还有待时日。而且"直接登记"并不意味着政府放松了对基金会等民间社会组织的准入管制，实际上这种管制功能和机构被放到了民政部门内部，其影响准入的程度还有待观察和研究。

三　管制导向

在社会和国家的关系上，我国还没有完成从国家对社会的"管制导向"向"服务导向"的转型。国家主义特征使我国采用的基金会设立方法较其他国家和地区更为严格，表现为严格的审批登记许可主义；同时，基金会设立程序极为繁复，《社会团体登记管理条例》和《基金会管理条例》都规定了基金会设立的繁复步骤和程序。

四　自律薄弱

由于长期以来基金会作为一种带有一定政府背景的存在，远离公众视线，缺少社会的监督，加之缺少关于信息公开的法律依据和制度监管，一些基金会处于缺少自律的路径依赖状态，出现各种各样的伤害慈善事业的事件，严重影响了整个行业的公信力。

第五节　中国基金会准入规制改革的政策建议

一　完善法人制度

可借鉴日本等国，从基金会准入规制入手，完善法人制度，明确民间非营利组织可以选择的法人形式。区分公益法人和共益法人，再在这个基础上把公益法人区分为社团法人和财团法人或基金会法人。这样做的好处是基金会可以摆脱长期以来不得不面对的身份焦虑和诘难。在现行的有关基金会及其准入规制的制约下，我国的非营利组织在登记设立时有三种法人形式可以选择，即社会团体、民办非企业单位和基金会。但是，按照

《中华人民共和国民法通则》的规定，我国法人形式有机关法人、企业法人、事业单位法人、社团法人四大类，这样基金会不属于其中的任何一种。同时，基金会因为符合大陆法系中关于"财团法人"的定义，即利用捐赠的财产从事以公益为目的的活动，但我国法律并没有"财团法人"的分类。因此，建议政府首先从修改《中华人民共和国民法通则》关于法人分类的制度开始，尊重大陆法系的立法传统，增设财团法人或基金会法人制度，使基金会的存在有正当的法律依据。

建议当机会成熟时，从制定保障监督《中华人民共和国宪法》执行的配套法律做起，设立"宪法保障法"，和《宪法》保障公民的结社自由权相统一，使大量因为法律规制的原因没有注册登记的民间非营利组织摆脱"非法组织"的身份，就像日本的任意团体一样，使他们即使没登记，仍然是合宪、合法的社会组织。

二　完善准入体系

建议尽最大可能地放松国家对基金会的准入规制，实现由"管制体制"向"服务体制"的转变，逐步终止对基金会的"双重管理"制度，实现"直接登记"制度对基金会设立人的全覆盖。

三　使基金会民间化

抓住时机，把目前基金会整个行业的信任危机转换为发展的机遇。最重要的是把由政府兴办的基金会改制为纯粹民间的基金会，有行政级别的取消行政级别，还基金会"财团法人"的本来面目。

四　放开公共服务空间

建议政府秉持建设"小政府、大社会"的理念，在社会和国家的关系上由"管制导向"转换为"服务导向"，在全国范围内，把政府的部分公共权力让渡给基金会等第三部门，为基金会全面开放公共服务空间，通过购买政府服务等方式，以基金会直接贴近公众的优势来服务公众，满足不同群体的利益需求，实现国家、社会、公民的"合作三维"，共建"新的公共性社会体制"。

五 逐步开放国际空间，对基金会采取"引进来，走出去"的发展战略

基金会的非营利性、非政府性、公益性等特征本身就决定了它的国际化。基金会准入规制问题历来是政府对基金会进行管理的逻辑起点，也是规划基金会国际化的重要抓手。在政府和社会组织之间、个人和社会组织之间，准入规制成为世人衡量判断宪法所赋予的结社自由权的一个尺度，也是审视政府是否放权于民、回归本位的实质性政策标志。在我国政府倡导社会治理的制度创新和展示负责任的大国形象、实现中华民族伟大复兴的背景下，借鉴日本基金会的相关经验，抓住深化政治体制改革的大好时机，可以先以民政部许可直接登记的四大类之一的公益慈善类基金会作为突破，通过"引进来"（鼓励外国符合条件的基金会在中国发展）和"走出去"（鼓励符合条件的中国基金会走出国门），全面推进我国现代化的高速均衡发展。

参考文献

蔡成平，2011，《地震助推日本 NPO/NGO》，《世界博览》第 18 期。

陈承新，2012，《日本公民社会考察》，《东北亚学刊》第 1 期。

陈家建，2010，《法团主义与当代中国社会》，《社会学研究》第 2 期。

陈杰，2009，《日本民法典与启蒙运动》，《法制与经济》第 6 期。

陈杰姮、高银，2011，《非公募基金会的社会资本探究》，《集体经济》第
    5 期。

陈荞，2013，《民政部官员：社会组织直接登记年底有法可依》，《京华时
    报》6 月 3 日。

陈秀峰、郑杭生，2008，《公益与效益的平衡：透视大学教育基金会的资金
    运作机制》，《教育与经济》第 1 期。

陈旭清、赵会，2010，《非公募基金会教育功能初探》，《教育理论与实践》
    第 28 期。

褚松燕，2008，《中外非政府组织管理体制比较》，国家行政学院出版社。

崔晶，2010，《越南对外国非政府组织的管理模式及对中国的启示》，《经济
    社会体制比较》第 6 期。

邓国胜，2001，《非营利组织评估》，社会科学文献出版社。

恩格斯，1998，《家庭、私有制和国家的起源》，人民出版社。

樊洪业，2013，《"中央学会"之迷踪》，《中国科技史杂志》第 2 期。

范金民，2006，《明代地域商帮兴起的社会背景》，《清华大学学报》（哲学
    社会科学版）第 5 期。

方英，2011，《非公募基金会从"孕育期"到"成长期"的问题及发展策
    略——以广东为例的研究》，《探求》第 6 期。

傅金铎、张连月主编，2002，《中国政党·中国社团概论》，华文出版社。

高功敬，2012，《中国非公募基金会发展现状，困境及政策思路》，《济南大

学学报》（社会科学版）第 3 期。

高庆新，2008，《对构建财团法人制度的思考》，《河南师范大学学报》（哲学社会科学版）第 4 期。

葛道顺、商玉生、杨团、马昕，2009，《中国基金会发展解析》，社会科学文献出版社。

葛云松，2002，《中国的财团法人制度展望》，《北大法律评论》第 1 期。

顾昕、王旭，2005，《从国家主义到法团主义——中国市场转型过程中国家与专业团体关系的演变》，《社会学研究》第 2 期。

郭国庆，2000，《国外 NPO 的职能及对我国的启示》，《经济理论与经济管理》第 4 期。

郭国庆、李先国，2001，《国外非营利机构筹资模式及启示》，《经济理论与经济管理》第 12 期。

国民政府社会部，2006，《人民团体统计（1946）》，转引自俞可平等《中国公民社会的制度环境》，北京大学出版社。

国务院法制办政法司、民政部民间组织管理局编著，1999，《〈社会团体登记管理条例〉、〈民办非企业单位登记管理条例〉释义》，中国社会出版社。

韩大元，2004，《关于新中国 1954 年宪法制定过程若干问题探讨——纪念 1954 年宪法颁布五十周年》，《河南财经政法大学学报》第 4 期。

何勤华，1997，《穗积陈重和他的著作》，载于穗积陈重著《法律进化论》，中国政法大学出版社。

何勤华、曲阳，2001，《传统与近代之间——〈日本民法典〉编纂过程与问题研究》，载《清华法制论衡》第二辑，清华大学出版社。

何哲，2011，《"善治"概念的核心要素分析——一种经济方法的比较观点》，《理论与改革》第 5 期。

侯安琪，2010，《慈善组织准入的法律规制——兼论慈善组织准入规制的价值取向》，《社会主义研究》第 5 期。

胡澎，2011，《日本 NGO 的发展及其在外交中的作用》，《日本学刊》第 4 期。

胡仙芝、余茜，2008，《非政府组织理论研究的新成果——〈评中外非政府组织管理体制比较〉》，《中国行政管理》第 12 期。

黄琴、兰晶晶，2009，《论市民社会视野中国家社会个人关系的合理构建》，《湘潭师范学院学报》（社会科学版）第 2 期。

黄瑞祺，2005，《社会理论与社会世界》，北京大学出版社。

黄震，2008，《我国非公募基金会所得税法律问题研究——以"南都"案为中心的探讨》，《中国城市经济》第 6 期。

江平，1994，《法人制度论》，中国政法大学出版社。

江平，2001，《日本民法典 100 年的启示》，《环球法律评论》第 3 期。

姜丹书，1991，《寒之友社记》，载《姜丹书艺术教育杂著》，浙江教育出版社。

蒋学跃，2009，《法人概念的历史流变及匡正——历史和功能的视角》，《浙江学刊》第 5 期。

金锦萍、葛云松，2006，《外国非营利组织法译汇》，北京大学出版社。

康晓光、冯利、程刚，2011，《基金会绿皮书——中国基金会发展独立研究报告（2011）》，社会科学文献出版社。

康晓光等，2011，《依附式发展的第三部门》，社会科学文献出版社。

康越，2008，《日本 NPO 支援中心的发展及对我国的启示》，《北京行政学院学报》第 6 期。

雷闻，2001，《俄藏敦煌Ⅱx.06521 残卷考释》，《敦煌学辑刊》第 1 期。

李本公主编，2003，《国外非政府组织法规汇编》，中国社会出版社。

李翠玲、甘峰，2010，《日本公共部门民营化与 NPO 困境——新公共管理的"公共性"质疑》，《北京行政学院学报》第 6 期。

李强，2000，《当前中国社会的四个利益群体》，《学术界》第 3 期。

李强、张海辉，2004，《中国城市布局与人口高密度社会》，《战略与管理》第 3 期。

李韬，2003，《美国的慈善基金会与美国政治》，中国社会科学院研究生院博士学位论文。

李晓倩、蔡立东，2013，《基金会法律制度转型论纲——从行政管控到法人治理》，《法制与社会发展》第 3 期。

李欣欣，2008，《校准分配领域的效率与公平》，《瞭望》第 1 期。

李友梅，2005，《当前社团组织的作用及其管理体系》，《探索与争鸣》第 12 期。

李友梅，2006，《民间组织与社会发育》，《探索与争鸣》第 4 期。

李战刚，2013，《民间力量：日本救灾体系中的生力军》，《中国社会科学报》7 月 26 日 A08 版。

梁慧星，1996，《民法通则》，法律出版社。

梁慧星，2003，《中国民法典草案建议稿》，法律出版社。

林家彬，2002，《环境 NGO 在推进可持续发展中的作用——对日本研究 NGO 的案例分析》，《中国人口·资源与环境》第 2 期。

林尚立，2007，《两种社会建构：中国共产党与非政府组织》，《中国社会科学（英文版）》。

林蕴辉，2001，《共和国年轮：1953》，河北人民出版社。

刘啸、罗章，2012，《中美基金会管理体制比较研究——基于制度可能性边界的理论》，《行政论坛》第 3 期。

刘星，2012，《日本教育非营利组织（NPO）研究及对中国的启示》，《日本研究》第 2 期。

陆益龙，2011，《定性社会研究方法》，商务印书馆。

罗尔斯，2002，《作为公平的正义——正义新论》，姚大志译，上海三联书店。

罗玉珍主编，1992，《民事主体论》，中国政法大学出版社。

《马克思恩格斯选集》（第二版）第 1 卷、第 4 卷，1995，人民出版社。

马俊驹，2004，《法人制度的基本理论和立法问题之探讨》（上），《法学评论》第 4 期。

马迎贤，2005，《资源依赖理论的发展和贡献评析》，《甘肃社会科学》第 1 期。

马作武、何邦武，1999，《传统与变革——从日本民法典的修订看日本近代法文化的冲突》，《比较法研究》第 2 期。

梅夏英，2002，《财产权构造的基础分析》，人民法院出版社。

孟令君主编，2008，《中国慈善工作概论》，北京大学出版社。

民政部"日本 NPO 法律制度研修"代表团、文国锋，2006，《日本民间非营利组织：法律框架、制度改革和发展趋势——"日本 NPO 法律制度研修"考察报告》，《学会》第 10 期。

民政部民间组织管理局，2004，《国务院法制办政法司编著基金会指南》，中国社会出版社。

民政部民间组织管理局、国务院法制办政法司，2004，《基金会指南》，中国社会出版社。

闵杰，1995，《戊戌学会考》，《近代史研究》第 3 期。

欧春荣，2004，《美国基金会：历史和作用》，吉林大学硕士学位论文。

潘茂群，2007，《中外管理与泛家族规则的思考》，经济管理出版社，第 170~220 页。潘乾，2012，《非公募基金会投资问题探究》，《长白学刊》第 6 期。

潘绥铭、黄盈盈、王东，2011，《论方法：社会学调查的本土实践与升华》，中国人民大学出版社。

庞中英，2003，《东亚需要"社会地区主义"》，《人民日报》。

彭勃，2009，《中国民间组织管理模式转型——法团主义的视角》，《武汉大学学报》（哲学社会出版社）第 3 期。

全球治理委员会，1995，《我们的全球伙伴关系》，牛津大学出版社。

桑兵，1995，《清末新知识界的社团与活动》，生活·读书·新知三联书店。

师哲，1991，《在历史巨人身边：师哲回忆录》，中央文献出版社。

世界银行，2006，《2006 年世界发展报告：公平与发展》，清华大学出版社。

苏力、葛云松、张宇文、高丙中，1999，《规制与发展——第三部门的法律环境》，浙江人民出版社。

苏永钦，2001，《私法自治中的国家强制——从功能法的角度看民事规范的类型与立法释法方向》，《中外法学》第 1 期。

孙丽斌，2009，《日本 NPO 社会体育组织的构建》，《体育世界》第 9 期。

孙伟林、臧宝瑞，2007，《南非社会组织考察报告》，《中国社会组织》第 3 期。

唐斌，2005，《中国非营利组织研究新进展》，《南京社会科学》第 7 期。

天津市民政局，2013，《对改革我国社会团体登记管理制度的思考》，转引自民政部政策研究中心网，http://zyzx.mca.gov.cn。

田香兰，2013，《日本民间非营利组织的发展现状、法律环境及社会贡献》，《日本问题研究》第 2 期。

田晓虹，2004，《从日本"町内会"的走向看国家与社会关系演变的东亚路径》，《社会科学》第 2 期。

田毅鹏，1993，《鸦片战争前后中日世界史地研究比较论》，《社会科学辑刊》第 3 期。

田毅鹏，2001，《中日现代化比较研究一百年》，《世界历史》第 3 期。

田毅鹏，2005a，《中日现代化起点的比较研究》，《社会科学战线》第 4 期。

田毅鹏，2005b，《东亚"新公共性"的构建及其限制——以中日两国为中心》，《吉林大学社会科学学报》第 6 期。

田毅鹏、韩丹，2011，《东亚现代化的"特殊"与"一般"》，《东北亚论坛》第 3 期。

汪鑫、郑莹，2004，《基金会的税法规制初探》，《武汉大学学报》（哲学社会科学版）第 4 期。

王承仁，1994，《中日近代化比较研究》，河南人民出版社。

王家骅，1995，《儒家思想与日本的现代化》，浙江人民出版社。

王利明，2005，《中国民法典学者建议稿及立法理由（总则编)》，法律出版社。

王名，2004，《中国非政府公共部门：清华发展研究报告 2003》，清华大学出版社。

王名、贾西津，2004，《试论基金会的产权与治理结构》，《公共管理评论》第 1 期。

王名、李勇、黄浩明，2006，《德国非营利组织》，清华大学出版社。

王名、李勇、廖鸿、黄浩明，2007，《日本非营利组织》，北京大学出版社。

王名、徐宇珊，2008，《基金会论纲》，《中国非营利评论》第 1 期。

王绍光，1999，《多元与统一——第三部门国际比较研究》，浙江人民出版社。

王胜先、朱薇，2008，《2008 是中国公益元年》，《深圳商报》11 月 4 日。

王世刚主编，1994，《中国社团史》，安徽人民出版社。

王世强，2012，《日本非营利组织的法律框架及公益认定》，《学会》第 10 期。

王雪琴，2010，《论慈善法人的法律属性——以公、私法人区分为视角》，《武汉大学学报》（哲学社会科学版）第 4 期。

王雪琴，2013，《慈善法人研究》，山东人民出版社。

王雪琴，2013，《基金会与财团法人的密切关系》。

韦祎，2010，《中国慈善基金会法人制度研究》，中国政法大学出版社。

吴廷嘉，1987，《戊戌与明治时期中日维新运动之比较》，《世界历史》第
　　4 期。

吴治繁，2013，《论民法典的民族性》，《法制与社会发展》第 5 期。

郗杰英，1999，《基金会：美国社会发展的重要均衡因素》，《中国青年科
　　技》第 3 期。

奚欣华，2011，《武士道的历史区分及其存在的社会基础分析》，《学术界》
　　第 2 期。

夏征农主编，2000，《辞海》（1999 年缩印本），上海辞书出版社。

谢宝富，2003，《当代中国公益基金会与政府的关系分析》，《中国社会科学
　　院研究生院学报》第 4 期。

谢菊，2003，《当代国外 NPO 的发展及特征》，《云南行政学院学报》第
　　4 期。

谢立中，2006，《社会理论：反思与重构》，北京大学出版社。

谢立中、阮新邦，2004，《现代性、后现代性社会理论：诠释与评论》，北
　　京大学出版社。

徐国栋主编，2004，《绿色民法典（草案）》，社会科学文献出版社，。

徐宇珊，2006，《非公募基金会发展刍议——以北京光华慈善基金会为例》，
　　《学会》第 7 期。

徐宇珊，2010，《论基金会——中国基金会转型研究》，中国社会出版社。

徐振增，2006，《理论内涵与规范功能——民法典法人定义之解析与建议》，
　　《甘肃政法学院学报》第 5 期。

许光，2007，《建构和谐社会的公益力量——基金会法律制度研究》，法律
　　出版社。

许虔东，1994，《新中国第一部宪法的总设计师——毛泽东刘庄草宪秩闻》，
　　《党史纵横》第 5 期。

杨敏，2005，《社会行动的意义效应：社会转型加速期时代性特征研究》，
　　中国人民大学出版社。

杨敏，2011，《“国家—社会”的中国理念与“中国经验”的成长——社会
　　资源的优化配置及公共服务与社会治理的创新》，《河北学刊》第
　　31 期。

杨敏、郑杭生，2010，《社会互构论：全貌概要和精义探微》，《社会科学研究》第 4 期。

尹田，2003，《民事主体理论与立法研究》，法律出版社。

英国培生教育出版有限公司编，2005，《朗文当代英语辞典》（第 4 版），外语教学与研究出版社。

于秋芳、衣保中，2009，《江户时期日本民间金融组织的发展及其影响》，《中国农史》第 3 期。

俞可平，2001，《治理和善治：一种新的政治分析框架》，《南京社会科学》第 9 期。

俞可平，2011，《治理和善治：一种新的政治分析框架》，《南京社会科学》第 9 期。

张才新、夏伟明，2003，《我国非营利组织的发展与政府规制》，《广东青年干部学院学报》第 3 期。

张民安，2002，《公司设立制度研究》，载王保树主编《商事法论集》，法律出版社。

张世鹏、殷叙彝编译，1998，《全球化时代的资本主义》，中央编译出版社。

张文彬，2012，《日本 NGO 的发展及其对我国的启示》，《外国问题研究》第 1 期。

张亚维、陶冶，2012，《我国基金会发展状况及影响因素分析——以中国 TOP100 基金会为例》，《扬州大学学报》（人文社会科学版）第 3 期。

张钟汝、范明林、王拓涵，2009，《国家法团主义视域下政府与非政府组织的互动关系研究》，《社会》第 4 期。

郑杭生，2004，《中国社会结构和社会关系研究》，中国人民大学出版社。

郑杭生，2005，《社会互构的理论与东亚的共同繁荣》，《河北学刊》第 2 期。

郑杭生，2006，《本土特质与世界眼光》，北京大学出版社。

郑杭生，2011，《"大民政"的理论和实践与"中国经验"的成长——夯实中国特色世界城市基础的"北京经验"》，中国社会出版社。

郑杭生、李路路主编，2005，《中国人民大学中国社会发展研究报告 2005：走向更加和谐的社会》，中国人民大学出版社。

郑杭生、李强，1993，《社会运行导论——有中国特色的社会学基本理论的一种探索》，中国人民大学出版社。

郑杭生、杨敏，2010，《社会互构论：世界眼光下的中国特色社会学理论的新探索——当代中国"个人与社会关系研究"》，中国人民大学出版社。

郑杭生主编，2003，《社会学概论新修》（第三版），中国人民大学出版社。

周强，2007，《日本非营利组织发展简史》，《学会》第 3 期。

周强，2007，《日本非营利组织发展简史》，《学会》第 3 期。

周怡，2011，《市场转型期的"国家—社会双依附模型"：行动者、关系和制度——以改革初期温州"农民造城"为例》，载邓正来主编《当代中国基层制度个案研究》，复旦大学出版社。

朱谦之，2002，《日本哲学史》，人民出版社。

朱桐辉，2011，《冲突的积极功能的边界——兼谈法学的自主性》，《环球法律评论》第 4 期。

朱英，2000，《从抗争〈商会法〉看民初商会的发展》，《近代中国》第 1 期。

资中筠，2003，《散财之道：美国现代公益基金会述评》，上海人民出版社。

资中筠，2006，《财富的归宿：美国现代公益基金会述评》，上海人民出版社。

安德鲁·卡内基，2006，《财富的福音》，杨会军译，京华出版社。

安东尼·吉登斯，1998a，《民族－国家与暴力》，胡宗泽、赵力涛等译，生活·读书·新知三联书店。

安东尼·吉登斯，1998b，《社会的构成》，生活·读书·新知三联书店。

安东尼·吉登斯，2000，《现代性的后果》，田禾译，译林出版社。

安立清史，2006，《非営利組織（NPO）理論の社会学の検討》，《人間科学共生社会学》。

贝奇·布查特·阿德勒，2002，《美国慈善法指南》，NPO 信息咨询中心主译，中国社会科学出版社。

布雷格，2002，《社会学视野中的司法》，郭兴华译，法律出版社。

C. 赖特·米尔斯，2005，《社会学的想象力》，陈强、张永强译，生活·读书·新知三联书店。

出口正之，1993，《公益——企业与人的社会贡献》，丸善百科全书。

大原光宪，1963，《地域住民の対応過程》，日本政治学会编《年報社会学》，岩波书店。

岛田晴雄，1993，《开花结果的公益——质问日本企业的真正价值何在?》，TBS 百科全书。

迪特尔·梅迪库斯，2000，《德国民法总论》，邵建东译，法律出版社。

东浦庄治，1935，《日本产业组合史》，高阳书院。

弗里德里希·哈耶克，2003，《科学的反革命：理性滥用之研究》，冯克利译，译林出版社。

沟口雄三，2011，《中国的公与私·公私》，郑静译，生活·读书·新知三联书店。

加藤洋二郎，2001，《NPO 概念について一考察》，《中京经营纪要》。

今村都南雄，2002，《日本の政府体系：改革の过程よ方向》，成文堂。

今田忠监译，1996，《崛起的非营利部门——12 国比较的现状和展望：其规模、构成、制度和资金来源》，宝石社。

金子郁容，1999，《志愿经济的诞生》，实业日本社。

卡尔·拉伦茨，2003，《德国民法通论》（上），法律出版社。

莱斯特·M. 萨拉蒙，2008，《公共服务中的伙伴——现代福利国家中政府与非营利组织的关系》，田凯译，商务印书馆。

林雄二郎、山冈义典，1984，《日本的财团——其系谱和展望》，中公新书。

罗宾·科恩、保罗·肯尼迪，2001，《全球社会学》，文军等译，社会科学文献出版社。

罗斯科·庞德，2003，《社会学法理学》，邓正来译，《法制与社会发展》第 5 期。

马克斯·韦伯，1997，《经济与社会》（上、下），林荣远译，商务印书馆。

马桥宪男、齐藤千宏，1998，《ハンドブックNPO》，明石书店。

毛利聪子，2011，《从 NGO 视角看地国际关系》，法律文化社。

内山直人，1997，《非营利经济——NPO 与公益经济学》，日本评论社。

诺贝特·埃利亚斯，1998，《文明的进程：文明的社会起源和心理起源的研究》（Ⅰ、Ⅱ），王佩莉译，生活·读书·新知三联书店。

乔尔·J. 奥罗兹，2002，《基金会工作权威指南：基金会如何发掘、资助和管理重点项目》，孙韵译，机械工业出版社。

日本 NGO 国际协力中心（JANIC），1998，《日本国际合作 NGO 名录》。

入山映，1996，《作为社会现象的基金会》，田恒、吕永和、倪心一译，世川和平基金会。

入山映訣，1994，《米国の非営利セクー入門》，ダイヤモンド社。

山岡義典編著，2006，《NPO 基礎講座》，（株）ぎょうせい発行。

山脇直司，2000，《公共哲学よは何か》，ちくま新書。

社会開発統計研究所訣，1984，《ネットワーキング：ヨ匚型情報社会への潮流》，ノ．リツプナツク，J．スタンプス著。

勝田美穂，2008，《市民運動史のなかの"NPO 活動"——公共事業をめぐる対立から調和への変容》，《法政大学大学院紀要（60）》。

田中弥生、馬場英朗、石田祐，2011，《新しい公共と認定 NPO 法人制度：パブリック・サポート・テストは寄付文化を促進するか》，《非営利法人研究学会誌》。

W．理查德・斯格特，2002，《组织理论》（第 4 版），黄洋等译，华夏出版社。

小平権一，1981，《农业金融论》，农文协。

小森阳一，2002，《中日关系的课题与期待》，《日本学论坛》第 1 期。

小森阳一，2007，《天皇制与现代日本社会》，《清华大学学报》第 1 期。

篠原一，2004，《市民の政治学》，岩波書店。

亚当・斯密，2005，《国富论》，唐日松等译，华夏出版社。

尤尔根・哈贝马斯，1999，《公共领域的结构转型》，曹卫东、王晓珏等译，学林出版社。

尤根・埃利希，2009，《法律社会学基本原理》，叶名怡、袁震译，中国社会科学出版社。

雨森孝悦，2012，《テキストブックNPO》（第 2 版），《东洋经济报》。

约翰・罗尔斯，2002，《作为公平的正义——正义新论》，姚大志译，上海三联书店。

约瑟夫・阿罗斯・熊彼得，2012，《经济发展理论》，邹建平译，中国画报出版社。

植村荣治，1998，《欧美对日本法律制度的影响》，《国际政治研究》第 2 期。

中村阳一等，1999，《日本的 NPO 2000》，日本评论社。

Anheier H. K. 2005. *Nonprofit Organizations*: *The ory*. Management Policy. Routledge.

DiMaggio P. J. and Anheier H. K. 1990. " The Sociological Conceptualization of Nonprofit Organizations and Sectors. " *Annual Review of Sociology*. Volume 16.

Hansmann & Henry. 1987. *Economic Theories of Nonprofit Organization in* Walter W. Powell (ed.) *The Nonprofit Sector*: *A Research Handbook*. New Haven: Yale University Press.

Kiger1 Joseph C. 2000. *Philanthropic Foundations in the Twentieth Century*. Greenwood Press.

Karla W. Simon. 2009. "Enabling Civil Society in Japan: Reform of the Legal and Regulatory Framework for Public Benefit Organizations. " *Journal of Japanese Law*.

Kramer. Ralph M. 1981. *Voluntary Agencies in the Welfare State*. University of California Press.

J. Steven ott. 2001. *The Nature of the Nonprofit Sector*. Westview Press.

Pfeffer J. and Salancik. G. 1978. *The External Control of Organizations*: *A Resource Dependence Perspective*. New York: Harper and Row.

Salamon L. M. 1995. *Partnera in Public Services*. Johns Hopkins University Press.

Selznick P. 1949. *TVA and the Grass Roots*: *A Study in the Sociology of Formal Organization*. Berkeley: University of California Press.

Thompson J. D. and Mcewen W. J. 1958. *Organizational Goals and Environment*: *Goal – setting as An Interaction Process*. American Sociological Review.

Weisbrod B. A. 1988. *Nonprofit Economy*. Harvard University Press.

附录一

中华人民共和国国务院令

第 400 号

《基金会管理条例》已经 2004 年 2 月 11 日国务院第 39 次常务会议通过，现予公布，自 2004 年 6 月 1 日起施行。

总理温家宝

二○○四年三月八日

基金会管理条例

第一章 总 则

第一条 为了规范基金会的组织和活动，维护基金会、捐赠人和受益人的合法权益，促进社会力量参与公益事业，制定本条例。

第二条 本条例所称基金会，是指利用自然人、法人或者其他组织捐赠的财产，以从事公益事业为目的，按照本条例的规定成立的非营利性法人。

第三条 基金会分为面向公众募捐的基金会（以下简称公募基金会）和不得面向公众募捐的基金会（以下简称非公募基金会）。公募基金会按照募捐的地域范围，分为全国性公募基金会和地方性公募基金会。

第四条 基金会必须遵守宪法、法律、法规、规章和国家政策，不得危害国家安全、统一和民族团结，不得违背社会公德。

第五条 基金会依照章程从事公益活动，应当遵循公开、透明的原则。

第六条 国务院民政部门和省、自治区、直辖市人民政府民政部门是基金会的登记管理机关。

国务院民政部门负责下列基金会、基金会代表机构的登记管理工作：

（一）全国性公募基金会；

（二）拟由非内地居民担任法定代表人的基金会；

（三）原始基金超过 2000 万元，发起人向国务院民政部门提出设立申请的非公募基金会；

（四）境外基金会在中国内地设立的代表机构。

省、自治区、直辖市人民政府民政部门负责本行政区域内地方性公募基金会和不属于前款规定情况的非公募基金会的登记管理工作。

第七条 国务院有关部门或者国务院授权的组织，是国务院民政部门登记的基金会、境外基金会代表机构的业务主管单位。

省、自治区、直辖市人民政府有关部门或者省、自治区、直辖市人民政府授权的组织，是省、自治区、直辖市人民政府民政部门登记的基金会的业务主管单位。

第二章 设立、变更和注销

第八条 设立基金会，应当具备下列条件：

（一）为特定的公益目的而设立；

（二）全国性公募基金会的原始基金不低于 800 万元人民币，地方性公募基金会的原始基金不低于 400 万元人民币，非公募基金会的原始基金不低于 200 万元人民币；原始基金必须为到账货币资金；

（三）有规范的名称、章程、组织机构以及与其开展活动相适应的专职工作人员；

（四）有固定的住所；

（五）能够独立承担民事责任。

第九条 申请设立基金会，申请人应当向登记管理机关提交下列文件：

（一）申请书；

（二）章程草案；

（三）验资证明和住所证明；

（四）理事名单、身份证明以及拟任理事长、副理事长、秘书长简历；

（五）业务主管单位同意设立的文件。

第十条 基金会章程必须明确基金会的公益性质，不得规定使特定自然人、法人或者其他组织受益的内容。

基金会章程应当载明下列事项：

（一）名称及住所；

（二）设立宗旨和公益活动的业务范围；

（三）原始基金数额；

（四）理事会的组成、职权和议事规则，理事的资格、产生程序和任期；

（五）法定代表人的职责；

（六）监事的职责、资格、产生程序和任期；

（七）财务会计报告的编制、审定制度；

（八）财产的管理、使用制度；

（九）基金会的终止条件、程序和终止后财产的处理。

第十一条 登记管理机关应当自收到本条例第九条所列全部有效文件之日起 60 日内，作出准予或者不予登记的决定。准予登记的，发给《基金会法人登记证书》；不予登记的，应当书面说明理由。

基金会设立登记的事项包括：名称、住所、类型、宗旨、公益活动的业务范围、原始基金数额和法定代表人。

第十二条 基金会拟设立分支机构、代表机构的，应当向原登记管理机关提出登记申请，并提交拟设机构的名称、住所和负责人等情况的文件。

登记管理机关应当自收到前款所列全部有效文件之日起 60 日内作出准予或者不予登记的决定。准予登记的，发给《基金会分支（代表）机构登记证书》；不予登记的，应当书面说明理由。

基金会分支机构、基金会代表机构设立登记的事项包括：名称、住所、公益活动的业务范围和负责人。

基金会分支机构、基金会代表机构依据基金会的授权开展活动，不具有法人资格。

第十三条 境外基金会在中国内地设立代表机构，应当经有关业务主管单位同意后，向登记管理机关提交下列文件：

（一）申请书；

（二）基金会在境外依法登记成立的证明和基金会章程；

（三）拟设代表机构负责人身份证明及简历；

（四）住所证明；

（五）业务主管单位同意在中国内地设立代表机构的文件。

登记管理机关应当自收到前款所列全部有效文件之日起 60 日内，作出准予或者不予登记的决定。准予登记的，发给《境外基金会代表机构登记证书》；不予登记的，应当书面说明理由。

境外基金会代表机构设立登记的事项包括：名称、住所、公益活动的业务范围和负责人。

境外基金会代表机构应当从事符合中国公益事业性质的公益活动。境外基金会对其在中国内地代表机构的民事行为，依照中国法律承担民事责任。

第十四条 基金会、境外基金会代表机构依照本条例登记后，应当依法办理税务登记。

基金会、境外基金会代表机构，凭登记证书依法申请组织机构代码、刻制印章、开立银行账户。

基金会、境外基金会代表机构应当将组织机构代码、印章式样、银行账号以及税务登记证件复印件报登记管理机关备案。

第十五条 基金会、基金会分支机构、基金会代表机构和境外基金会代表机构的登记事项需要变更的，应当向登记管理机关申请变更登记。

基金会修改章程，应当征得其业务主管单位的同意，并报登记管理机关核准。

第十六条 基金会、境外基金会代表机构有下列情形之一的，应当向登记管理机关申请注销登记：

（一）按照章程规定终止的；

（二）无法按照章程规定的宗旨继续从事公益活动的；

（三）由于其他原因终止的。

第十七条 基金会撤销其分支机构、代表机构的，应当向登记管理机关办理分支机构、代表机构的注销登记。

基金会注销的，其分支机构、代表机构同时注销。

第十八条 基金会在办理注销登记前，应当在登记管理机关、业务主管单位的指导下成立清算组织，完成清算工作。

基金会应当自清算结束之日起 15 日内向登记管理机关办理注销登记；在清算期间不得开展清算以外的活动。

第十九条 基金会、基金会分支机构、基金会代表机构以及境外基金会代表机构的设立、变更、注销登记，由登记管理机关向社会公告。

第三章　组织机构

第二十条 基金会设理事会，理事为 5 人至 25 人，理事任期由章程规定，但每届任期不得超过 5 年。理事任期届满，连选可以连任。

用私人财产设立的非公募基金会，相互间有近亲属关系的基金会理事，总数不得超过理事总人数的 1/3；其他基金会，具有近亲属关系的不得同时在理事会任职。

在基金会领取报酬的理事不得超过理事总人数的 1/3。

理事会设理事长、副理事长和秘书长，从理事中选举产生，理事长是基金会的法定代表人。

第二十一条 理事会是基金会的决策机构，依法行使章程规定的职权。

理事会每年至少召开 2 次会议。理事会会议须有 2/3 以上理事出席方能召开；理事会决议须经出席理事过半数通过方为有效。

下列重要事项的决议，须经出席理事表决，2/3 以上通过方为有效：

（一）章程的修改；

（二）选举或者罢免理事长、副理事长、秘书长；

（三）章程规定的重大募捐、投资活动；

（四）基金会的分立、合并。

理事会会议应当制作会议记录，并由出席理事审阅、签名。

第二十二条 基金会设监事。监事任期与理事任期相同。理事、理事的近亲属和基金会财会人员不得兼任监事。

监事依照章程规定的程序检查基金会财务和会计资料，监督理事会遵守法律和章程的情况。

监事列席理事会会议，有权向理事会提出质询和建议，并应当向登记管理机关、业务主管单位以及税务、会计主管部门反映情况。

第二十三条 基金会理事长、副理事长和秘书长不得由现职国家工作人员兼任。基金会的法定代表人，不得同时担任其他组织的法定代表人。

公募基金会和原始基金来自中国内地的非公募基金会的法定代表人，应当由内地居民担任。

因犯罪被判处管制、拘役或者有期徒刑，刑期执行完毕之日起未逾 5 年的，因犯罪被判处剥夺政治权利正在执行期间或者曾经被判处剥夺政治权利的，以及曾在因违法被撤销登记的基金会担任理事长、副理事长或者秘书长，且对该基金会的违法行为负有个人责任，自该基金会被撤销之日起未逾 5 年的，不得担任基金会的理事长、副理事长或者秘书长。

基金会理事遇有个人利益与基金会利益关联时，不得参与相关事宜的决策；基金会理事、监事及其近亲属不得与其所在的基金会有任何交易行为。

监事和未在基金会担任专职工作的理事不得从基金会获取报酬。

第二十四条 担任基金会理事长、副理事长或者秘书长的香港居民、澳门居民、台湾居民、外国人以及境外基金会代表机构的负责人，每年在中国内地居留时间不得少于 3 个月。

第四章 财产的管理和使用

第二十五条 基金会组织募捐、接受捐赠，应当符合章程规定的宗旨和公益活动的业务范围。境外基金会代表机构不得在中国境内组织募捐、接受捐赠。

公募基金会组织募捐，应当向社会公布募得资金后拟开展的公益活动和资金的详细使用计划。

第二十六条 基金会及其捐赠人、受益人依照法律、行政法规的规定享受税收优惠。

第二十七条 基金会的财产及其他收入受法律保护，任何单位和个人不得私分、侵占、挪用。

基金会应当根据章程规定的宗旨和公益活动的业务范围使用其财产；捐赠协议明确了具体使用方式的捐赠，根据捐赠协议的约定使用。

接受捐赠的物资无法用于符合其宗旨的用途时，基金会可以依法拍卖或者变卖，所得收入用于捐赠目的。

第二十八条 基金会应当按照合法、安全、有效的原则实现基金的保值、增值。

第二十九条　公募基金会每年用于从事章程规定的公益事业支出，不得低于上一年总收入的70%；非公募基金会每年用于从事章程规定的公益事业支出，不得低于上一年基金余额的8%。

基金会工作人员工资福利和行政办公支出不得超过当年总支出的10%。

第三十条　基金会开展公益资助项目，应当向社会公布所开展的公益资助项目种类以及申请、评审程序。

第三十一条　基金会可以与受助人签订协议，约定资助方式、资助数额以及资金用途和使用方式。

基金会有权对资助的使用情况进行监督。受助人未按协议约定使用资助或者有其他违反协议情形的，基金会有权解除资助协议。

第三十二条　基金会应当执行国家统一的会计制度，依法进行会计核算、建立健全内部会计监督制度。

第三十三条　基金会注销后的剩余财产应当按照章程的规定用于公益目的；无法按照章程规定处理的，由登记管理机关组织捐赠给与该基金会性质、宗旨相同的社会公益组织，并向社会公告。

第五章　监督管理

第三十四条　基金会登记管理机关履行下列监督管理职责：

（一）对基金会、境外基金会代表机构实施年度检查；

（二）对基金会、境外基金会代表机构依照本条例及其章程开展活动的情况进行日常监督管理；

（三）对基金会、境外基金会代表机构违反本条例的行为依法进行处罚。

第三十五条　基金会业务主管单位履行下列监督管理职责：

（一）指导、监督基金会、境外基金会代表机构依据法律和章程开展公益活动；

（二）负责基金会、境外基金会代表机构年度检查的初审；

（二）配合登记管理机关、其他执法部门查处基金会、境外基金会代表机构的违法行为。

第三十六条　基金会、境外基金会代表机构应当于每年3月31日前向登记管理机关报送上一年度工作报告，接受年度检查。年度工作报告在报送登记管理机关前应当经业务主管单位审查同意。

年度工作报告应当包括：财务会计报告、注册会计师审计报告，开展募捐、接受捐赠、提供资助等活动的情况以及人员和机构的变动情况等。

第三十七条　基金会应当接受税务、会计主管部门依法实施的税务监督和会计监督。

基金会在换届和更换法定代表人之前，应当进行财务审计。

第三十八条　基金会、境外基金会代表机构应当在通过登记管理机关的年度检查后，将年度工作报告在登记管理机关指定的媒体上公布，接受社会公众的查询、监督。

第三十九条　捐赠人有权向基金会查询捐赠财产的使用、管理情况，并提出意见和建议。对于捐赠人的查询，基金会应当及时如实答复。

基金会违反捐赠协议使用捐赠财产的，捐赠人有权要求基金会遵守捐赠协议或者向人民法院申请撤销捐赠行为、解除捐赠协议。

第六章　法律责任

第四十条　未经登记或者被撤销登记后以基金会、基金会分支机构、基金会代表机构或者境外基金会代表机构名义开展活动的，由登记管理机关予以取缔，没收非法财产并向社会公告。

第四十一条　基金会、基金会分支机构、基金会代表机构或者境外基金会代表机构有下列情形之一的，登记管理机关应当撤销登记：

（一）在申请登记时弄虚作假骗取登记的，或者自取得登记证书之日起12个月内未按章程规定开展活动的；

（二）符合注销条件，不按照本条例的规定办理注销登记仍继续开展活动的。

第四十二条　基金会、基金会分支机构、基金会代表机构或者境外基金会代表机构有下列情形之一的，由登记管理机关给予警告、责令停止活动；情节严重的，可以撤销登记：

（一）未按照章程规定的宗旨和公益活动的业务范围进行活动的；

（二）在填制会计凭证、登记会计账簿、编制财务会计报告中弄虚作假的；

（三）不按照规定办理变更登记的；

（四）未按照本条例的规定完成公益事业支出额度的；

（五）未按照本条例的规定接受年度检查，或者年度检查不合格的；

（六）不履行信息公布义务或者公布虚假信息的。

基金会、境外基金会代表机构有前款所列行为的，登记管理机关应当提请税务机关责令补交违法行为存续期间所享受的税收减免。

第四十三条　基金会理事会违反本条例和章程规定决策不当，致使基金会遭受财产损失的，参与决策的理事应当承担相应的赔偿责任。

基金会理事、监事以及专职工作人员私分、侵占、挪用基金会财产的，应当退还非法占用的财产；构成犯罪的，依法追究刑事责任。

第四十四条　基金会、境外基金会代表机构被责令停止活动的，由登记管理机关封存其登记证书、印章和财务凭证。

第四十五条　登记管理机关、业务主管单位工作人员滥用职权、玩忽职守、徇私舞弊，构成犯罪的，依法追究刑事责任；尚不构成犯罪的，依法给予行政处分或者纪律处分。

第七章　附则

第四十六条　本条例所称境外基金会，是指在外国以及中华人民共和国香港特别行政区、澳门特别行政区和台湾地区合法成立的基金会。

第四十七条　基金会设立申请书、基金会年度工作报告的格式以及基金会章程范本，由国务院民政部门制订。

第四十八条　本条例自 2004 年 6 月 1 日起施行，1988 年 9 月 27 日国务院发布的《基金会管理办法》同时废止。

本条例施行前已经设立的基金会、境外基金会代表机构，应当自本条例施行之日起 6 个月内，按照本条例的规定申请换发登记证书。

附录二

基金会章程示范文本

说　明

一、根据 2004 年 3 月 8 日国务院颁布的《基金会管理条例》和其他有关法律法规制定此章程示范文本。

二、基金会章程示范文本，旨在为基金会制定章程提供范例。

三、基金会制定的章程，应当包括章程示范文本中所列全部条款，可根据实际情况作适当补充。

四、"【　】"内文字为制定要求。

第一章　总则

第一条　本基金会的名称是_____基金会。

【基金会命名应当符合《基金会名称管理规定》。】

第二条　本基金会属于_____（公募或非公募）基金会。

本基金会面向公众募捐的地域范围是：_____。【公募基金会】

第三条　本基金会的宗旨：_____。

第四条　本基金会的原始基金数额为人民币_____万元，来源于_____。

第五条　本基金会的登记管理机关是_____，业务主管单位是_____。

第六条　本基金会的住所_____。

第二章　业务范围

第七条　本基金会公益活动的业务范围【必须具体、明确】。

（一）＿＿＿＿＿＿＿＿＿；

（二）＿＿＿＿＿＿＿＿＿；

（三）＿＿＿＿＿＿＿＿＿；

………………………………。

第三章 组织机构、负责人

第八条 本基金会由＿＿＿＿＿＿名理事组成理事会。

本基金会理事每届任期为＿＿＿＿＿＿，任期届满，连选可以连任。

【基金会理事人数不少于 5 人，且不多于 25 人。理事每届任期不得超过 5 年。】

第九条 理事的资格：

第十条 理事的产生和罢免：

（一）第一届理事由业务主管单位、主要捐赠人、发起人分别提名并共同协商确定。

（二）理事会换届改选时，由业务主管单位、理事会、主要捐赠人共同提名候选人并组织换届领导小组，组织全部候选人共同选举产生新一届理事。

（三）罢免、增补理事应当经理事会表决通过，报业务主管单位审查同意。

（四）理事的选举和罢免结果报登记管理机关备案。

【用私人财产设立的非公募基金会应注明：相互间有近亲属关系的基金会理事，总数不得超过理事总人数的 1/3；其他基金会应注明：具有近亲属关系的不得同时在理事会任职。】

第十一条 理事的权利和义务：

（一）＿＿＿＿＿＿＿＿＿；

（二）＿＿＿＿＿＿＿＿＿；

（三）＿＿＿＿＿＿＿＿＿；

………………………………。

第十二条 本基金会的决策机构是理事会。理事会行使下列职权：

（一）制定、修改章程；

（二）选举、罢免理事长、副理事长、秘书长；

（三）决定重大业务活动计划，包括资金的募集、管理和使用计划；

（四）年度收支预算及决算审定；

（五）制定内部管理制度；

（六）决定设立办事机构、分支机构、代表机构；

（七）决定由秘书长提名的副秘书长和各机构主要负责人的聘任；

（八）听取、审议秘书长的工作报告，检查秘书长的工作；

（九）决定基金会的分立、合并或终止；

（十）决定其他重大事项。

第十三条 理事会每年召开_____次【至少2次】会议。理事会会议由理事长负责召集和主持。

有1/3理事提议，必须召开理事会会议。如理事长不能召集，提议理事可推选召集人。

召开理事会会议，理事长或召集人需提前5日通知全体理事、监事。

第十四条 理事会会议须有2/3以上理事出席方能召开；理事会决议须经出席理事过半数通过方为有效。

下列重要事项的决议，须经出席理事表决，2/3以上通过方为有效：

（一）章程的修改；

（二）选举或者罢免理事长、副理事长、秘书长；

（三）章程规定的重大募捐、投资活动；

（四）基金会的分立、合并；

……………………………。

第十五条 理事会会议应当制作会议记录。形成决议的，应当当场制作会议纪要，并由出席理事审阅、签名。理事会决议违反法律、法规或章程规定，致使基金会遭受损失的，参与决议的理事应当承担责任。但经证明在表决时反对并记载于会议记录的，该理事可免除责任。

第十六条 本基金会设监事_____名。监事任期与理事任期相同，期满可以连任。

【3名以上监事可设监事会。】

第十七条 理事、理事的近亲属和基金会财会人员不得任监事。

第十八条 监事的产生和罢免：

（一）监事由主要捐赠人、业务主管单位分别选派；

（二）登记管理机关根据工作需要选派；

（三）监事的变更依照其产生程序。

第十九条 监事的权利和义务：

监事依照章程规定的程序检查基金会财务和会计资料，监督理事会遵守法律和章程的情况。

监事列席理事会会议，有权向理事会提出质询和建议，并应当向登记管理机关、业务主管单位以及税务、会计主管部门反映情况。

监事应当遵守有关法律法规和基金会章程，忠实履行职责。

第二十条 在本基金会领取报酬的理事不得超过理事总人数的1/3。监事和未在基金会担任专职工作的理事不得从基金会获取报酬。

第二十一条 本基金会理事遇有个人利益与基金会利益关联时，不得参与相关事宜的决策；基金会理事、监事及其近亲属不得与基金会有任何交易行为。

第二十二条 理事会设理事长、副理事长和秘书长，从理事中选举产生。

第二十三条 本基金会理事长、副理事长、秘书长必须符合以下条件：

（一）在本基金会业务领域内有较大影响；

（二）理事长、副理事长、秘书长最高任职年龄不超过70周岁，秘书长为专职；

（三）身体健康，能坚持正常工作；

（四）具有完全民事行为能力。

第二十四条 有下列情形之一的人员，不能担任本基金会的理事长、副理事长、秘书长：

（一）属于现职国家工作人员的；

（二）因犯罪被判处管制、拘役或者有期徒刑，刑期执行完毕之日起未逾5年的；

（三）因犯罪被判处剥夺政治权利正在执行期间或者曾经被判处剥夺政治权利的；

（四）曾在因违法被撤销登记的基金会担任理事长、副理事长或者秘书长，且对该基金会的违法行为负有个人责任，自该基金会被撤销之日起未逾5年的。

第二十五条　担任本基金会理事长、副理事长或者秘书长的香港居民、澳门居民、台湾居民以及外国人，每年在中国内地居留时间不得少于 3 个月。

【本条适用于理事长、副理事长或者秘书长由境外人士担任的基金会。】

第二十六条　本基金会的理事长、副理事长、秘书长每届任期____年，连任不超过两届。因特殊情况需超届连任的，须经理事会特殊程序表决通过，报业务主管单位审查并经登记管理机关批准同意后，方可任职。

第二十七条　本基金会理事长为基金会法定代表人。本基金会法定代表人不兼任其他组织的法定代表人。

本基金会法定代表人应当由中国内地居民担任。【本款适用于公募基金会和原始基金来自中国内地的非公募基金会。】

本基金会法定代表人在任期间，基金会发生违反《基金会管理条例》和本章程的行为，法定代表人应当承担相关责任。因法定代表人失职，导致基金会发生违法行为或基金会财产损失的，法定代表人应当承担个人责任。

第二十八条　本基金会理事长行使下列职权：

（一）召集和主持理事会会议；

（二）检查理事会决议的落实情况；

（三）代表基金会签署重要文件；

……………………………………。

本基金会副理事长、秘书长在理事长领导下开展工作，秘书长行使下列职权：

（一）_____；

（二）_____；

（三）_____；

……………………………………。

【理事长的其他职权和秘书长的职权从以下选项中确定，理事长和秘书长的职权不能重叠，基金会可根据实际情况细化或进行补充：

①主持开展日常工作，组织实施理事会决议；

②组织实施基金会年度公益活动计划；

③拟订资金的筹集、管理和使用计划；

④拟订基金会的内部管理规章制度，报理事会审批；

⑤协调各机构开展工作；

⑥提议聘任或解聘副秘书长以及财务负责人，由理事会决定；

⑦提议聘任或解聘各机构主要负责人，由理事会决定；

⑧决定各机构专职工作人员聘用；

⑨章程和理事会赋予的其他职权；

⑩………………………………。】

第四章　财产的管理和使用

第二十九条　本基金会为公募（或非公募）基金会，本基金会的收入来源于：

（一）＿＿＿＿＿＿＿＿；

（二）＿＿＿＿＿＿＿＿；

（三）＿＿＿＿＿＿＿＿；

………………………………。

【可选项：组织募捐的收入（公募基金会）；自然人、法人或其他组织自愿捐赠；投资收益；其他合法收入等。非公募基金会可以注明提供主要捐赠的自然人、法人或其他组织的具体姓名或名称。】

第三十条　本基金会组织募捐【非公募基金会无此项】、接受捐赠，应当遵守法律法规，符合章程规定的宗旨和公益活动的业务范围。

第三十一条　本基金会组织募捐时，应当向社会公布募得资金后拟开展的公益活动和资金的详细使用计划。重大募捐活动应当报业务主管单位和登记管理机关备案。

本基金会组织募捐，不得以任何形式进行摊派及变相摊派。

【本条适用于公募基金会。】

第三十二条　本基金会的财产及其他收入受法律保护，任何单位、个人不得侵占、私分、挪用。

第三十三条　本基金会根据章程规定的宗旨和公益活动的业务范围使用财产；捐赠协议明确了具体使用方式的捐赠，根据捐赠协议的约定使用。

接受捐赠的物资无法用于符合本基金会宗旨的用途时，基金会可以依法拍卖或者变卖，所得收入用于捐赠目的。

第三十四条 本基金会财产主要用于：

（一）_____；

（二）_____；

（三）_____；

……………………………………。

第三十五条 本基金会的重大募捐、投资活动是指：

（一）_____；

（二）_____；

（三）_____；

……………………………………。

第三十六条 本基金会按照合法、安全、有效的原则实现基金的保值、增值。

第三十七条 本基金会每年用于从事章程规定的公益事业支出，不得低于上一年总收入的70%。【公募基金会】

本基金会每年用于从事章程规定的公益事业支出，不得低于上一年基金余额的8%。【非公募基金会】

本基金会工作人员工资福利和行政办公支出不超过当年总支出的10%。

第三十八条 本基金会开展公益资助项目，应当向社会公开所开展的公益资助项目种类以及申请、评审程序。

第三十九条 捐赠人有权向本基金会查询捐赠财产的使用、管理情况，并提出意见和建议。对于捐赠人的查询，基金会应当及时如实答复。

本基金会违反捐赠协议使用捐赠财产的，捐赠人有权要求基金会遵守捐赠协议或者向人民法院申请撤销捐赠行为、解除捐赠协议。

第四十条 本基金会可以与受助人签订协议，约定资助方式、资助数额以及资金用途和使用方式。

本基金会有权对资助的使用情况进行监督。受助人未按协议约定使用资助或者有其他违反协议情形的，本基金会有权解除资助协议。

第四十一条 本基金会应当执行国家统一的会计制度，依法进行会计核算、建立健全内部会计监督制度，保证会计资料合法、真实、准确、完整。

本基金会接受税务、会计主管部门依法实施的税务监督和会计监督。

第四十二条　本基金会配备具有专业资格的会计人员。会计不得兼出纳。会计人员调动工作或离职时，必须与接管人员办清交接手续。

第四十三条　本基金会每年1月1日至12月31日为业务及会计年度，每年3月31日前，理事会对下列事项进行审定：

（一）上年度业务报告及经费收支决算；

（二）本年度业务计划及经费收支预算；

（三）财产清册【当年度捐赠者名册及有关资料】。

第四十四条　本基金会进行年检、换届、更换法定代表人以及清算，应当进行财务审计。

第四十五条　本基金会按照《基金会管理条例》规定接受登记管理机关组织的年度检查。

第四十六条　本基金会通过登记管理机关的年度检查后，将年度工作报告在登记管理机关指定的媒体上公布，接受社会公众的查询、监督。

第五章　终止和剩余财产处理

第四十七条　本基金会有以下情形之一，应当终止：

（一）完成章程规定的宗旨的；

（二）无法按照章程规定的宗旨继续从事公益活动的；

（三）基金会发生分立、合并的；

……………………………（其他情形）。

第四十八条　本基金会终止，应在理事会表决通过后15日内，报业务主管单位审查同意。经业务主管单位审查同意后15内，向登记管理机关申请注销登记。

第四十九条　本基金会办理注销登记前，应当在登记管理机关、业务主管单位的指导下成立清算组织，完成清算工作。

本基金会应当自清算结束之日起15日内向登记管理机关办理注销登记；在清算期间不开展清算以外的活动。

第五十条　本基金会注销后的剩余财产，应当在业务主管单位和登记管理机关的监督下，通过以下方式用于公益目的：

（一）＿＿＿＿＿＿＿＿＿；

（二）＿＿＿＿＿＿＿＿＿；

（三）_____；

······························。

无法按照上述方式处理的，由登记管理机关组织捐赠给与本基金会性质、宗旨相同的社会公益组织，并向社会公告。

第六章　章程修改

第五十一条　本章程的修改，须经理事会表决通过后15日内，报业务主管单位审查同意。经业务主管单位审查同意后，报登记管理机关核准。

第七章　附　则

第五十二条　本章程经×年×月×日理事会表决通过。

第五十三条　本章程的解释权属于理事会。

第五十四条　本章程自登记管理机关核准之日起生效。

后 记

2014年春夏之交，我博士研究生如期毕业并获得博士学位。我期望回到上海，重返讲台。我的导师郑杭生先生百忙之中特意赶到上海，亲自把我推荐给了某所大学。但在11月9日郑老师突然病逝，我进入那所大学任教的希望也随之变得渺茫——我真正领会到了"天命"的含义。

本书可以视为我师从郑老师后从事有关公益慈善研究的一个开端，因为在我国按照基金会工作领域或性质的不同，可以大致将基金会分为慈善类基金会和公益类基金会，所以在某种意义上，对基金会准入的研究就是对公益慈善类基金会的研究。

本书是在我的博士论文基础上修订而成的。为了纪念那段难忘的读博经历，也为了对本书的来龙去脉做个说明，现将博士论文的《致谢》原封不动地转载如下。

这篇论文是一项关于中日两国基金会准入规制的跨文化、应用性的比较研究。这项研究缘起于我在日本留学及在国内多年从事基金会工作的经历。这些经历使我冥冥中总有一种愿望和冲动：有朝一日通过系统学习、掌握社会学的话语体系，将学理与本人有关基金会的实践及所思所想结合起来，写出一篇有分量的东西。不曾想到，这个东西，如今竟然是以20多万字的社会学博士论文的形式呈现的。当然，这种形式更加让我惊喜和感慨，远远超出了我当年的愿望和冲动。同时，这篇论文还产生于这样一个社会背景：在从旧式现代性向新式现代性转型的过程中，基金会作为社会治理的"第三部门"正在备受关注，但对于同处东亚地区而又处于不同文化背景下的中日基金会及其准入规制却被人们普遍忽视。

虽说我选择基金会作为研究课题的想法由来已久，但在我攻读博士学位的近半时间里，思考的是我的兴趣所在——有关"书法社会学"的内容，并曾雄心勃勃，打算写出一篇《文革社会变迁与书写——一种社会学视野的解读》博士论文，这个打算也得到我的导师郑杭生先生的肯定和鼓励。"书法社会学"尚是一块处女地，一切都需要从头拓荒，以我对书法和社会学的学养、积累，要在短短的一年有半的时间里写出一篇有价值的博士论文确实勉为其难。也是在郑老师的及时调整和指导下，在开题报告的前夕，我还是回归旧梦，选择了现在这个有关中日基金会准入规制比较研究的题目。关于"书法社会学"的研究或《文革社会变迁与书写——一种社会学视野的解读》一书没有如愿，但这一遗憾或许在将来会演化为我的下一部著作。

我和郑老师相识，从 2006 年在上海经亦师亦友的刘少杰教授引荐算起，一晃已有 8 个年头。在这 8 年的时光里，郑老师一直以其巨大的磁场一步一步吸引我走近他，走近这位当代社会学泰斗，走近社会学这个广阔的世界。记得在我刚收到攻读博士学位录取通知书时，郑老师曾预祝我在工作和学问上取得双丰收。如今即将完成学业，走出校园，回望自己辛勤耕作过的田野，颇感欣慰。三年多来，承蒙郑老师的信任，我能够有幸成为郑杭生基金会的发起人，为基金会的筹建和初建尽到微薄之力；有幸能够在许许多多不同的场合，亲耳聆听导师的教诲，包括学问和为人、做事，并能在他的指导下，鼓足勇气和干劲，一举收获这篇论文。对郑老师的如山恩重和点滴教诲都会铭记在心，永存感激。

我要感谢刘少杰老师，正是他 8 年前的有力引荐，使我得以与郑老师相识、相处并有幸成为他的弟子；同时刘老师一学期精彩的演讲引我这位门外汉渐入社会学之胜境，流连忘返。他的社会学前沿课绝对构成人大社会学最精彩的课堂记忆之一。感谢郭星华老师，他不仅和刘少杰老师一样，是我的报考推荐人，还是我这篇论文选题的最有力的点化者。他的机敏、睿智和清晰的表达总能给我带来最惊喜的启发，使我的思考层层深入。感谢给我上过社会学课的潘绥铭老师、李路路老师、夏建中老师、杨菊华老师、林克雷老师，以及班主任于显洋老师，他们使我近距离感受到社会学大师的风采。感谢外语学院的袁妮老师、于淑秋老师、李铭敬老师，哲学院的宋志明老师，他们对我学业上的助力永远使我感怀于心。

我还要衷心感谢同门的洪大用老师、陆益龙老师、杨敏老师、张建明老师、李迎生老师、章东辉老师、奂平清老师、冯仕政老师、黄家亮老师、杨发祥老师、李锁成老师；衷心感谢亦师亦友的吉林大学田毅鹏老师，他的真知灼见使我对论文的写作信心倍增，并能够呈现现在的形态；衷心感谢清华大学李强老师、北京科技大学时立荣老师和老一辈社会学家宋书伟老师及基金会同仁马云英女士。正是他们对我不同角度的指导和关照，才使我能够如期实现"双丰收"。

我要感谢我的老朋友、老同学们，他们是：刘晓峰、王伟红、袁武、邹大力、张瑞田、秦岚、川妮、奔宁、沈寿楣、李春华、刘学军、何方、苏历铭、胡澎、朱凌波、孙奇、严力、祁国、夏定春。自古居京多不易，他们兄弟般的友情使我能有热情、勇气和力量蛰居京城一隅，完成学业。

我必须要感谢的还有朝夕相处三年的社会学系各位同学：江华锋、李灿金、王欣剑、栾殿飞、周延东、保跃平、马俊达、申艳芳、钟兴菊、李文静、冯学兰、方亚琴、吴咏梅、生龙曲珍、张荣、刘秀秀、徐玲、赵静。他们的正义感、优秀学养和青春活力让我印象深刻；与他们深厚的同学情谊必将成为我的终生财富。班长周延东无疑是同龄人中的佼佼者，他的卓越领导和周到服务，使班级同学凝聚情深、一派生机。感谢人口学系的同学谢永飞、王红、段玉珊、吕利丹、马小红、王鹏、王硕、郑研辉、李伟旭、李亮。我不仅与他们建立了深厚的同窗之谊，还蒙受过他们专业方面的恩惠。还要由衷感谢如下同门对我的支持：罗英豪、姜利标、胡天宇、谢宇、陈婉婷、宋义平、邵占鹏、刘振杰、张本效。

我还要感谢我的众亲人。感谢92岁高寿的继奶常桂荣，她的正直智慧、慈爱刚强、宽厚达观永远是我的力量源泉；感谢在前年去世的母亲和已经84岁高龄的老父亲李保清，他们的理解和支持使我能够感受到我所做出的一切的意义；感谢姐姐李岫英和姐夫张若昌，他们为了照顾老人做出了巨大牺牲；感谢哥哥李占平、妹妹李秀婧、弟弟李铎和李旭，正是有他们的付出和多方支持，才使我能够安心完成学业。

最后，要感谢我的妻子李淑芹和儿子李岱。妻子对困难、伤病的坚忍，对我的理解、支持和平和的心境，使我得以完成这三年的艰难历程。几乎在我入学的同时，儿子也远赴美国杜克大学攻读硕士学位，我们一家开始了典型的"两岸三地"生活。如今李岱已经毕业并在美就职，他的每一个进步都让我感到骄傲和安慰。这些都无疑是对我最大的理解和支持。今天恰巧是他的 27 岁生日，我用这篇博士论文《致谢》的收官来为远在重洋的儿子送上祝福，祝福他幸福平安，前程似锦！

我特别把这篇付出了大量心血的博士论文郑重地献给我的伟大母亲陈素兰。从 2012 年 6 月 4 日到 10 月 18 日，我经历了人生最黑暗的日子——母亲突然病重，离世。丧母之痛将使我终生无法忘却。自从 20 世纪 80 年代大学毕业以来，我的人生经历过数次重大改变，面对每一次改变，没曾读过一天书的母亲尽管多有担忧但都毫无条件地理解和支持我，老人家相信她这个倔强愚顽、乐善好学、喜欢折腾的三儿子。记得被人大录取为博士生后，我第一时间打电话向老人家报喜，她在电话那头传来的笑声至今仍萦绕于心。老人家即使在病危时还相信她一定能战胜病魔，并能来北京参加她儿子的毕业典礼。

> 凯风自南，吹彼棘心，棘心夭夭，母氏劬劳。
> 凯风自南，吹彼棘薪，母氏圣善，我无令人。
> 时光流走，我母远逝；荒凉田地，何慰母心？
> 功名利禄，于吾何义？庙堂好音，何慰母心？
> 艰难困苦，玉吾于成。苦其心志，劳其骨筋。
> 心系浩渺，身济世穷。载好其报，可慰母心？

我平生最大的遗憾是，母亲没能够参加我的博士毕业典礼；我内心最大的安慰是，我如期攻读下了博士学位。我相信，母亲的在天之灵定会得到慰藉。

孔子曰："生而知之者，上也；学而知之者，次也；困而学之，又其次也；困而不学，民斯为下矣。"我知道自己是"困而学之者"。在开始攻读博士学位那年，我已四十有八，"不惑"之说并没有在我身上灵验，所以我负笈北上，投于郑师门下。而今也已过"天命"，但于我，天命只是命，不愿惊动天。至爱亲朋，青山绿水；朗月清风，青

灯黄卷；光阴"虚"度，何其幸哉?! 学路漫漫，其修远兮；上下求
索，何其乐哉?!

于中国人民大学品园四号楼踏石洞
2014 年 6 月 8 日凌晨

将本书起名为《基金会准入与社会治理》，主要是基于如下考虑：从静
态上看，基金会准入规制不仅反映了处理国家与社会关系的"国家治理"，
同时也反映了处理国家与社会、社会与个人关系的"社会治理"；从动态上
看，根据"社会互构论"，中日基金会准入从社会与国家关系的"依附范
式"（中）或"冲突范式"（日）向"互构范式"（中日）转型，更主要的
是因为基金会准入规制内部的"双重关系结构"发生了根本性变化，外部
表现为从"国家治理"向"社会治理"的转型。

三年来，我国公益慈善领域最大的一件事就是《慈善法》于 2016 年 9
月 1 日起颁布并施行。尽管写作本书时我国《慈善法》还没有问世，但本
书对"慈善法人""慈善组织""慈善准入"等多有论及。从"基金会准
入"视角来看《慈善法》，这部法律在"基金会准入"方面具有如下五个方
面的突破。第一，我国终于有慈善基本法出台，这标志着慈善立法的法律
层次——从行政命令层级提高到了法律的层级。第二，"慈善"定义被明
确，外延扩大。把"慈善"定义为"慈善活动"，即本法所称慈善活动，是
指自然人、法人和其他组织以捐赠财产或者提供服务等方式自愿开展的公
益活动。只要有利于社会公共利益的活动都属于慈善。这样为慈善事业的
进一步发展拓展了空间，与国际慈善活动的发展趋势基本一致。第三，慈
善门槛降低，慈善组织以外的其他组织可以开展慈善活动。这就意味着没
有注册的慈善组织从事慈善活动也不违法。"第一百一十一条 慈善组织以外
的其他组织可以开展力所能及的慈善活动。"第四，公募权有条件开放。
"第二十六条 不具有公开募捐资格的组织或者个人基于慈善目的，可以与具
有公开募捐资格的慈善组织合作，由该慈善组织开展公开募捐并管理募得
款物。""第二十八条 慈善组织自登记之日起可以开展定向募捐。"第五，
直接登记，简化准入程序，慈善组织设立不再要求有业务主管机关。"第十

条 设立慈善组织，应当向县级以上人民政府民政部门申请登记。"这些变化令法完善，令国强盛，令民舒畅，令我振奋，日后当行专文研讨。

在本文的开头时提到"天命"。这个"天命"的另一重含义是郑老师对我的殷切嘱托——写作《慈善社会学》。"今年 6 月 23 日博士论文答辩后的谢师宴上，我紧挨着郑老师，坐在他的左手边。那天，郑老师的精神非常好，他还特别提出让我来写作《慈善社会学》一书，还就这本书的纲要进行了较为完整的交代，并让我抓紧时间把写作大纲整理出来。而今，虽然写作大纲大部已经写出，但再也没有机会向郑老师汇报了。"（见拙文《气和文轩 行道惠生——深切悼念恩师郑杭生先生》，社会学视野网，2014 年11 月 24 日）但从这时开始直到现在从未敢松懈，一直在逐步完成着导师的这一重托：不仅在研究、著述"慈善社会学"，还为东北师范大学社会学院研究生首开"慈善社会学"课程；在吉林大学哲学社会学院为博士生、硕士生开设"慈善社会学讲座"。希望弟子的如上努力能够不负恩师的嘱托，并能告慰天堂里的恩师。

特别感谢我的老师、著名社会学家李路路教授和刘少杰教授为本书作序！感谢著名社会学家宋书伟教授、田毅鹏教授为本书撰写荐语！以上诸位社会学大家的肯定和激励对我有非凡的意义，会鞭策我继续在社会学领域勇敢前行。

还需要特别做出说明的是，本书曾经由东北师范大学马克思主义学部哲学院申报并由社会科学文献出版社推荐，参评 2016 年国家社科基金后期资助项目，尽管没有如愿以偿，但直接促成了我能够有幸被母校东北师范大学哲学院聘为哲学重点学科建设科研流动编特聘教授，并因此之缘促成本书的出版。在此特别感谢我的老同学、东北师范大学胡海波教授和社科文献出版社谢蕊芬老师和本书的责任编辑，还要感谢为本书出版贡献特殊力量的长春理工大学卜长莉教授和我的妻子李淑芹。

借此机会，再次感谢所有关心、关注、关爱我的老师、朋友和亲人们！

李战刚

2017 年 5 月 23 日凌晨于上海浦东行者居

图书在版编目（CIP）数据

　　基金会准入与社会治理：基于中日的比较研究／李
战刚著. —— 北京：社会科学文献出版社，2017.7
　　ISBN 978 - 7 - 5201 - 0917 - 8

　　Ⅰ．①基…　Ⅱ．①李…　Ⅲ．①基金会 - 管理 - 研究 -
中国　Ⅳ．①D632.1

　　中国版本图书馆 CIP 数据核字（2017）第 126693 号

基金会准入与社会治理
　　——基于中日的比较研究

著　　者／李战刚

出 版 人／谢寿光
项目统筹／谢蕊芬
责任编辑／谢蕊芬　马甜甜　吴良良

出　　版／社会科学文献出版社·社会学编辑部（010）59367159
　　　　　　地址：北京市北三环中路甲 29 号院华龙大厦　邮编：100029
　　　　　　网址：www. ssap. com. cn
发　　行／市场营销中心（010）59367081　59367018
印　　装／三河市尚艺印装有限公司

规　　格／开本：787mm × 1092mm　1/16
　　　　　　印 张：15.25　字 数：250 千字
版　　次／2017 年 7 月第 1 版　2017 年 7 月第 1 次印刷
书　　号／ISBN 978 - 7 - 5201 - 0917 - 8
定　　价／69.00 元